COLLECTION CHARVET

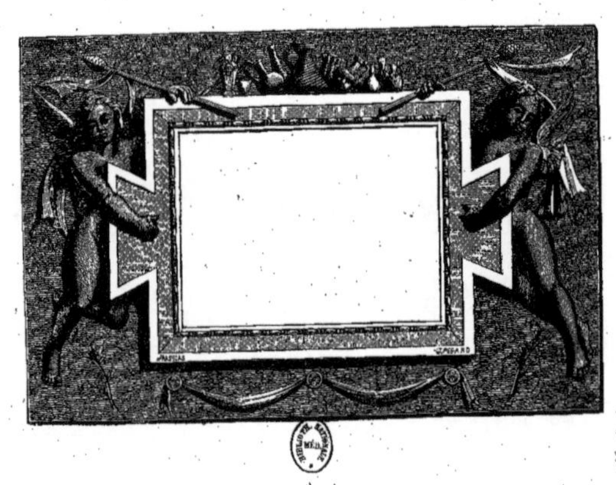

W. FROEHNER

LA

VERRERIE ANTIQUE

DESCRIPTION

DE LA

COLLECTION CHARVET

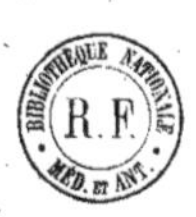

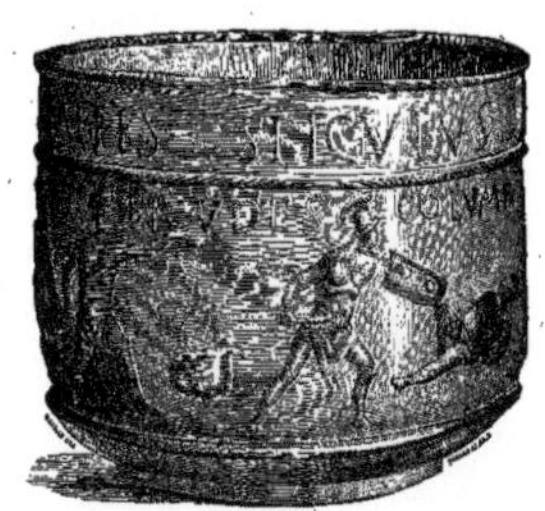

LE PECQ

J. CHARVET, CHATEAU DU DONJON

—

1879

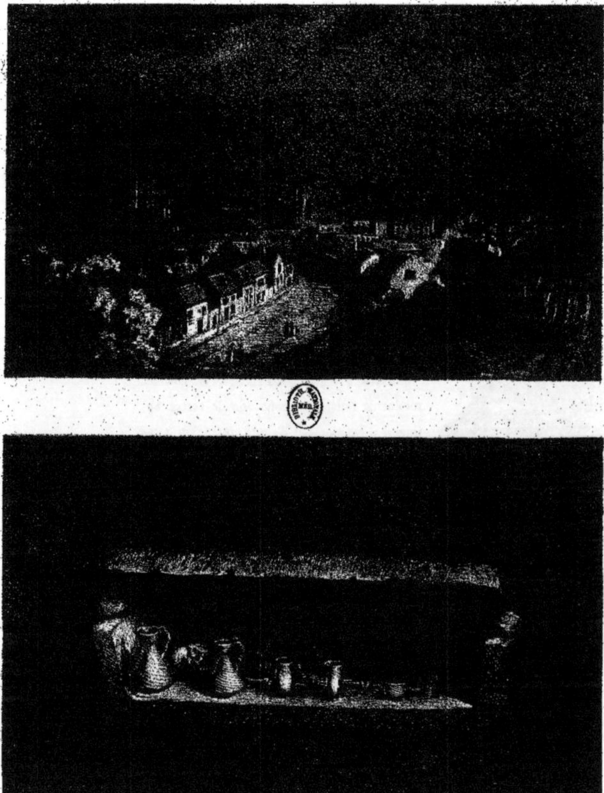

SEPULTURE GALLO-ROMAINE DÉCOUVERTE A BEAUVAIS.

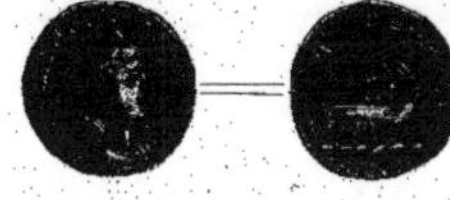

Imp. Lemercier & C.ᵉ Paris.

PRÉFACE

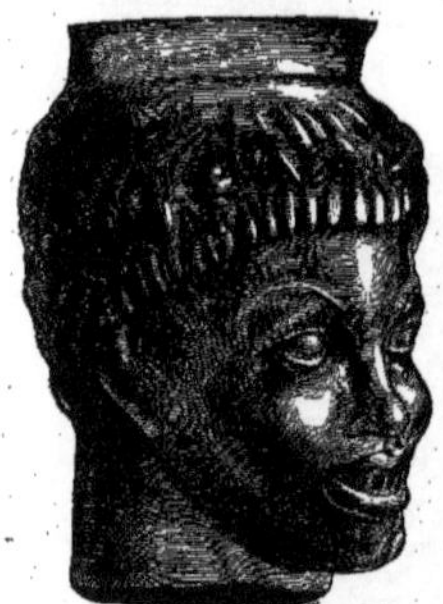

Lorsque, il y a cinq ou six ans, M. Charvet résolut de publier sa collection de verres antiques, il ne s'agissait d'abord que d'un catalogue et d'un recueil de planches. Cette collection, la plus riche qu'on ait formée en France, était déjà connue, en partie, des visiteurs de l'Exposition rétrospective de 1866. La faire connaître dans son ensemble, lui assurer une existence qui dépasse la durée ordinaire des collections privées : telle est la pensée qui a inspiré cet ouvrage.

Mais, en étudiant de près un nombre de verres aussi considérable, je m'aperçus bientôt qu'un catalogue n'atteindrait pas le but que M. Charvet s'était proposé. Une publication récente venait de fixer l'attention sur la verrerie. Dans cet ouvrage — je parle du travail de M. Deville — on avait confondu toutes les époques. Des verres du moyen âge, d'autres de fabrique allemande, française, vénitienne, y figuraient au milieu des verres antiques. L'auteur ne s'était pas défié des falsifications, et, par une singulière inadvertance, il avait admis dans son cadre jusqu'à des bronzes et des morceaux de basalte. La lecture du texte acheva

de me convaincre que la plupart des questions qui se rattachent à cette branche de
l'archéologie, manquaient d'une base scientifique. A l'exception de M. Marquardt
(*Rœmische Privatalterthümer*, t. II, 336-349), dont le résumé est un chef-d'œuvre
de science et d'exactitude, personne n'était remonté aux sources. On n'avait pas
songé encore à classer les verres au point de vue du style et de la fabrique, à suivre
la marche progressive de l'art, à en marquer les étapes et à en circonscrire les limites.
L'étude de la verrerie était considérée comme une distraction, non comme une chose
sérieuse. Il fallait l'élever au niveau d'une science, lui assigner sa place et son rang
dans l'archéologie.

L'antiquaire, cependant, n'est pas habitué aux études de ce genre. Un objet qui
n'intéresse ni l'épigraphie ni l'histoire ou la mythologie grecque court grand risque
de ne pas fixer l'attention des savants. Et combien existe-t-il de verres qui portent
un sujet religieux, une date ou une inscription? Il en est bien peu. L'art verrier se
plaît surtout dans la forme et dans la couleur; sur cent verres, on n'en compte pas
cinq qui se distinguent par un décor quelconque. Pour les apprécier tous selon leur
degré d'importance, il ne suffit donc pas de connaître les religions anciennes, ou de
savoir déchiffrer une légende; il faut entrer dans mille détails d'un ordre inférieur,
et pour y entrer, il faut avoir ce qui manque à tant d'érudits, la pratique des
monuments. Je n'ai rien négligé pour acquérir cette pratique; grâce à l'expérience
de M. Charvet, qui m'a guidé dans mes premiers efforts, je ne crois pas être resté
au-dessous de ma tâche.

Le catalogue dont je m'étais chargé s'est ainsi transformé en une histoire générale
de la verrerie antique. Ayant sous les yeux tous les éléments de discussion, je n'eus
qu'à mettre à profit les ressources multiples qui se trouvaient à ma portée, pour
tracer de mon sujet un tableau presque complet. Mais la nécessité de viser à l'ensemble ne me permit pas de m'en tenir à l'examen d'une seule collection, si
riche qu'elle fût. M. Charvet n'aime que les verres d'une conservation parfaite; le
goût le plus sûr et le plus sévère préside à ses choix; il rejette volontiers les
fragments. De là l'obligation de passer en revue tous les musées de l'Europe.
Néanmoins, la collection que j'avais à décrire n'a rien perdu à la comparaison avec
ses redoutables concurrentes. Elle ne craint aucune rivalité.

Mon livre se divise en deux parties. Dans l'Introduction, je me suis appliqué à
rechercher les origines du verre, d'abord à l'aide de la philologie comparée, ensuite

à l'aide des monuments. Cette partie de l'ouvrage est imprimée depuis quatre ans;
si j'avais à la refaire aujourd'hui, mes retouches porteraient plutôt sur des détails de
style que sur les résultats obtenus. Les chapitres qui traitent des différentes classes
de la verrerie grecque et romaine se suivent, autant que possible, dans un ordre
chronologique; mais en pareille matière, rien n'est plus embarrassant que d'établir
une classification nette et tranchée. Les objets ne se présentent pas sous un seul
aspect; forme, pâte, couleur, décor, fabrique, provenance et destination sont autant
de marques distinctives qui entrent en ligne de compte et souvent déjouent toute
unité de plan. Et ce n'est pas là une de ces difficultés qu'on puisse tourner; on est
forcé de la prendre corps à corps, au risque de la laisser subsister tout entière. Je
n'ose me flatter de l'avoir vaincue, mais je ne lui ai fait aucune concession, ni en
sacrifiant la clarté, ni en me départissant d'une méthode rigoureuse.

La collection de M. Charvet se compose de plus de quatre cents pièces, choisies
entre des milliers qui lui ont passé par les mains. Nous n'en avons reproduit qu'un tiers,
car la meilleure volonté a ses limites. Pour les mêmes motifs je me suis interdit de
parler de la verrerie chrétienne et d'élargir mon cadre au delà du cinquième siècle,
bien qu'un verre d'origine franque figure sur une de mes planches (n° 32). L'art
du moyen âge est trop en dehors de mes études pour que j'aie la prétention de
jamais aborder un tel sujet.

Paris, 13 février 1879.

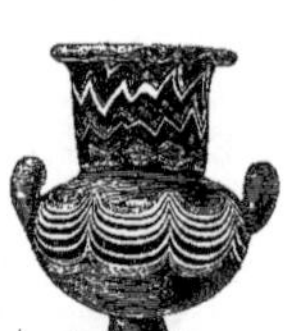

VERRERIE ANTIQUE

I

ORIGINES DU VERRE

1. — LE RÉCIT DE PLINE. — LES NOMS DU VERRE.

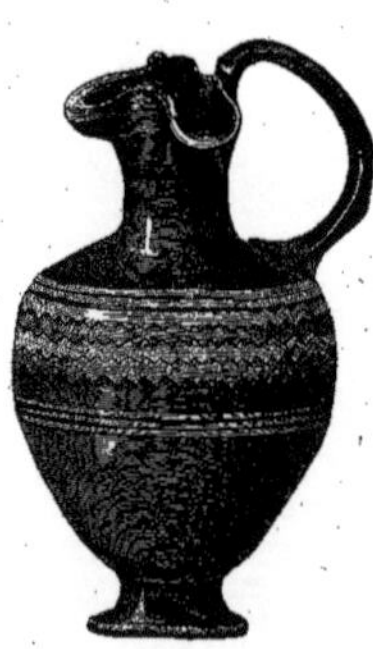
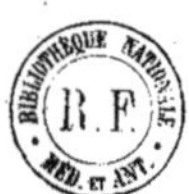

Les origines de la fabrication du verre remontent à une époque qu'il n'est pas facile de préciser. A mesure qu'on en approche, elle se dérobe au regard. Nous réussirons peut-être, à l'aide des monuments et des textes classiques étroitement interprétés, à en resserrer les limites ; mais ce serait tenter l'impossible que de viser à un résultat plus complet. Tout en abrégeant la distance entre les faits connus et ceux qui nous échappent, nous arriverons forcément à un point au-delà duquel aucune conjecture ne saurait s'exercer.

La vitrification se produit d'elle-même dans des circonstances diverses. Pendant la cuisson des briques et de la poterie, il se forme souvent une espèce de glaçure qui n'est autre chose que du verre. Le laitier provenant de la fonte des métaux est une substance vitreuse. Néanmoins, on aurait tort de conclure que les peuples qui ont moulé des briques et fondu le bronze, aient tiré des inductions immédiates de chaque phénomène qu'ils ont pu observer durant leur travail. De la vitrification fortuite, accidentelle, au fonctionnement d'une usine verrière, il y a loin. L'esprit humain, d'ailleurs, ne se développe guère avec une logique rigoureuse, sans quoi les inventions qui, en théorie, découlent l'une de l'autre, se seraient toutes faites le même jour. Il ne resterait plus de champ ouvert à notre activité, s'il ne se passait des siècles entre l'inspiration et l'accomplissement.

Les antiquaires qui se sont occupés de l'histoire de la Verrerie, ont, à tour de rôle, discuté la question des origines du verre, en prenant pour base le récit de Pline. Au point de vue de la science, ce procédé est correct, car les anciens avaient sur nous le grand avantage d'être plus rapprochés des faits qui nous intéressent; ils voyaient, pour ainsi dire, à bout portant. Mais ces discussions n'ont pas eu le résultat qu'on en pouvait attendre. Il est juste de compter avec la tradition, de prendre pour guides des autorités qui se sont rarement trompées; il est plus juste encore de le faire sans prévention, et je ne suis pas sûr qu'on ait examiné leurs témoignages avec le respect qu'ils méritent. Me voilà forcé, malgré moi, de les aborder de nouveau et dans le détail.

Je commence par reproduire les paroles mêmes de Pline le Naturaliste [1] :

« Dans cette partie de la Syrie, dit-il, que l'on appelle Phénicie et qui est limitrophe « de la Judée, il existe, au pied du Mont Carmel, une mare du nom de Candebia. « On la regarde comme la source du fleuve Bélus, lequel, après un cours de cinq « mille pas, se jette dans la Méditerranée, non loin de la colonie de Ptolémaïs. « Les eaux de cette rivière coulent lentement; elles sont profondes, bourbeuses, « insalubres, mais des rites religieux les ont rendues sacrées. Le Bélus ne dépose « de sable qu'à son embouchure; et ce sable, naguère impropre à tout usage, devient « blanc et pur aussitôt que les vagues de la mer l'ont roulé et lavé. Le rivage mesure « tout au plus cinq cents pas, et cependant, depuis bien des siècles, ce petit espace « a suffi à la fabrication du verre. On raconte que des marchands de nitre descendus « sur cette plage se disposaient à préparer leur repas, lorsqu'ils s'aperçurent qu'il n'y « avait pas de pierres pour soutenir les marmites. On courut dans toutes les directions « sans en trouver, puis, de guerre lasse, on prit les pains de nitre dont le navire était « chargé, et voilà un fourneau improvisé. Mais à peine le feu fut-il allumé que le sel, « entrant en fusion, se mêla au sable, et l'on vit couler des ruisseaux d'un liquide « transparent et inconnu jusqu'alors. Telle fut l'orgine du verre. »

Ce récit n'est pas de pure fiction; il renferme certainement un fonds historique qu'il serait puéril de nier. Si les chimistes me répondent qu'il n'est guère possible de liquéfier à l'air libre des matières vitrescibles qui exigent dans nos fourneaux une chaleur de mille à quinze cents degrés, ils sont dans leur droit. Je n'essaierai donc pas de contredire une science aussi exacte et aussi positive que la leur. Mais pourquoi ne pas admettre un commencement de vitrification, d'autant plus probable que les navigateurs ont dû allumer leur feu dans une cavité, afin de mettre la flamme à l'abri du vent et de concentrer la chaleur? Pour moi, l'erreur de Pline est tout entière dans sa dernière

----

1. L. XXXVI, 190-191. — L. V, 75 : *Belus vitri fertilis harenas parvo litori miscens.*

phrase : *telle fut l'origine du verre;* s'il avait dit : « telle fut l'origine de la fabri-
« cation du verre au moyen du sel de nitre, » on n'aurait plus aucune objection à
hasarder. Les peuples qui ont connu le verre avant les Phéniciens, n'employaient,
comme fondant, que la potasse, c'est-à-dire un alcali végétal, obtenu au moyen de la
combustion de certaines plantes. La Phénicie eut le mérite de remplacer ces soudes
imparfaites par l'alcali minéral, le fondant par excellence et sans lequel il est impossible
de fabriquer des verres transparents. On comprend qu'une invention de cette portée
ait, dans l'esprit de Pline, équivalu à l'invention du verre même. L'auteur romain
n'est point un esprit critique ; c'est un infatigable coordonnateur de notes dont il
faudrait connaître l'origine pour en démêler le vrai sens et en apprécier toute la
valeur. Nous ignorons à quelle source il a puisé ses renseignements sur le verre. Je
suppose qu'il les a empruntés à un des ouvrages d'Alexandre Polyhistor, contemporain
de Sylla : soit au livre sur la Syrie (περὶ Συρίας), soit au *Recueil des Merveilles*
(θαυμασίων συναγωγή). Il n'y a donc aucun avantage à suivre plus longtemps cette route
qui nous a égarés un instant, et qui n'aboutit pas directement aux débuts de la
verrerie.

J'en connais une autre, plus sûre et plus commode. L'étude comparative des langues
donne, dans bien des questions d'archéologie préhistorique, des résultats inattendus
et dont on ne saurait contester l'exactitude. C'est d'elle que nous tenons ce fait que
les noms des métaux, l'or, l'argent, le bronze et le fer, sont identiques chez la plupart des
peuples de race indo-européenne. On doit en inférer que le travail des métaux remonte
à une époque antérieure à la séparation des races, à leurs migrations successives qui,
partant des plateaux de la Haute-Asie, prenaient toutes le chemin de l'Occident.

Si nous savions sous quels noms le verre était désigné dans les principales langues
anciennes, il est certain que nous aurions là le tableau le plus curieux, une
perspective allant de la source à l'embouchure et qui nous ferait voir de quel point de
départ la connaissance du verre s'est répandue peu à peu. Malheureusement, cette
idée n'est pas réalisable dans l'extension que je voudrais lui donner. Mon tableau
restera incomplet, mais l'essai en vaut la peine.

En sanskrit [1], le verre s'appelle *kátcha*, l'objet brillant, transparent, ou *kshára*,
la fonte : deux mots qui ne paraissent pas d'une antiquité très-reculée et ne
se retrouvent, avec le même sens, dans aucune langue indo-européenne. Il y a là
un indice qu'on ne doit pas négliger. Ce serait aller trop vite que d'en tirer, dès
maintenant, une conclusion quelconque sur l'origine de l'art verrier, mais nous prou-
verons bientôt qu'on pourrait l'oser sans crainte, en déclarant que cet art est
postérieur à l'invention de la Métallurgie.

Le nom égyptien, assyrien et phénicien du verre nous fait encore défaut. Dans

---

1. Je dois les renseignements sur les langues sans-
krite et arabe à l'obligeance de M. Baudry, conservateur de la Bibliothèque Mazarine, et à mon ami
M. Hartwig Derenbourg.

les textes hiéroglyphiques, le teint de la déesse Hathor ressemble au *tahen ;* « elle a la peau de tahen », disent les scribes égyptiens. S'étant rappelé que le même mot signifie « briller », lorsqu'il est employé comme verbe, M. Chabas[1] a pensé que le substantif pourrait avoir servi à désigner le verre ou le quartz hyalin. La thèse est ingénieuse, et on la consoliderait au besoin par un passage classique[2] ; mais je regrette de ne pouvoir partager l'avis de M. Chabas. J'opterais plutôt pour le cristal de roche, car le verre blanc translucide était inconnu dans l'Égypte des Pharaons.

D'après les Septante, le substantif hébreu[3] était *sekukith* (en araméen *segugithah*), qui veut dire : matière pure, brillante. Cette expression se rapproche de l'arabe : *χadjádj*[4], qui semble corroborer la justesse de l'interprétation des Septante. Mais il est difficile d'arriver à une définition précise de termes de ce genre, alors qu'ils n'ont pas laissé dans la littérature une empreinte plus marquée.

En persan, *boulour* signifie « cristal, » *bollour* « verre blanc ». Voilà donc un fait acquis : les langues orientales ne jettent pas une lumière suffisante sur la question. L'idée de pureté, d'éclat, de transparence y domine ; aucune des expressions que je viens de citer n'a pu s'appliquer au verre opaque, et comme la verrerie procède de l'opacité à la translucidité, je tiens pour certain que nos lexiques n'ont enregistré que les mots d'origine récente ; les dénominations plus anciennes manquent.

Il ne serait pas sans exemple que les auteurs grecs vinssent nous donner la clef de l'énigme, car leur langue, quoique postérieure au sanskrit, fait souvent jaillir sur les langues primitives un rayon qui les ravive et les illumine. Nous voyons, en effet, qu'avant de posséder un mot spécial pour la substance vitreuse, les Grecs l'appelaient simplement *pierre fondue* (λίθος χυτή)[5]. Pour eux, la qualité prépondérante de la pâte de verre consistait à imiter les gemmes ; et cela n'a rien d'étrange, car les pierres précieuses forment la principale richesse du Levant, l'attrait invincible de toute imagination orientale. Hérodote ayant employé le premier cette expression à propos des pendentifs en pâte que les Égyptiens attachaient aux oreilles des crocodiles apprivoisés, il est vraisemblable que l'auteur grec aura traduit un mot égyptien, et cette hypothèse me plaît infiniment, parce qu'elle fait entrevoir comment s'appelait le verre opaque en Égypte. Il n'est guère permis d'ailleurs de douter qu'un tel mot n'ait préexisté à ceux qui s'appliquaient au verre diaphane.

Deux témoignages de la plus haute importance s'accordent avec cette supposition. Le géographe Scylax[6], parlant des Éthiopiens de la côte occidentale de l'Afrique, dit qu'ils achetaient les produits industriels que les Phéniciens portaient jusqu'à cette limite extrême du monde ancien. Au nombre des marchandises qu'il cite, figure la

---

1. *Etudes sur l'Antiquité historique* (2ᵉ édition), p. 31-36.

2. Lucien, *Amor.* 26 : ἠλέκτρου, φασίν, ἢ Σιδωνίας ὑέλου διαφεγγέστερον ἀπαστράπτει. — Anthol. Pal. V, 48.

3. Job, XXVIII, 17.

4. Coran XXIV, 35 : *χadjádja.*

5. Hérodote, II, 69 : ἀρτήματα λίθινα χυτά. — Platon, *Timée*, p. 61 : λίθων χυτά εἴδη. — Epinikos *dans* Athénée, l. X, p. 432 : πύρος χυτῆς λίθου.

6. Geographi græci minores, t. I, 94, *éd. Didot.*

pierre d'Égypte (λίθος Αἰγυπτία), c'est-à-dire la perle de verre : de nos jours encore, les nègres ont une grande affection pour ce genre de parure. Et un second géographe, l'auteur du Périple de la Mer Rouge [1], mentionne parmi les objets que l'on vendait aux Éthiopiens de la côte orientale : des *pierres vitreuses* de formes variées (λιθίας ὑαλῆς πλείονα γένη).

Il y a là comme une révélation, et à ne voir les choses que du simple point de vue philologique, on peut conclure d'emblée que le verre est d'origine égyptienne, qu'il a été inventé dans la vallée du Nil, et qu'on l'y appelait tantôt *pierre*, tantôt *gemme*, ou encore, lorsqu'on tenait à être plus exact, *pierre fondue* [2].

A cette occasion, je ferai observer que les mots λίθος et λιθία sont, comme les substantifs sanskrit et hébreu [3], du genre féminin, détail qui indique généralement une pierre précieuse.

Ce résultat acquis, nous pourrions laisser à d'autres le soin de le compléter, car les matériaux fournis par les langues européennes n'en forment que le corollaire. Il y a cependant quelque chose à gagner à ne pas s'arrêter sur le seuil et à pénétrer plus en avant. On sent bien qu'il ne s'agira pas ici de faire une moisson complète dans un champ que personne n'a encore cultivé, mais d'y jeter quelques semences qui, tôt ou tard, viendront à germer et à fructifier.

Un grammairien grec [4], cherchant à déterminer la valeur du mot *électre* qu'il avait lu dans l'*Odyssée* et dans d'autres poèmes anciens [5], affirme que cette matière équivoque et insaisissable était du verre. L'idée mérite qu'on s'y arrête; les poètes comparent à l'électre l'eau limpide des sources et des rivières [6]; mais la plupart des écrivains classiques donnent au même mot un sens différent : il signifie *ambre*. Que croire en face de ces assertions contradictoires ? Les antiquaires ont déjà essayé, à maintes reprises, d'aplanir la difficulté. Je ne les suivrai pas dans leurs démonstrations qui n'ont rien de convaincant ; pour moi, l'ambre présente, sous le rapport de la couleur aussi bien que de la formation, une analogie frappante avec le verre opaque. Il ne serait donc pas impossible qu'on eût employé parfois le même terme pour désigner les deux matières [7]. Dans les gloses d'Hésychius, le *lynkourion* [8] est à son tour assimilé, tantôt au verre, tantôt à l'électre. Or, le lynkourion était bien certainement de l'ambre, car, d'après une croyance populaire très répandue, le succin devait sa naissance à

---

1. Geographi græci minores, t. I, p. 261. 264. 293.

2. Aristophane encore, dans les *Nuées* (voir plus bas) l'appelle *pierre diaphane* : τὴν λίθον ταύτην ἑόρακας τὴν καλήν, τὴν διαφανῆ.

3. Ὕαλος aussi est du féminin, et plusieurs autres que nous rencontrerons plus loin.

4. Scholies d'Aristophane, *Nuées*, v. 768. — Voir Rossignol, *les Métaux dans l'Antiquité*, p 362-364.

5. Odyssée, Δ, 73. O, 460 (χρύσεον ὅρμον ἔχων, μετὰ δ' ἠλέκτροισιν ἔερτο).

6. Callimaque, *Hymne à Cérès*, v. 29. — Virgile, *Géorgiques* III, 522.—Généralement, les poètes comparent le verre à l'eau (*vitrea Naïs*, *vitrea Circe*, etc.) En Allemagne, il y a des rivières du nom de *Glasbach* (en Wurtemberg), *Glaeserbach* (près de Salzbourg); un document du xiiie siècle mentionne un *glazbrunnen* dans le Palatinat.

7. La différence des genres (ἠλεκτρός et ἤλεκτρον) explique peut-être la différence des significations.

8. Λυγκούριον. Voir M. Schmidt, dans *Zeitschrift für vergleich. Sprachforschung*, t. IX, 399, contre G. Curtius, *Grundzüge* (4e éd.), p. 565.

l'urine du lynx. Si l'on rapproche de ces témoignages décisifs l'étymologie du substantif ἤλεκτρος, qui renferme l'idée d'une chose étincelante, brillante comme le soleil, on voit que la question aboutit toujours au même point, sous quelque aspect qu'on veuille la considérer. La pâte vitreuse tenait chez les Grecs, comme chez les Asiatiques, le rang d'une pierre précieuse[1] ; le verre n'avait donc pas de nom spécial, un nom qui l'eût distingué des autres matières, comme celui de l'or diffère de ceux de l'argent ou du bronze ; c'était une gemme, dont la dénomination variait selon sa couleur et selon la comparaison à laquelle elle prêtait.

Le substantif grec ὕαλος ou ὕελος[2] apparaît pour la première fois dans Hérodote[3]. On le dirait beaucoup plus ancien, et son origine est encore inexpliquée. Les maîtres de la philologie comparée[4] le rangent parmi les dérivés du verbe ὕειν, *pleuvoir*; ils supposent qu'on aura voulu désigner par là un objet transparent comme la goutte d'eau[5]. Mais une image aussi poétique ne me semble pas bien choisie ; j'aimerais mieux prendre la voyelle υ pour un ancien digamma, ce qui nous ramènerait au sel minéral (ἅλς). Et cette étymologie n'est pas si maladroite, car le verre est une espèce de sel ; des chimistes autorisés l'ont ainsi défini.

On éprouve, dans cette autopsie des langues, un embarras réel en abordant le mot latin *vitrum*. A coup sûr, il n'a rien de commun avec le verbe *videre* (voir)[6], et l'on ne se sent pas plus disposé à le mettre, avec Jacob Grimm[7], à côté de cette plante, appelée *vitrum* également (ἰσάτις), dont le jus verdâtre servait au tatouage des Celtes de la Grande-Bretagne[8]. Le verre blanc, imparfaitement affiné, ayant une teinte verte, il eût été difficile de le mieux caractériser, et les anciens avaient un sens pratique de réalité qui les poussait à préférer, en toute chose, une idée simple, précise, à une idée vague ou plus abstraite. Mais la question se complique d'autres qui la contrarient, et que je n'ai pas la prétention de résoudre.

Le substantif *vitrum* a passé dans les langues romane et basque ; on dit :

en italien : *vetro*,	en provençal : *veire*,
en portugais : *vidro*,	en français : *verre*,
en espagnol : *vidrio*,	en basque : *bitre*.

Si l'envie nous prenait de jeter un coup d'œil sur les idiomes celtiques, nous

---

1. Hésychius : ὕαλόν. λαμπρόν, πρᾶον, ἢ λίθος τίμιος. Voir le *Philologus*, t. XII, 626.

2. Diminutif, ὑαλίδιον ; adj. ὑάλινος, ὕαλεος ou ὑαλοῦς, ὑαλέας, etc. On connaît aussi les noms propres *Hyale* et Ὕαλος. Pott, *Zeitschrift für vergl. Sprachforschung*, t. VI, 411. — En grec moderne : ὕελος et ὑαλί.

3. L. III, 24.

4. Entre autres, G. Curtius, *Grundzüge* (4ᵉ éd.), p. 397.

5. Hésychius : ὑαλόεν, διαφανές.

6. Isidore, *Origines* XVI, 16. — C'était aussi l'opinion de Bopp. Voir *Zeitschrift für vergl. Sprachforschung* III, 352. G. Curtius, *Grundzüge*, p. 241.

7. *Kleinere Schriften*, t. II, 123.

8. En gaélique, cette plante s'appelle *glas, glasddu, glaslys* (Grimm, *l. c.* Diefenbach, *Cellica* I, 27. 139. III, 446). — « La couleur verte (notamment le vert de la végétation) est en hiéroglyphique *ouat*, qui est le thème antique du copte *ouôt* (viridis). » Chabas, *Études sur l'Antiquité historique*, p. 31.

retrouverions le même mot : *gwydr*, en gaélique ; *gwer*, en bas-breton [1]. A défaut de
preuves matérielles, cette similitude d'expressions suffirait pour établir un fait : les Gaulois
ont appris la fabrication du verre par l'intermédiaire de leurs conquérants, les Romains.
Avant de le fabriquer eux-mêmes, ils connaissaient évidemment les bijoux en pâte
colorée, importés par le commerce et regardés comme pierres dures. Les fouilles
nombreuses qui ont été entreprises dans l'intérêt de l'archéologie préhistorique, ne
laissent pas subsister de doute à cet égard. Sous les dolmens de la Lozère, on a
rencontré des grains de collier en pâte bleue, de fabrique égyptienne. On a recueilli
une perle analogue, côtelée et de couleur noire avec des veines d'azur, dans les couches
supérieures du grand dolmen de Locmariaquer [2], que la tradition populaire appelle :
Montagne de la Fée. Les bijoux de ce genre se trouvent plus fréquemment encore
à l'âge du bronze, et leur présence a été constatée partout : en Belgique, en
Angleterre, en Danemark, en Poméranie [3], en Hongrie, en Roumanie [4], sans parler
des maisons lacustres de la Suisse. Il ne faut pas s'étonner qu'à côté des mots
celtiques empruntés au latin, il en existe un plus ancien, le substantif irlandais
gloine (adj. *gloingha*), qui vient combler une véritable lacune. Et dans un raisonnement
où chaque chose se tient et devient également nécessaire, rien ne serait plus fâcheux
qu'une solution de continuité qui menacerait de tout infirmer ou remettre en question.

Nous nous rapprochons insensiblement des langues germaniques qui forment ici
une famille à part. Les Germains, eux aussi, avaient eu de fréquents rapports
avec les Romains, et ne se gênaient pas pour puiser à l'occasion dans le vocabulaire des vainqueurs ; mais ce ne fut pas à eux qu'ils durent la connaissance de
la pâte vitreuse. Le tableau suivant en est le témoignage le plus intime et le plus
sûr. En effet, le verre s'appelait ou s'appelle encore :

en allemand		en anglo-saxon, *glœs,*
en néerlandais		en vieux saxon, *gles,*
en danois	*glas,*	en scandinave, *gler,*
en suédois		en finnois, *klasi* et *lasi,*
en anglais, *glass,*		en lapon, *las.*

On ne saurait mieux faire sentir les liens qui unissaient les peuples primitifs
qu'en confrontant ainsi leurs langues. C'est l'histoire en miniature. L'étymologie du
mot *glas* nous fournit de nouveau cette idée d'éclat, d'étincellement [5], qui
nous est déjà connu et qui porte un cachet tout oriental. La langue scandinave

---

1. En celtique, le *v* placé au commencement du
mot, devient *gu.*

2. René Galles, *Dolmen découvert sous un tumulus
à Locmariaquer* (Vannes, 1863), p. 5 (pl. VI, 13).

3. Minutoli, *farbige Glæser*, p. 12. 23-24 (pl. I, 15).

4. Collection de M. César Bolliac, à Bucarest.

5. En vieil allemand, l'adjectif *glanz* signifiait
brillant ; de même, en islandais, *glasir.*

possédait une expression non moins pittoresque : *glersteinn*, la *pierre* vitreuse, et nous voilà ramenés directement en Égypte et au siècle d'Hérodote. C'est toujours la même image qui se reproduit sous une autre forme.

De bonne heure, les Romains, qui avaient l'observation prompte, comprirent que les Germains se servaient de ce même mot *gles* ou *glæs* pour désigner l'ambre. Pline [1] et Tacite [2] le déclarent en termes positifs. Après les analogies que je viens de noter, la chose ne paraîtra plus si extraordinaire, car on sait que le verre coloré imite, à s'y méprendre, cette substance favorite des anciens.

Le souvenir de l'Égypte, car ici tout se rejoint et se confond, nous facilite la transition aux langues slaves. Je n'en citerai que les principales, pour ne point dépasser de justes limites ; elles suffiront, du reste, pour clore la chaîne de cette argumentation et pour la relier à ses premiers anneaux. Le verre s'appelle :

en lithuanien : *stiklas*.	en paléoslave : *sī'klo*
en valaque : *stikla*,	en polonais : *sçklo* (avec *l* barrée),
en russe : *steklo*,	en bohémien : *sklo*.

Vues de loin, ces formes étranges semblent ne se rattacher à rien, et, cependant, il y a comme un accord secret qui les ramène aux origines mêmes de l'art verrier. A l'exemple de la λίθος χυτή des auteurs grecs, elles signifient une matière *fondue*, *coulée*, et prouvent, par conséquent, que les Slaves ont reçu la pâte vitreuse de l'un des peuples orientaux qui l'avaient fabriquée les premiers.

C'est là mon point d'arrêt.

Nous avons recherché les noms du verre dans un très-grand nombre de langues mortes ou vivantes ; une multitude d'expressions, de physionomie diverse, se sont offertes, et malgré l'énorme étendue de la superficie parcourue, nous ne sommes pas restés sans rencontrer partout des termes de comparaison, des traits de parenté qui indiquent dans quelle mesure chaque nation a profité de l'autre ; ou jusqu'à quel point elle est demeurée indépendante, en créant de ses propres ressources et par son propre génie, le mot dont elle avait besoin. La plupart de ces expressions trahissent l'inexpérience des peuples primitifs qui ne savaient pas établir de différence entre le verre et l'ambre ou la pierre dure. Il y a plus : le succin aussi bien que les gemmes ont toujours passé pour de puissants talismans et même pour des spécifiques contre certaines maladies. Cette réputation, la pâte de verre la partageait avec eux, et de nos jours encore, les Anglais appellent ces grosses perles en verre opaque multicolore, semblables à des œufs et, sans

---

1. *Histoire naturelle*, XXXVII, 42 : *Glæsum* Germani appellant sucinum. Voir l. IV, 97. 103 et XXXVII, 42 : *Glæsariæ* insulæ prope Britanniam.

2. *Germania*, ch. XLV : Succinum quod ipsi (Aestyi) *glesum* vocant. — Jacob Grimm, *Deutsche Grammatik*, t. I, 58.

aucun doute, de provenance asiatique : « œufs de serpent » ou « de vipère[1] »,
parce qu'elles sont évidées au milieu comme par une morsure de vipère. En Allemagne,
où elles jouent un grand rôle dans la croyance populaire, on les appelle *pierres de la
victoire*, dans la conviction qu'elles procurent la victoire à ceux qui les portent. Les
auteurs du moyen âge qui les mentionnent assurent qu'on les fabriquait en secret,
avec une matière que l'ouvrier soufflait comme le verre ou fondait comme le cuivre.

Je ne veux pas m'attarder à ces détails. L'enquête à laquelle nous venons de
nous livrer, a fourni des résultats incontestables. Elle nous a menés jusqu'aux
origines du verre, et après en avoir révélé les racines, elle en a montré les rami-
fications. Je pense qu'il y aura profit à retourner sur nos pas pour consulter
d'autres témoins et voir si, par hasard, nous ne serions pas démentis par les faits.
Ces témoins, les seuls qui nous restent à interroger, sont les monuments.

II. — L'ÉGYPTE ET L'ÉTHIOPIE.

En étudiant les différentes phases de la civilisation égyptienne, nous sommes à
même de suivre, mieux que partout ailleurs, les progrès graduels de l'art du
verrier. Au commencement, la substance vitreuse sert de vernis à la terre cuite.
Ce vernis se trouve employé pour la première fois dans la pyramide, à six degrés,
de Saqqarah (Memphis), et cette pyramide est le plus ancien monument de l'Égypte,
pour ne pas dire du monde, car on l'attribue à la première dynastie. En effet, les
jambages de la porte qui donnait accès à la chambre sépulcrale étaient ornés
de petits cubes de pierre calcaire, alternant d'une façon pittoresque avec des
cubes de terre émaillée verte. Ce curieux spécimen de l'art décoratif, remontant
au berceau même de la culture humaine, fait aujourd'hui partie du Musée de
Berlin[2].

De date plus récente sont quelques rares scarabées d'argile émaillée, portant
le cartouche du roi Menkéra (Mycerinus) de la IV⁰ dynastie et appartenant,
d'après le plus modeste calcul de probabilité, au XXXIII⁰ siècle avant l'ère chrétienne[3].
Un autre scarabée, en schiste émaillé, porte le nom du roi Papi, de la
VI⁰ dynastie[4]. L'art de l'émail sur terre cuite était donc en pleine floraison au
moment où la vallée du Nil entra dans l'histoire.

A partir du Moyen-Empire, les objets colorés à l'aide d'une glaçure vitreuse

---

1. Jacob Grimm, *Deutsche Mythologie*, p. 1170.
2. Lepsius, *Denkmaeler*, t. III, pl. 3.
3. Mariette-Bey, *Notice sur les principaux monuments exposés au Musée de Boulaq* (Alexandrie,

1868), p. 189, n. 507 : Schiste émaillé gris, trouvé
à Saqqarah. — Deville, pl. CV, a.

4. Mariette, *Musée de Boulaq*, p. 190, n. 512 :
trouvé à Abydos.

se suivent presque sans interruption. C'est à la XIe dynastie, qui avait sa capitale
à Thèbes, que remontent les débris d'une boîte émaillée, représentant une antilope
terrassée par un lion[1]. Sur le cercueil du roi Antef l'aîné, l'image du mort a
les yeux incrustés d'émail[2]. La momie du tombeau exploré par Passalacqua,
portait un collier en terre émaillée[3], et ce tombeau, un des rares qui aient été
trouvés intacts, est antérieur à l'invasion des Pasteurs.

Je pourrais multiplier ces citations en énumérant bien des objets précieux du
même genre. Tels sont les bijoux de la reine Aah-hotep, découverts à Thèbes[4],
ces magnifiques spécimens de cloisonnage où les figures d'or se détachent sur un
fond de pâte bleue; tels sont encore le flacon orné des noms d'Aménophis III et
de sa femme Taïa[5]; le pectoral de Ramsès II, trouvé dans la sépulture d'Apis[6];
le vase[7] de Séti Ier; les tablettes de Smendès[8], provenant du sanctuaire de
Sân; enfin toute cette incalculable quantité de figurines funéraires, poinçonnées
d'hiéroglyphes et dont les couleurs, unies ou polychromes, ont le don de conserver
indéfiniment leur glaçure brillante. Ces figurines sont cependant d'une ancienneté
médiocre; elles ne remontent guère au-delà du xviiie siècle avant notre ère.

Voilà déjà quelque chose de plus que des mots et des étymologies. La langue,
c'est la pensée de l'homme; les monuments, c'est l'homme à l'œuvre et en action.
Mais pour la question des origines de la verrerie, les objets dont nous venons
de parler n'ont qu'une importance secondaire. En même temps que l'émaillerie
se développait à loisir et suivait sa propre inspiration, d'autres découvertes eurent
lieu. On s'était aperçu que la matière vitreuse, pour être utilisée, se suffisait à
elle-même sans avoir besoin d'un fond de terre cuite ou de métal où elle pût s'appliquer.
Dès lors, la fabrication de ce que nous appelons la verroterie, c'est-à-dire des menus
objets de parure, des perles, des amulettes, des petites figurines en verre opaque isochrome ou de plusieurs couleurs était inventée; elle ne s'arrêta plus, et le commerce
en répandit les produits partout. Il n'entre pas dans mon programme d'essayer, ne fût-
ce que la nomenclature des pâtes de ce genre, rien n'étant d'occurrence plus fréquente[9].
Mais en face d'une telle richesse de formes, une question surgit spontanément. La substance qui se prêtait avec une si incroyable docilité aux moules des bijoux de femme,
pourquoi ne l'aurait-on pas employée à des choses de dimensions plus considérables
ou aux ustensiles de la vie privée? Je dois dire que les auteurs classiques

---

1. Mariette, *Musée de Boulaq*, p. 191, . 518:
trouvés à Thèbes.

2. E. de Rougé, *Notice des Monuments égyptiens
du Louvre*, p. 64.

3. Passalacqua, *Catalogue des Antiquités découvertes en Égypte*, p. 137.

4. Mariette, *l'arc égyptien* (Paris, 1867), p. 50.

5. *Ibid.*, p. 82, n. 409. — Deville, pl. CVII.

6. E. de Rougé, *Notice*, p. 64-65. — Mariette,
Description des fouilles exécutées en Égypte,
1re série, t. I, pl. 26.

7. Mariette-Bey, *Musée de Boulaq*, p. 196, n. 543.

8. *Ibid.*, p. 198, n. 552.

9. Je fais exception pour une pâte de verre verdâtre
portant le nom de l'un des trois Antef de la XIe dynastie. Elle se trouve depuis 1873 au Musée Britannique.

parlent d'un obélisque composé de quatre émeraudes, d'une hauteur totale de quarante coudées sur une largeur de deux et de quatre coudées [1]. Selon l'avis de beaucoup d'antiquaires, ce monument, qui décorait quelque temple d'Ammon, était en verre, car ses dimensions excluent toute idée de pierre précieuse. On cite également une statue colossale de Sarapis, en émeraude, qui se voyait, au premier siècle de notre ère, dans une des salles du Labyrinthe [2]. Je ne prétends pas éclaircir un point si difficile à juger et pour lequel les moyens nécessaires d'appréciation nous manquent. Mais en me rappelant la statuette égyptienne de la villa Albani [3], cette figure assise, taillée dans un gigantesque bloc de prime d'émeraude *(plasma di smeraldo)*, j'hésite à me rendre aux raisons de nos savants modernes qui ont d'ailleurs trop l'habitude de trancher les questions avec les seules ressources de leur esprit critique et sans s'inquiéter des monuments.

Quant aux vases de verre coloré, les bas-reliefs peints qui ornent les parois des tombeaux de l'Ancien-Empire en représentent déjà de toutes les formes. Pour que l'on ait reproduit de pareilles œuvres d'art à une date aussi reculée, il faut que l'invention du soufflage remonte à une antiquité prodigieuse.

Tout le monde connaît les peintures des hypogées de Beni-Hassan (province de Minyeh), où se déroule une interminable série de scènes empruntées à la vie domestique d'un fonctionnaire d'Ousertesen Ier. Elles méritent d'être regardées de près, car rien n'est plus propre à nous donner une idée de l'intérieur d'une verrerie égyptienne. L'époque à laquelle elles appartiennent était une des plus florissantes de l'histoire, la XIIe dynastie.

Sur ces fresques [4], nous voyons deux ouvriers, assis à terre devant un brasier allumé ; la *canne* aux lèvres, ils soufflent des morceaux de pâte verdâtre qu'ils approchent de la flamme du fourneau pour conserver au verre sa chaleur et sa ductilité. Plus loin, on aperçoit deux autres verriers dont l'un est occupé à souffler un vase, tandis que son compagnon, au moyen de deux baguettes, soumet un *manchon* cylindrique à l'action du feu. Un troisième, à genoux derrière ce groupe, prend d'une main un vase déjà terminé qu'il vient de rouler sur le marbre, de l'autre il paraît tenir une pâte vitreuse. Des scènes analogues se répètent dans les tombeaux de Thèbes, où toute une rangée d'ouvriers, imberbes, vêtus de la *shenti*, sont à genoux devant le brasier. Ils soufflent du verre jaune [5] ; d'autres appliquent des anses à une grande amphore ou entretiennent le feu du fourneau [6]. N'oublions pas que ces tableaux

---

1. Théophraste dans Pline, XXXVII, 74.

2. D'après Apion Plistonices (Pline XXXVII, 75), cette statue mesurait neuf coudées.

3. Ungarelli, *Della statuetta del re Sabaco e della statua leontocefala esistenti nella villa Albani* (in-4). — Visconti, *la villa Albani, ora Torlonia* (Imola, 1870), p. 147, n. 1037.

4. Wilkinson, *Manners and customs*, t. III, 89. — Rosellini, *Monumenti*, t. II, pl. 52. — Deville, pl. III.

5. Cailliaud, *Recherches sur les Arts et Métiers des anciens peuples de l'Égypte* (Paris, 1831-37), pl. X, 1 : Hypogées de Qournah.

6. Sauzay, *les Merveilles de la Verrerie*, p. 5. Comparez Cailliaud, *l. c.*, pl. VI, *b*.

ont été tracés, il y a quarante siècles, par des témoins et des contemporains. Sous un règne qui ne nous a légué aucun échantillon de l'industrie verrière, nous voyons des manufactures en plein fonctionnement, montées, il est vrai, avec simplicité, mais se servant des mêmes outils dont on a continué à faire usage jusqu'à nos jours.

Ces peintures de Thèbes et de Beni-Hassan ne sont pas les seules qui existent. Dans les tombes de l'Ancien-Empire qui recouvrent en grand nombre le plateau de Saqqarah, on rencontre les mêmes sujets, et à côté des sculpteurs, des potiers, des charpentiers et d'autres artisans, qui travaillent à l'ameublement du défunt, on voit déjà des verriers exercer leur art[1]. Il est certain que ces représentations appartiennent au moins à la IV⁰ dynastie, à la III⁰ peut-être, c'est-à-dire à une antiquité fantastique. Aucun archéologue n'oserait faire remonter aux rois de Memphis le verre le plus primitif de style et de pâte.

J'ignore, en effet, si les tombeaux de Saqqarah ont fourni à nos musées d'autres objets que des vases de terre et d'albâtre. Ce n'est que depuis peu d'années qu'on poursuit dans le royaume des Pharaons ces fouilles méthodiques qui, seules, peuvent fixer la chronologie des monuments de ce genre; et jusqu'ici les travaux de M. Mariette n'ont pas, que je sache, élucidé la question si délicate du classement de la verrerie. Le plus ancien vase opaque, portant une date, est un petit flacon du Musée Britannique[2], aussi gracieux de forme que de couleur, et dont le col est orné du prénom et des titres de Thoutmès III, roi de la XVIII⁰ dynastie (XVII⁰ siècle avant J.-C.). La pâte est d'une teinte bleu turquoise sur laquelle se détachent, en couleur jaune, les hiéroglyphes, quelques rameaux verdoyants et les bordures; sur l'anse, d'un bleu foncé, on aperçoit des raies jaunes et blanches.

Après les incertitudes et les tâtonnements dont se compose en grande partie cet exposé historique, on est heureux de rencontrer de temps en temps un monument de cette valeur qui consolide nos argumentations et leur redonne toute leur trempe. Nous n'en trouverons plus beaucoup d'aussi instructifs. Par contre-coup, je me vois obligé d'éliminer de mon cadre le fameux grain de collier[3], portant en creux le prénom de la régente Hatasou, sœur de Thoutmès III. Les savants anglais[4] qui ont examiné cet objet tout récemment, n'ont pu en déterminer la matière; c'est plutôt un morceau d'obsidienne qu'une pâte vitreuse.

Quant aux verres blancs, fabriqués en Égypte, nos renseignements sont presque nuls. Cela ne veut pas dire qu'il en manque dans les collections publiques; mais on est bien embarrassé pour leur assigner une époque précise.

---

1. Lepsius, *Denkmaeler*, t. III, pl. 13. 49. — Brugsch, *die ægyptische Græberwelt*, p. 24.

2. Ch. Harrison, *Photographs from the collections of the British Museum*, pl. 283. Birch, *Guide to the Egyptian Rooms*, n. 4710 ᵃ. — Deville, pl. IV, 1.

3. Wilkinson, t. III, 90. Sauzay, p. 7. — La couleur est noir verdâtre.

4. MM. Augustus W. Franks et Maskelyne.

En général, le verre translucide de provenance égyptienne est d'une couleur verte
plus ou moins foncée, parce qu'on ne savait pas affiner suffisamment les matières
vitrescibles. Nul doute, cependant, qu'on n'en ait produit de grandes quantités, car
les auteurs arabes encore, en citant ce genre de verre à la teinte olivâtre,
l'appellent *verre de Pharaon*[1]. Sur un des bas-reliefs peints du grand hypogée de
Thèbes et même sur ceux de l'Ancien-Empire, on a remarqué des vases transparents
qui paraissaient contenir du vin rouge[2]. Il faudrait vérifier le fait. Mais le grand
bassin en verre blanc qui se voit, avec le panier qui le renfermait, à la Salle Civile du
Louvre, vient également d'une tombe thébaine. Le Musée Britannique possède plusieurs
flacons de forme conique, trouvés dans la nécropole de Memphis et que l'on attribue
à la XXVIe dynastie (saïte)[3].

Une industrie qui avait pris un tel essor le long des rives du Nil, ne pouvait
manquer de s'acclimater dans les contrées limitrophes. L'Ethiopie, la nation la plus voisine
de cette source de précoce civilisation, en était comme fertilisée; pendant des siècles,
elle faisait partie intégrante du territoire égyptien; son histoire et ses monuments
attestent les rapports les plus intimes entre les deux pays. Il est vrai que le géographe
grec dont nous avons déjà cité un passage[4], ferait plutôt conclure à l'absence de
manufactures verrières au-delà des Cataractes. En énumérant les marchandises
importées qui y trouvaient le meilleur débit, il mentionne les « pierres vitreuses »,
et les vases murrhins fabriqués à Diospolis, l'ancienne Thèbes. Mais Hérodote avait
des renseignements plus précis; il avait entendu parler de sarcophages de verre fondus
par les Éthiopiens. « Après la momification, dit-il[5], on enduit le corps d'une couche
« de plâtre sur laquelle les peintres appliquent leurs couleurs, en reproduisant le
« plus fidèlement possible les traits du mort; puis on enferme le tout dans une stèle de
« verre creuse. Ce verre se prête volontiers au travail, et c'est en grandes quantités
« qu'on le tire du sol ».

Les commentateurs d'Hérodote sont unanimes à réduire la valeur de son
témoignage; d'après eux, il s'agirait ici du verre fossile, c'est-à-dire du sel gemme,
si abondant en Ethiopie. Mais s'il peut y avoir doute au sujet d'une phrase prise
isolément et comme au dépourvu, d'autres écrivains sont plus explicites[6].
« Après avoir embaumé les corps, nous raconte Diodore de Sicile[7], les Ethiopiens
« coulent à l'entour une épaisse couche de verre, puis les placent sur une stèle, de
« façon à ce que le passant puisse les apercevoir à travers ce cercueil
« transparent. D'après Ctésias de Cnide, on commence par momifier le défunt,
« mais on n'a garde de fondre le verre autour du corps nu, de peur de le brûler

---

1. Clément-Mullet, *Essai sur la minéralogie arabe*, p. 100.
2. *Description de l'Egypte*, t. II, pl. XLVII.
3. Ch. Harrison, pl. CCLXXXV. Birch, *Guide*, n. 4750-53.

4. *Geographi græci minores*, t. I, 26¹ (édit. Didot).
5. L. III, 24 : περιιστᾶσι στήλην ἐξ ὑέλου πεποιημένην κοίλην. ἡ δέ σφι πολλὴ καὶ εὐεργὸς ὀρύσσεται.
6. Comparez aussi Strabon, p. 698, *éd. Didot*.
7. L. II, 15.

« et de le défigurer au point de lui faire perdre toute trace de ressemblance. On
« fabrique donc une image d'or creuse, dans laquelle on enferme le cadavre : c'est
« cette statue que l'on abrite derrière une couche de verre fondu et que l'on place
« ensuite dans le tombeau. La feuille d'or se voit à travers la glaçure. Cependant,
« ce mode de sépulture ne s'emploie que pour les riches ; ceux qui jouissent d'une
« fortune moindre sont enveloppés dans une feuille d'argent ; les pauvres se servent de
« la terre de poterie. Au reste, il y a du verre pour tout le monde, car le pays en
« produit beaucoup (γεννᾶσθαι), et rien n'est plus commun chez les indigènes ».

Ces dernières lignes semblent se rapporter également au sel gemme ; mais pour
les interpréter dans le sens de l'auteur, il ne faut pas perdre de vue les
expressions dont il s'est servi précédemment. Ni le verbe *fondre* (περιχεύειν), ni
l'idée d'une matière incandescente pouvant consumer les corps ne s'accordent avec
le verre fossile [1]. D'un autre côté, Hérodote aussi bien que Ctésias dit que
la substance en question se tirait comme d'une mine ou d'une carrière [2]. Il est
donc difficile de choisir entre ces deux assertions incompatibles, car aucun
sarcophage en pâte de verre n'a encore été retrouvé. Pour conclure, je voudrais
insister sur un point trop oublié. Les anciens croyaient que, pour fabriquer du
verre, il fallait une qualité de sable toute spéciale. On aura rencontré, au-delà
des Cataractes, de ces sablières *vitreuses*, comme on les appelait alors, et c'est
l'exploitation de ces gisements que les écrivains grecs comparaient au travail des
mines. Voilà un moyen de tout concilier. Il lui manque, pour être inattaquable,
un appui plus solide, cette sanction que les nécropoles, encore inexplorées, de
l'Éthiopie peuvent seules lui donner. Mais jusque là, il nous servira de pierre
d'attente.

III. — L'ASSYRIE.

Depuis la découverte des ruines de Khorsabad, il n'est plus permis de douter que
les royaumes de l'Asie, ces antiques foyers de culture, n'aient à leur tour fabriqué
le verre. Depuis quelle époque et dans quelle étendue ? on l'ignore, car à la
distance où nous sommes, ce n'est pas chose aisée que d'établir des faits et de
fixer des dates même approximatives. Le bassin de l'Euphrate n'est pas encore à
notre portée au même degré que l'Egypte. Nous commençons seulement à
le mieux connaître, et ce qui paraît aujourd'hui un fait acquis peut être démenti
demain. A nous en tenir aux résultats obtenus jusqu'à présent, il semble que
les verreries assyriennes n'ont pas eu l'importance de celles de l'Égypte et qu'elles

---

1. M. Hœfer, dans sa traduction de Diodore (t. I,
133), l'a déjà fait remarquer.

2. Murrina et crystallina (*les verres blancs*) ex
eadem terra effodiuntur. Pline, XXXIII, *præf.* 2.

n'ont pas su tirer partie des qualités les plus utiles de la substance vitreuse. Cependant, en Babylonie, comme dans la vallée du Nil, l'industrie verrière aurait dû suivre la même marche progressive. Les relations entre les deux pays ont été, de tout temps, des plus étroites. Qui oserait nier que l'art égyptien n'ait longtemps exercé sur les artistes babyloniens sa souveraine et légitime influence ? Et dès lors, comment s'expliquer que les fabriques de verre soient seules restées en dehors de cette influence dominante ? Je ne vois qu'un moyen de résoudre le problème, c'est d'avouer que nos connaissances actuelles sont trop imparfaites pour autoriser le moindre jugement définitif.

Nous avons vu qu'avant de travailler le verre comme matière indépendante, les Égyptiens ont employé l'émail. Sur les bords du Tigre, la verrerie n'eut pas d'autres débuts. Il existe, dans nos collections assyriennes, un certain nombre de vases et de figurines en terre cuite émaillée dont la teinte, vert clair ou bleu verdâtre, rappelle les produits des usines de Memphis. Les briques surtout, qui servaient au revêtement des murailles, sont enduites d'une glaçure vitreuse qui démontre à quel rare degré de perfection les émailleurs de Babylone et de Ninive étaient arrivés dans un art si délicat. Ces carreaux, que les Grecs mêmes ont imités et qui, de nos jours encore, constituent la principale décoration des mosquées et des maisons orientales, représentent pour la plupart des divinités ou des processions d'animaux sacrés, c'est-à-dire des sujets religieux ; mais on y voit aussi des scènes de guerre ou de chasse, sans parler des textes cunéiformes. Prises dans leur ensemble, elles forment comme une galerie de tableaux ; les couleurs, appliquées sur l'argile commune, sont très variées et disposées avec goût ; elles ont conservé leur éclat avec une admirable ténacité à travers les vicissitudes de vingt-cinq siècles.

La seconde phase du développement de la verrerie assyrienne est représentée par les objets en pâte vitreuse. En effet, nous possédons des quantités de grains de collier, d'anneaux et de quadrilatères en verre opaque, trouvés dans les décombres des résidences royales. Un de ces derniers a les extrémités garnies d'une feuille d'or [1], ce qui prouve de nouveau que la pâte avait alors une valeur mercantile au moins égale à celle des pierres dures ou des métaux précieux. Mais il faut toujours se rappeler que beaucoup de ces petits monuments peuvent avoir été importés d'Égypte, où l'on en découvre d'absolument semblables [2].

A côté de ces faits, puisés à la source vive, les auteurs anciens nous en apprennent d'autres qui ne sont pas les moins curieux. Je ne compte pas cette stèle en émeraude, large de trois coudées sur une hauteur de quatre, qu'un roi de Babylone (on ne dit

---

1. Musée du Louvre, n. 522.

2. C'est ce qu'on a oublié au Louvre, où M. de Longpérier a réuni à la Collection assyrienne une soixantaine de rosaces en terre émaillée, provenant d'Égypte, et dont quelques-unes portent au revers la lettre grecque X. J'en ai vu d'autres avec la lettre A. Les rosaces analogues du Musée Britannique ont été mieux classées.

pas son nom) aurait offerte en cadeau au roi d'Égypte. Théophraste, qui avait trouvé ce renseignement dans les annales hiéroglyphiques, pensait à une pierre véritable [1], et il se peut très bien que des blocs de prime d'émeraude, habilement ajustés, aient formé cet obélisque. Mais plus tard, quand le roi de Perse Xerxès fit ouvrir le tombeau d'un des fondateurs de la dynastie chaldéenne [2], il eut la surprise d'y trouver un monument en verre et dont la matière ne paraît pas avoir prêté à l'équivoque. Le corps de son ancêtre était déposé dans un cercueil vitreux qu'on avait rempli d'huile ; il nageait pour ainsi dire dans un colossal flacon à essences. Ce n'est là qu'une légende, je le sais ; mais pourquoi n'aurait-elle pas un fond de vérité historique ? Nous connaissons les sarcophages éthiopiens en pâte de verre, et qui donc oublie que le corps d'Alexandre le Grand [3], transporté en Égypte dans un coffre d'or, y fut enseveli dans un cercueil de verre ? On raconte qu'au milieu du XIIe siècle, les restes du prophète Daniel reçurent les mêmes honneurs par ordre du kalife de Suse [4].

Après avoir parcouru deux périodes, celle de l'émaillerie et celle de la pâte vitreuse, l'industrie assyrienne s'est arrêtée. Elle n'a pas dépassé l'enfance de l'art, l'état rudimentaire ; nulle trace qu'elle ait songé à employer le verre à la fabrication de la vaisselle. Les vases que M. Layard a extraits de ses fouilles [5] appartiennent en majorité à l'art grec, et quelques-uns même à l'époque de la décadence où Ninive, sous le nom de Claudiopolis, était devenue une colonie romaine.

C'est ici que surgit une difficulté sérieuse. Si les Assyriens n'ont pas fabriqué de vases opaques ou en pâte mal affinée, il est de toute impossibilité qu'ils en aient fait de blancs et de translucides. Néanmoins, il existe, au Musée Britannique, un flacon célèbre, le vase du roi Sargon [6], provenant également des excavations du palais de Ninive, et dont la pâte, de couleur vert d'eau, a une légère transparence. Sur l'une des faces se trouve gravé un lion et, au revers, en caractères presque imperceptibles, une inscription cunéiforme contenant le nom de Saryoukin, ce grand conquérant qui régna sur l'Assyrie de 721 à 704 avant notre ère. A ne considérer que cette légende, peu s'en faut que ma thèse du développement logique de l'art de la verrerie ne devienne problématique et que notre canevas ne perde, d'un seul coup, toute sa solidité de trame. Mais en y regardant de plus près, l'anomalie n'est

---

1. Dans Pline, l. XXXVII, 74.
2. Le roi Bélus, d'après Elien, *Histoires variées*, l. XIII, 3 (p. 405, Didot).
3. Strabon, p. 675, éd. Didot.
4. Benjamin de Tudèle, t. 1, 176.
5. Layard *Niniveh and Babylon*, p. 503. 593. 597. — Ch. Harrison, *Photographs*, pl. 592-593. Je n'ai pu examiner de près ces verres déposés au Musée Britannique. Un fragment de fiole, en verre verdâtre excessivement épais (n° 1336), m'a cependant paru d'une antiquité plus considérable.

6. Layard, *Niniveh and its remains*, t. II, 421. *Niniveh and Babylon* (Londres, 1853), p. 197. — Pfister, p. 39. — Harrison, *Photographs*, pl. 283. 591 [a]. — Ce verre inappréciable avait disparu à Bombay lors du déballage des antiquités trouvées par M. Layard, et ce fut par le plus providentiel des hasards qu'une dame anglaise le reconnut, quelque temps après, entre les mains d'un pasteur du Devonshire. *Archæol. Zeitung* 1848, p. 380 ; 1849, p. 71.

qu'apparente, et les faits matériels sur lesquels je me suis appuyé jusqu'ici reçoivent, de cette exception même, une nouvelle et éclatante confirmation.

Le vase de Sargon est, après celui de Thoutmès III, le plus ancien verre portant une date chronologique certaine. C'est le prototype des flacons à onguent dont nous avons de si nombreux spécimens en albâtre *(alabastra)*, de fabrique égyptienne et phénicienne. Très lourd de forme et, par conséquent, d'un style fort archaïque, il ressemble à une bourse; ses parois sont d'une grande épaisseur, et deux appendices carrés en simulent les oreillettes. Le procédé technique qu'on a employé pour sa fabrication est non moins primitif, car ce n'est pas au moyen du soufflage qu'il a été façonné; l'ouvrier a pris un morceau de verre refroidi, puis à l'aide du tour il en a arrondi la panse et creusé l'intérieur, exactement comme s'il travaillait l'albâtre. Pour le mettre à sa véritable place, il faut se rappeler que les Phéniciens ont été les premiers à produire un verre blanc de cette pureté de ton. Or, le roi Sargon avait passé plusieurs années de son règne à combattre ce peuple puissant et les nations voisines. Ce fut lui qui anéantit le royaume de Samarie, infligea une défaite au roi de Gaza et mit le siège devant Tyr. Ne serait-on pas en droit de se demander si ce verre unique et que tout nous défend d'attribuer à une fabrique assyrienne, ne vient pas plutôt des côtes de la Méditerranée? Il aura fait partie du butin pris sur l'ennemi ou figuré parmi les présents que les Phéniciens soumis offrirent à leur vainqueur. Dans les Fastes de Sargon [1], on lit le passage suivant : « Les sept rois de l'île de Chypre avaient appris mes exploits en Chaldée « et en Syrie et ma renommée, qui s'était étendue jusqu'au milieu de la mer. Ils « fléchirent leur orgueil et s'humilièrent spontanément en se présentant tous « ensemble devant moi à Babylone, apportant des métaux, de l'or, de l'argent, « des vases, du bois d'ébène et les fabrications de leur pays ». Devant un témoignage aussi formel, mon hypothèse gagne en probabilité et le verre du Musée de Londres, phénicien de style et de matière, cesse de contredire des faits avérés d'autre part. Nous connaissons plusieurs vases semblables, en albâtre, qui portent, à côté d'un cartouche égyptien, un nom de roi en légende cunéiforme. Il n'en faut pas davantage pour prouver que les Assyriens faisaient des emprunts aux peuples étrangers. On n'oubliera pas d'ailleurs qu'il ne saurait être question ici d'une argumentation rigoureuse. L'avenir seul décidera jusqu'à quel point ma thèse est fondée. Si, à la suite de découvertes inespérées, nos successeurs réussissent à combler les lacunes que j'ai signalées et à retrouver les vestiges de cette époque de transition qui m'échappe encore, cette thèse n'aura plus de raison d'être.

L'empire de Babylone s'écroula l'an 538 avant J.-C., pour faire place à la monarchie

---

1. Publiés et traduits par MM. Oppert et Ménant (Paris, 1863), p. 6.

perse. En ce qui concerne la verrerie, nous sommes moins renseignés sur cette époque nouvelle que sur l'autre. Un seul auteur ancien, Aristophane, donne une indication à ce sujet, bien vague, il est vrai, mais qu'on ne doit pas négliger lorsqu'il s'agit de mettre toutes pierres en œuvre pour reconstruire l'édifice des premières civilisations. Dans ses Acharniens [1], le poëte introduit les ambassadeurs d'Athènes qui, aux débuts de la guerre du Péloponèse, avaient été envoyés à la cour du Grand Roi, pour conclure avec lui un traité d'alliance. De retour dans leur patrie, ils font le récit de ce qu'ils ont vu, de l'accueil hospitalier qu'ils ont trouvé partout, et notamment au palais d'Ecbatane. Puis ils ajoutent cette phrase : « Nous buvions dans des vases de verre et dans des coupes d'or ». Eh bien ! quelque insignifiant que paraisse ce passage, il nous apprend qu'à la fin du cinquième siècle, les rois de Perse avaient de la vaisselle de verre, estimée à l'égal des matières précieuses. Le vers d'Aristophane n'aurait d'autre mérite que celui de marquer une date, qu'il serait déjà d'une portée considérable.

IV. — LA PHÉNICIE ET LA JUDÉE.

Nous retournons au bassin de la Méditerranée, où les Phéniciens, par leur commerce et leurs manufactures, ont le plus contribué à l'épanouissement de l'industrie verrière.

Par quelle voie était-elle arrivée chez eux ? Par l'Egypte ou par les Asiatiques ? C'est là une de ces questions ardues qu'on effleure sans pouvoir les entamer. Depuis les premières dynasties jusqu'au VIIIe siècle avant J.-C., le nord du Delta était peuplé de tribus sémitiques; d'un autre côté, les relations de commerce entre la Paralie et l'intérieur de l'Asie ont dû, de bonne heure, être très actives, pour ne pas dire ininterrompues.

Le passage de Pline qui attribue aux Phéniciens l'invention du verre, a été rapporté plus haut. Pline obscurcit ses propres clartés par une conclusion fausse; mais les renseignements qu'il nous fournit sur les sablières de Saint-Jean-d'Acre sont confirmés et complétés par d'autres écrivains, dont quelques-uns avaient visité le pays. « Entre Ptolémaïs et Tyr, dit le géographe Strabon [2], la plage est couverte de « monticules d'un sable vitreux, mais qui ne peut se fondre sur place. On prétend « qu'il n'entre en fusion qu'après avoir été transporté à Sidon ». Voilà déjà une pointe de merveilleux, car les Sidoniens avaient intérêt à faire croire que leur sable, si éminemment propre à la confection du verre, ne gardait ses qualités qu'en

---

1. V. 73. 2. P. 645 (éd. Didot).

Phénicie même. Flavius Josèphe va plus loin. Dans sa Guerre Judaïque [1], écrite sous le règne de l'empereur Vespasien, il raconte ceci : « A une distance de deux « stades de la ville de Ptolémaïs, coule une très petite rivière appelée Bélæus. « Là se trouvent le tombeau de Memnon et, à proximité, un endroit digne de notre « admiration. C'est une fosse circulaire, mesurant cent coudées et remplie de sable « vitrifiable. Beaucoup de navires y abordent pour en prendre des cargaisons, et à « peine la fosse est-elle vide qu'elle se remplit de nouveau, car les vents « y apportent, comme s'ils le faisaient exprès, le sable du dehors, qui ne sert à « rien et qui, une fois jetée dans la fosse, se change aussitôt en verre. Mais ce « qui me paraît plus étonnant encore, c'est que le même verre, dès qu'il déborde, « redevient du sable ordinaire. Telle est la nature de cet endroit ».

Tacite [2], selon son habitude, est plus concis et plus sobre de détails : « Le « fleuve Bélus se jette dans la mer judaïque. Autour de son embouchure, on pro- « duit le verre en soumettant à l'action du feu un mélange de sable et de nitre. « Ce rivage, d'une étendue médiocre, est inépuisable ».

De nos jours, le Bélus s'appelle *Nahr-Halou;* les Hébreux lui avaient donné le nom poëtique de *Schichor Libnath* [3], « rivière blanche », probablement par allusion à ce sable blanc, si riche en cristaux salins.

Chose étrange ! les savants qui ont traité ces questions parlent avec une rare assurance de la beauté des verres phéniciens. Mais, pour dire la vérité, à part quelques fragments de l'époque gréco-romaine, il n'existe pas dans nos musées un seul verre que l'on puisse attribuer à la Phénicie avec une entière certitude. Je ne veux pas anticiper sur les résultats que j'ai obtenus en examinant de mes yeux la plupart des verres antiques qui sont venus jusqu'à nous; il suffit d'un peu de méthode et de discernement pour se convaincre de la justesse absolue de ma thèse, quelque décourageante qu'elle soit.

Dès l'abord, nous sommes forcés d'avouer que l'émaillerie, qui avait marqué les débuts de la verrerie en Égypte et à Ninive, ne paraît pas avoir été cultivée au même degré par les Phéniciens. Certes, on est tenté de leur attribuer ces grands flacons en terre émaillée qu'on a trouvés à Camirus, dans l'île de Rhodes [4], et dont plusieurs sont entrés au Musée Napoléon III. Camirus était d'ailleurs une des colonies de Sidon. Par leur forme, leurs couleurs et le style de leur ornementation, ces flacons n'appartiennent exclusivement à aucun art connu, bien que chacune de leurs particularités présente des analogies avec d'autres produits de l'art asiatique. Ils remontent à une haute antiquité, et rien n'empêche de les croire de

---

1. L. II, 10, 2.
2. *Histoires*, l. V, 7.
3. Iehoschua, ch. XIX, 26,

4. On peut les voir reproduits sur deux planches dans l'ouvrage de Salzmann, *la Nécropole de Camirus.* — *Musée Napoléon III*, pl. 50-51.

fabrique phénicienne. Mais c'est là une supposition, tandis que nous cherchons à démêler des faits.

Le même doute règne sur les objets en pâte vitreuse ; il y a cependant lieu d'être un peu plus affirmatif sur ce point. D'après Scylax le géographe, dans un passage que j'ai déjà cité, les marchands phéniciens colportaient des perles de verre jusqu'au delà des Colonnes d'Hercule [1], et ce sont très certainement eux qui en pourvoyaient la Gaule et les pays du Nord, qui introduisaient en Grande Bretagne ces *œufs druidiques*, si communs dans les collections anglaises. Un grand nombre de ces perles sont pareilles à celles que l'on trouve en Égypte, et Scylax les appelle, en effet, des *pierres* égyptiennes ; mais pourquoi les verreries de Sidon n'auraient-elles pu en fabriquer à leur tour [2] ? Le Louvre possède un cône en pâte verte, rapporté de Phénicie par M. Guillaume Rey et représentant une idole en forme de colonne, placée entre deux quadrupèdes qui rappellent le fameux groupe de la porte de Mycènes. Il y a vingt ans, M. Édouard Delessert a offert au même musée un collier, découvert à Tharros, dans l'île de Sardaigne [3], et formé de plus de quarante grains, de deux cylindres, de quatre mascarons de taureaux et d'un grand masque barbu aux traits grotesques, le tout de pâte vitreuse. Cet objet nous fait connaître un art des plus singuliers, ayant son caractère propre, très original et très déterminé, impossible à confondre avec les productions qui nous viennent du Nil et de l'Euphrate. Le collier de Tharros est du même style, de la même fabrique que ces cylindres décorés de masques grimaçants, que l'on trouve en grand nombre sur les bords orientaux de la Méditerranée, et jusque dans l'Italie méridionale [4]. Tous se composent de pâtes de couleur où le jaune domine, et où les détails sont exprimés au moyen d'une multitude de petits boutons en relief. Voilà de l'art phénicien, si je ne me trompe [5]. Les spécimens en sont peu connus encore ; mais je ne crois pas qu'on puisse, avec de plus fortes chances de probabilité, les attribuer à un autre peuple.

Quant aux auteurs anciens, qui ont tant l'habitude de nous montrer le chemin et de nous soutenir de leur autorité, ils ne touchent jamais à ces questions. Hérodote parle d'une grande stèle en émeraude qui décorait le temple d'Hercule

---

1. Geographi græci minores, t. I, 94 : εἰ δὲ Φοίνικες ἔμποροι εἰσάγουσιν αὐτοῖς μύρον, λίθον Αἰγυπτίαν, etc.

2. Il peut y en avoir aussi de fabrique indigène, celles qui sont d'un art plus barbare.

3. Ed. Delessert, *Six semaines dans l'Ile de Sardaigne*, p. 176.

4. Il y en a plusieurs au British Museum (voir Harrison, pl. 785), dont l'un trouvé à Cumes (collection de Sir W. Temple). Le Musée égyptien du Louvre en possède peu, mais M. Ernest Renan en a trouvé beaucoup dans ses fouilles (*Mission de Phénicie*, p. 488), et les nécropoles de l'île de Chypre en abondent.

5. Le collier de Tharros pourrait être de fabrique punique.

J'ai sous les yeux une photographie représentant les verreries antiques que M. Daux a découvertes en Tunisie dans les fouilles entreprises pour le compte de S. M. l'Empereur Napoléon III. Je vois dans le nombre plusieurs objets qui me paraissent également d'art punique ; mais pour fixer mon opinion à ce sujet, il faudrait voir les originaux et connaître la provenance de chaque pièce.

à Tyr [1] et que nos naturalistes se sont empressés de transformer en verre. J'ai déjà fait justice de ce procédé par trop commode qui, sous prétexte de rendre à l'antiquité son vrai caractère, finit par le dénaturer et l'éteindre. Mais il paraît que les Phéniciens fabriquaient réellement des blocs de verre de dimensions inusitées. Dans un temple de l'île d'Aradus, on voyait deux énormes colonnes de cette matière, qui faisaient l'étonnement des voyageurs, à tel point que l'apôtre Saint-Pierre s'y rendit tout exprès pour admirer ces merveilles [2].

Depuis quelques années, on donne à l'industrie phénicienne les flacons en verre opaque multicolore. Il peut y en avoir dans le nombre qui viennent de Sidon ; mais en thèse générale (nous l'établirons dans un des chapitres suivants), rien n'est plus erroné que cette classification. Je ne connais pas un seul vase de verre, je le répète, que l'on puisse montrer de confiance comme échantillon de l'art phénicien. Cela ne veut pas dire qu'il n'en existe plus ; mais, à mon avis, ce n'est point parmi les verres colorés qu'il faudra les chercher.

Possédant le sable le plus beau, le plus pur et le plus fin que l'on connût alors, les ouvriers de Sidon ne l'auront certes pas employé pour fabriquer exclusivement des verres opaques. Avec une substance vitrifiable aussi précieuse et une matière vitrifiante aussi parfaite que le sel de nitre, on devait viser plus haut et obtenir, sans trop d'efforts, le verre incolore translucide. Un écrivain grec dit du teint d'une jeune fille qu'il est plus diaphane que le verre de Sidon [3]. Cette allusion s'applique aux produits de l'époque impériale, du règne des Antonins ; mais il n'est pas probable qu'on ait rien changé alors à des traditions dix fois séculaires, surtout en continuant à se servir des mêmes substances vitrescibles [4]. En effet, dans les nécropoles de l'île de Chypre, explorées par le général de Cesnola, on trouve de temps en temps de ces verres blancs ou verdâtres, à parois épaisses et d'une faible transparence, qui portent le cachet de l'antiquité la plus reculée. Ces objets, qui ne payent pas de mine, ne jouissent que d'une médiocre faveur dans les ventes publiques. L'amateur aime mieux les verres irisés qui se recommandent par l'élégance des contours et la richesse des

---

1. II, 44. Comparez Théophraste (*de lapidibus*, 25) : στήλη ὑαλοειδής. Pline, XXXVII, 75.

2. Clemens Romanus, *Recognitiones* (Maxima Bibliotheca Patrum, t. II, 1434).

3. Lucien, *Amores*, ch. XXVI.

4. M. Renan, dans sa *Mission de Phénicie*, p. 488, n'a-t-il pas confondu les verres primitifs avec ceux de l'époque gréco-romaine ? « Les objets en verre de « Sidon, dit-il, se distinguent par leur finesse, le peu « d'épaisseur des parois, la petitesse extrême des « objets et les charmants irisages dont ils sont re- « couverts. Une célébrité archéologique est cet Artas « de Sidon, dont le nom se retrouve tantôt en grec, « tantôt en latin, sur des verres de sa fabrique ». L'irisation est un accident, et la majeure partie des verres antiques ont ce charmant défaut. Quant à la finesse de la matière et au peu d'épaisseur des parois, ce ne sont pas là des signes caractéristiques, car les verres de Rome, d'Arles, de Cologne ne laissent rien à désirer non plus sous ce rapport. Enfin, les produits d'Artas (qui ne signe pas tantôt en grec, tantôt en latin ; ses inscriptions sont toujours bilingues) ont au contraire les parois épaisses et sans irisation. Il ne reste donc que les petites figurines en verre, si abondantes en Syrie, que l'on puisse attribuer avec quelque certitude aux fabriques de Sidon ; mais les plus anciennes d'entre elles datent d'une époque voisine de l'ère chrétienne. Il en est de même des flacons trouvés à Tortose et à Gébeil, et reproduits sur la 23ᵉ planche de l'ouvrage de M. Renan.

reflets. Je crois cependant que ces verres chypriotes méritent plus d'attention, car ce sont précisément les formes lourdes, trapues, l'épaisseur disproportionnée des parois et la grossièreté de la pâte qui constituent les signes indéniables de l'art primitif.

Au Musée de Londres, on conserve un alabastron en verre blanc[1], provenant d'Idalium et dont la panse est tellement épaisse que c'est à peine s'il reste au milieu une sorte de tube pour recevoir le liquide. Les flacons de ce genre doivent avoir été fabriqués à Sidon même; ils sont pareils aux vases d'albâtre que l'on a découverts dans les tombeaux de Sayda et dont on voit un remarquable spécimen sculpté sur un des sarcophages anthropoïdes, le plus ancien de tous, rapportés par M. Ernest Renan[2].

Je suis le premier à sentir ce que cette discussion a de peu satisfaisant. Elle effleure le sujet sans y pénétrer, et sa trame n'est ni assez ferme ni assez serrée. Mais en tout état de cause, mieux vaut avouer notre ignorance et préparer discrètement à nos successeurs le canevas de leurs travaux plus complets que de nous faire illusion sur l'étendue de notre savoir. Je tiens donc plus aux résultats négatifs de mes recherches qu'aux hypothèses que je viens de produire.

Le principal centre de la manufacture verrière en Phénicie était Sidon. Pline décerne à cette ville le titre d'*artifex vitri*, en ajoutant que les usines sidoniennes étaient autrefois célèbres — *Sidone quondam his officinis nobili* — surtout après l'invention des miroirs. On aimerait mieux une date que des expressions aussi peu précises; car cette époque de célébrité, où faut-il la placer ? Est-ce aux premiers siècles de la puissance politique de Sidon et avant sa destruction par les Philistins ? Si oui, l'origine des verreries phéniciennes remonterait au delà de l'an 1209 avant notre ère. Mais la cité se releva si vite de ses ruines et regagna si bien son ancienne splendeur, que nous pouvons prolonger le terme de sa prospérité jusqu'au règne d'Alexandre. Malheureusement, il n'existe plus qu'un très petit nombre de verres, de fragments plutôt, dont on puisse dire avec certitude qu'ils viennent des manufactures de Sidon. Athénée dit qu'on y fabriquait des coupes côtelées, les mêmes peut-être dont on a recueilli quelques exemplaires dans l'île de Chypre[3]. Enfin, dans la liste des noms de verriers que j'ai jointe à cet ouvrage, on trouvera trois artistes sidoniens, d'origine grecque et d'une époque plus récente encore; leurs signatures datent du dernier siècle de la République romaine ou des premiers empereurs.

Quant aux verreries de Tyr, elles paraissent avoir joué un rôle plus effacé. C'est cependant aux environs du village actuel de Sour, qu'un voyageur[4] a rencontré des restes d'anciens fourneaux avec les débris de pâtes vitreuses colorées, et M. Renan

---

1. Il est brisé en deux morceaux. — Un autre, de couleur verdâtre et de faible transparence, fait partie de la Collection Slade.

2. M. Guillaume Rey, qui a parcouru la Phénicie dans tous les sens, m'affirme qu'une grande quantité de verres de ce genre est déposée au Consulat de France à Sayda, et qu'on va les expédier prochainement au Louvre.

3. *Banquet des Sophistes*, l. XI, p. 468.

4. Johannes Roth.

a constaté sur la côte sud-ouest de l'île la présence d'une multitude de scories et de substances à demi vitrifiées[1]. Au Musée Britannique, il y a toute une collection de pâtes, des formes les plus variées, découvertes dans les ruines de cette cité[2]. En Orient, d'ailleurs, les traditions sont tenaces, et lorsqu'au XIIᵉ siècle de notre ère, Benjamin de Tudèle arriva à la Nouvelle-Tyr, les verreries y étaient encore en pleine exploitation[3].

Je n'ai rien à dire au sujet des colonies phéniciennes, bien qu'elles n'aient pu demeurer étrangères à l'industrie du verre. Le seul renseignement que l'on possède là-dessus nous est fourni par une inscription latine[4], une pierre sépulcrale consacrée à la mémoire d'un verrier de Carthage qui était venu s'établir à Lyon.

En abordant ainsi, par couches successives, les peuples qui ont travaillé le verre, on ne saurait passer à côté de l'art judaïque, si original et néanmoins si étroitement lié à celui des peuples voisins. Certes, dans la littérature juive, les éclaircissements n'abondent pas davantage, et la pénurie des monuments se fait sentir de plus en plus. On se flatte à tort de connaître quelques échantillons de verrerie remontant à l'autonomie de la Palestine[5]. Les objets de parure, recueillis par M. de Saulcy, en 1863, dans les chambres du Tombeau des Rois à Jérusalem, se composent de bijoux d'or, de grains en terre émaillée bleue, d'une perle vitreuse et d'un petit tube de verre qui ne portent pas le cachet d'un art particulier aux Hébreux. Seuls, quelques flacons en verre verdâtre, de la même provenance[6], peuvent avoir été fabriqués en Judée, bien qu'ils soient de l'époque romaine. Ils ressemblent, quant à la matière, à ceux que je viens d'attribuer aux Phéniciens; de nos jours encore, les usines d'Hébron en produisent d'absolument pareils, qui imitent à s'y tromper les formes et la couleur des vases antiques. Pour ne rien omettre de ce qui peut jeter un peu de jour sur des questions aussi obscures, je rappellerai ce passage du Talmud[7], où le législateur juge contraire aux bonnes mœurs que l'on apporte à boire aux riches dans des verres blancs, tandis que les pauvres se contentent de verres de couleur. Voilà un témoignage précis en faveur de ma thèse de la priorité des pâtes opaques et du prix que les anciens ont dû attacher à l'invention du verre blanc translucide.

Ce serait s'arrêter à mi-chemin que de ne pas suivre les Juifs jusqu'au moyen

---

1. *Mission de Phénicie*, p. 539.
2. Musée Egyptien, vitrine n. 87.
3. Traduction Baratier, t. I, 72.
4. Boissieu, p. 427. Orelli, n. 4299.
5. Le flacon moulé et décoré de fruits qui figure au Musée Judaïque du Louvre (*Bulletin arch. de l'Athénæum français*, 1856, p. 4) est de fabrique grecque. — Je ne mentionne que pour acquit de conscience cette lentille en pâte vert clair, portant la légende trilinéaire : ΗΡΩΔΟΥ Τ[ε]ΤΡΑΡΧΟΥ ΤΙΒΕΡΥΑC *(sic)* au-dessus d'un rameau (car ce n'est pas un poisson), que M. Chabouillet *(Catalogue, nᵒ 3484)* a classée aux monuments gnostiques. La légende, gravée à la pointe par un numismate qui se rappelait les monnaies de cuivre d'Hérode le Tétrarque, est incontestablement fausse.
6. F. de Saulcy, *Voyage en Terre Sainte*, t. I, 355. 359-60. II, 179. 182.
7. Traité des Petites Fêtes, section 3, 5.

âge, où l'industrie verrière se trouvait à peu près exclusivement entre leurs mains.
On appelait alors le verre de plomb « verre de Judée », parce que les Israélites
avaient trouvé le secret d'accélérer la fusion de la pâte vitrescible à l'aide de l'oxyde de
plomb [1]. Doit-on supposer que leurs ancêtres, emmenés en captivité après la prise de
Jérusalem, aient contribué à répandre dans les provinces romaines l'art de la verrerie ?
Faute de preuves palpables, il vaut mieux s'abstenir ; mais nous savons qu'au VIe siècle il
y avait des verriers juifs établis à Constantinople et à Emèse [2] ; au XIIe à Antioche
de Syrie [3].

V. — LES VERRIERS, LEURS USINES ET LEURS PROCÉDÉS TECHNIQUES.

Les anciens étant arrivés, dans l'art de travailler le verre, à un degré de
perfection que l'on n'a pas égalé depuis, leurs procédés techniques ont dû être,
à bien des points de vue, supérieurs à ceux de nos verriers contemporains.
L'humanité néglige souvent ses conquêtes les plus précieuses pour se donner la
satisfaction de remporter de nouvelles victoires.

Je ne veux pas m'en tenir aux généralités. Employons encore une fois le moyen
qui nous a déjà réussi et recherchons dans les auteurs classiques les termes grecs et
latins qui se rapportent à l'industrie verrière. Leur nomenclature est des plus considérables, bien qu'il n'existe aucun traité spécial sur la question et que nous soyons
obligés de recueillir péniblement nos matériaux dans mille passages épars des
écrivains de l'antiquité.

En Grèce, le verrier s'appelait ὑαλοψός, *celui qui cuit le verre* [4], comme le fondeur
de bronze s'appelait χαλκόπτης. Ce qui frappait avant tout l'imagination hellénique,
c'était l'action de rendre fusible la substance vitreuse ; les travaux qui suivent la
cuisson ne venaient qu'en seconde ligne. Moins expressive, la langue romaine se sert
du mot *vitrarius* ou *vitriarius* [5], comme elle disait *marmorarius* pour désigner le
marbrier, *ferrarius* pour le forgeron.

Le travail du verrier était considéré comme un art (τέχνη, *ars vitri*), l'ouvrier
comme un artiste (ὑαλοτέχνης, *artifex* [6]) ; mais les mots d'art et d'artiste n'avaient pas
alors la signification que nous leur donnons aujourd'hui. Chez les anciens, on
ignorait cette distinction tranchée entre l'art et l'industrie qui s'est établie depuis,

---

1. Heraclius, III, 49 : *Plumbeum vitrum, Judæum
scilicet.*

2. Mich. Glycas, p. 506, *Bekker*. Cedrenus, t. 1,
686-688, *Bekker*. Vita Simeonis Sali, *dans les* Acta
Sanctorum, *juillet*, t. 1, 104. 168.

3. Benjamin de Tudèle, t. I, 61.

4. Il y a plusieurs variantes dialectiques : Ὑαλέψης,
ὑαλάψης, ὑαλούψης. Les Grecs modernes disent : ὑαλᾶς.

5. VITRIARI, *nom propre*. Inscriptions de l'Algérie, n° 3944.—Au moyen âge on employait le substantif *vitreator* ou *vitriator*, d'où vient le mot français
vitrier.

6. OPIFICI ARTIS VITRIAE. Donati, *Inscript.*
2, p. 335, 2. Orelli 4299.

au détriment de l'un et de l'autre. L'artiste était un ouvrier de talent, et l'ouvrier avait le plus souvent la trempe d'un artiste. Néanmoins, on ne leur appliquait pas toujours un titre aussi flatteur, car nous trouvons fréquemment le mot : ὑαλουργός (l'homme qui *travaille* le verre), ou ὑελινοποιός (celui qui *fait* des objets vitreux)[1], en latin *faber*[2], ce qui nous ramène à l'idée plus sobre et plus prosaïque du travail manuel[3]. Les verriers qui signaient leurs produits employaient le verbe ἐποίησε *(il a fait)*, absolument comme les grands sculpteurs ou les graveurs et peintres les plus en renom.

Je n'ai rencontré, dans la littérature grecque, qu'une seule expression pour la manufacture verrière : ὑαλουργεῖον; mais il doit y en avoir eu d'autres qu'on pourrait reformer par analogie. Les Romains et les Byzantins préféraient un terme général : ἐργαστήριον, *officina* (l'atelier)[4].

Jusqu'à quel point les anciens ont-ils connu les qualités du verre ? Leurs œuvres subsistent en assez grand nombre pour prouver qu'il ne leur restait pas grand'chose à apprendre sous ce rapport. En plusieurs endroits, les auteurs classiques parlent des qualités inhérentes à la pâte vitreuse, et il m'a paru utile de grouper ces témoignages d'autant plus curieux qu'ils sont plus rares.

Une des principales propriétés du verre est sa fragilité. Très sensible aux variations de la température, la coupe se brise lorsqu'on la remplit d'un liquide chaud sans avoir pris la précaution d'y verser d'abord de l'eau froide. De bonne heure, les Grecs aussi bien que les Romains s'en aperçurent à leur dépens[5]. Pline vante la ductilité du verre ; « il n'y a pas de substance, dit-il, qui soit plus élastique et plus naturellement flexible (*sequax*)[6] ». A ce propos, l'on affirme que, sous le règne de Tibère, un verrier aurait trouvé le moyen de rendre le verre malléable. Les écrivains qui racontent le fait ajoutent que cet habile inventeur fut récompensé par une condamnation à mort et par la destruction de son atelier, l'empereur voulant à tout prix empêcher la dépréciation des métaux[7]. J'avoue ne rien comprendre à cette anecdote. Peut-être l'artiste aura-t-il fabriqué des médailles de verre, en prétendant qu'il les avait frappées d'après le même procédé qu'on employait alors pour battre monnaie. En effet, à une température élevée, inférieure toutefois à celle de la fusion, le verre devient malléable, mais cet état de viscosité ne saurait être de longue durée.

Après ces préliminaires indispensables, arrivons à la manipulation du verre.

Pour établir une usine verrière, deux conditions sont essentielles : il faut du sable

---

1. Inscription de Sparte. *Bullettino dell' Instituto* 1844, p. 146.

2. Pétrone, ch. LI.

3. Anthol. grecque, XVI, 323 : ἐργάτας ἀνήρ.

4. Le substantif *vitrarium* ne se trouve que dans les glossaires. *Vitreria* est du moyen âge.

5. Schneider, *Eclogæ physicæ*, t. I, 151. Pline, XXXVI, 199. Martial, *Epigr.* XII, 74, 6. XIV, 94.

6. XXXVI, 198 : nec est alia nunc sequacior materia.

7. Pétrone, ch. LI. Pline XXXVI, 195. Cassius Dion, LVII, 21. Isidore, *Origines* XVI, 16, 6. Heraclius, p. 55 (éd. Ilg). Joannes Saresberiensis, *Policraticus*, IV, 5, p. 232.

et du bois. Du sable, à cause de la silice qu'il contient et qui est la base de toute composition vitreuse ; du bois pour les soudes et le chauffage. Pendant longtemps, les anciens ne se servirent pas indistinctement du premier silicate venu. Ils faisaient une différence entre le sable ordinaire, à gros grains, et le sable blanc qui, selon eux, avait seul les qualités requises pour la production du verre (ὑαλικὴ ou ὑαλῖτις ψάμμος). Le plus célèbre des dépôts exploités dans l'antiquité nous est déjà connu : ce sont les bancs de la côte phénicienne. Mais de temps immémorial, les Égyptiens tiraient parti du sable du désert ; en Italie, on utilisait sans inconvénient celui de Rome[1] et le grand dépôt qui, charrié par le Vulturne, s'étendait entre Cumes et Liternum[2]. Plus tard, on vit s'élever partout, en Espagne et dans les Gaules, des fabriques locales, alimentées par les matières siliceuses qui se trouvaient à la portée immédiate de chaque usine. Les personnes qui affirmèrent au géographe Strabon que tous les silicates étaient propres à la confection du verre, n'ont donc pas exagéré[3]. A la suite d'une longue pratique, on avait appris à laver le sable jaune, à le débarrasser de ses oxydes et à pulvériser le sable trop grenu, pour qu'il se combinât plus facilement avec les alcalis. Mais ces opérations augmentaient beaucoup les frais de la main-d'œuvre[4].

Quant aux fondants, les peuples primitifs avaient recours exclusivement à un alcali végétal. On y employait les cendres de certaines plantes[5], comme les Rhodiens obtenaient l'émail de leurs poteries par la combustion de fleurs odoriférantes et d'ingrédients pharmaceutiques qui communiquaient au vin leur parfum et leurs vertus[6]. Au moyen âge, on recommandait le bois de hêtre et les fougères, qu'il fallait récolter avant la Saint-Jean et incinérer après leur avoir laissé le temps de se faner. De nos jours encore, les verriers qui se bornent à fabriquer des bouteilles communes, se procurent leurs fondants par la combustion du chêne, du hêtre ou des fougères sèches dont ils apprécient surtout les qualités vitrifiantes. C'est un procédé qui nous vient directement de l'antiquité. On sait que les Arabes préparent leurs soudes avec une plante marine qu'ils appellent *kali*.

Pour avoir remplacé les cendres végétales par le sel de nitre ou salpêtre, les manufactures de Sidon acquirent une renommée qui laissa loin derrière elle les usines rivales de l'Égypte et de la Mésopotamie. Le sel de nitre (qu'il ne faut pas confondre avec le natron) est en effet le meilleur des fondants, et c'est à lui que l'on doit les progrès réalisés par la verrerie antique.

Le travail du verrier consiste en quatre opérations successives : la fritte, la fusion, l'affinage, le recuit. D'après Pline, les anciens commençaient par préparer leur

---

1. Strabon, XVI, p. 645, Didot.
2. Pline, XXXVI, 194.
3. Οἱ δὲ πᾶσαν πανταχοῦ χεῖσθαί φασιν. Strabon, *l. c.*
4. Galien, t. XII, 185, *éd. Kühn.*

5. Schol. d'Aristophane, *Nuées* v. 768 : ὕαλον ἡμεῖς μὲν ἀρτίως τὸ ἐκ βοτάνης τινὸς κεκαυμένον καὶ διὰ πυρὸς τηκόμενον εἰς κατασκευὴν ἀγγείων τινῶν λέγομεν.
6. Aristote dans Athénée XI, p. 464.

sablon en le réduisant en poudre (*terere*) à l'aide du mortier (*pila*) ou de la meule (*mola*). Puis ils mélangeaient neuf parties de ce sable pulvérisé avec trois parties de sel de nitre[1], en régularisant les proportions soit avec la balance, soit avec une mesure de capacité. Ces matières premières, on les versait dans des pots (*urcei fictiles, ollæ*) ou des creusets (*mortariola*) en terre cuite[2], après quoi on les mettait au four.

Avant l'invention des fours de fusion, le verre se fabriquait dans des excavations pratiquées dans la terre. Les peintures égyptiennes que nous avons citées plus haut, représentent ces brasiers au bord desquels les ouvriers sont assis pour cueillir la matière vitreuse. Et comme l'Orient est le fidèle gardien de toutes les traditions, ce genre rudimentaire y a coexisté longtemps avec les fourneaux perfectionnés, s'il ne leur a pas survécu. Maïmonide qui, en sa qualité de médecin du sultan Saladin, avait séjourné bien des années en Égypte, a encore vu de ces excavations cimentées et pourvues de banquettes circulaires, sur lesquelles on plaçait les creusets[3].

Quant au four proprement dit (en grec κάμινος ὑελουργική[4], en latin *fornax*), nous ne sommes renseignés ni sur sa forme, ni sur sa disposition intérieure. Celui que l'on voit, à côté du brasier, sur les fresques de Beni-Hassan, est très-simple; une ouverture, ménagée en bas et munie d'une grille, facilite la circulation de l'air. Mais je crois que les anciens déjà avaient des arches accessoires (*arcae* ou *mansiunculae*)[5], attenant au grand four de fusion, chauffées à des températures différentes, et destinées à la confection des soudes, au frittage, à la recuisson. Chaque arche avait sa voûte hémisphérique (*fornax arcuarius*), son tisard (θύρα, *os*) et ses ouvreaux (ὀπαί, *fenestellæ*) par lesquels on introduisait les pelles et les cannes. L'hiver, les passants s'arrêtaient volontiers dans une verrerie pour se réchauffer à la chaleur du fourneau[6].

La fonte du sable mêlé à la soude constituait et constitue aujourd'hui encore le frittage (μάλαξις). J'ai trouvé plusieurs mots s'appliquant à cette opération : τήκειν, μαλάσσειν, ὑαλοῦν, *fundere, liquare*. Mais pour arriver à la fusion complète du verre, il faut une chaleur intense. Aussi, dès que la fritte était achevée, on la transvasait (*transfundere*) au moyen de cuillères de fer (*cochleae ferreae*)[7] dans d'autres creusets, plus solides, et l'exposait à un feu violent. Le bois de chauffage devait être sec et léger[8]. Sur les bords du Nil, on brûlait les tiges ou les racines du papyrus, et si, par la négligence des ouvriers, le feu venait à s'éteindre, on attribuait cet accident à une salamandre qui se serait glissée dans le fourneau. Les verriers avaient donc grand soin de secouer le papyrus avant de s'en servir[9].

---

1. Je ne crois pas me tromper en interprétant ainsi le passage, encore inexpliqué, de Pline. L'auteur romain compte d'après le système duodécimal.

2. Vitruve, l. VII, 11.—*Ollæ optime coctæ. Continuateur de l'*Heraclius, p. 57.

3. Traité des Vases, *section VIII*, 9.

4. Géoponiques, XX, 17.

5. Heraclius, p. 57. 59. — Le four de Théophile (II, 1-3) est déjà très perfectionné.

6. Vie de Siméon Salus; voir p. 24, note 2.

7. Heraclius, p. 57.

8. Pline, XXXVI, 193.

9. Olympiodore, *in Aristot. meteorolog.*, t. II, 228, *Ideler*. — Comparez Elien II, 31.

D'après Plutarque [1], on préférait le bois de tamarisque à tout autre combustible, et ce renseignement paraît venir de bonne source, car en Syrie et dans la Haute-Égypte le tamarisque atteint les proportions du chêne. Avec un tel calorique, la vitrification s'opérait rapidement; on remuait le plus possible la masse en fusion [2], et bientôt cette masse se transformait en un fluide *(massa)* aux teintes grasses et noirâtres [3] qui s'appelait *ammonitrum* (sable au nitre). Dès lors, il ne s'agissait plus que de continuer la cuisson [4] et de faire disparaître cette couleur noire, résultat que nos verriers obtiennent par l'écrémage du bain et par l'addition d'une dose de nitrate de potasse.

Les termes techniques usités pour ces opérations préliminaires sont les mêmes qu'employaient les fondeurs de métaux. La composition du verre est la *conditura* où la *mixtura*; combiner les soudes, c'est *temperare harenam*, car tout mélange est un *temperamentum*. La fonte (χύσις, χωνεία) s'appelait plus spécialement la *cuisson*, car à côté du verbe *fondre* (χεῖσθαι) nous rencontrons souvent les mots *cuire* (ἕψειν, *coquere*) et *brûler* (καίειν) [5].

Après avoir constaté que l'affinage est à point et que le verre a la pureté et la transparence voulues, on arrête le feu; la matière vitreuse prend alors une certaine consistance (πύκνωσις), et c'est à ce moment que les ouvriers saisissent leurs cannes ou leurs felles et vont la cueillir dans le creuset, les uns pour la façonner (τυποῦν, *formare, figurare*) au moyen du souffle *(spiritus, flatus;* vitrum *conflare)*, les autres pour la couler dans un moule. La canne *(virga)* est un tube de fer ayant à peu près la longueur d'une coudée [6] et muni, à l'une de ses extrémités, d'une embouchure en bois. Lorsque le manchon est cueilli, on imprime à la canne un mouvement de rotation *(circumducere in girum)* et on commence la paraison du verre en le roulant sur cette table de fer qui s'appelle, par une singulière contradiction, le *marbre* [7]. Les Égyptiens se seraient-ils servis d'un bloc de granit?

On le voit, les procédés de nos fabriques modernes ne diffèrent pas sensiblement de ces antiques usages, *antiqua ratio vitri,* comme dit Pline. S'il nous restait quelque représentation figurée de l'intérieur d'une verrerie grecque ou romaine, nous pourrions peut-être accentuer davantage cette analogie, et le sujet nous serait ouvert de toutes parts; mais il n'y en pas. Tout ce que nous possédons en ce genre, c'est le fragment d'un poëme grec qui porte le nom de Mésomède et, par conséquent, remonte à l'époque de l'empereur Hadrien. L'auteur ne se préoccupe pas de la fritte, il nous montre l'ouvrier cassant un bloc de verre et jetant les morceaux

---

1. *Quæst. convivales*, III, 10, 3 : πρὸς δὲ τὴν τοῦ ὑέλου μάλαξιν καὶ τύπωσιν εὐάρμοστον εἶναι δοκεῖ τὸ μυρίκινον.
2. Heraclius, p. 57 : dum bullit, sæpe movebis.
3. Pline, *l. c.* : Massæ fiunt colore pingui nigricantes.
4. Pline, *l. c.* : Continuis fornacibus. — XXXVI, 194 : recoquere.

5. Galenus, t. XIII, 663 (*Kühn*) : ὕαλος κεκαυμένη. — Les auteurs établissent une différence entre la ὕαλος τετηγμένη et la ὕαλος ἐρωρυγμένη (le cristal de roche).
6. Heraclius, p. 59.
7. Heraclius, *l. c.* : Super marmorem ferri. — Tabula ferri quæ *marmor* vocatur.

au creuset comme s'il allait fondre du plomb. Chose étrange ! ce n'est pas là une simple licence poétique, car il paraît en effet que, dans certains pays, on ne faisait que soumettre le verre brut à une nouvelle fonte. En Bactriane, par exemple, on achetait la pâte vitreuse ainsi préparée[1], et au moyen âge encore, les Franks fabriquaient leur vitraux colorés en refondant les dés de mosaïque et les flacons de verre de couleur qu'ils trouvaient dans les décombres des maisons romaines. Quoi qu'il en soit, voici la traduction des vers de Mésomède[2] :

<table>
<tr><td>

L'ouvrier apporta la pâte vitreuse
Qu'il venait de casser en morceaux[3].
Il jeta une scorie dans le feu,
Comme s'il se fût agi de fondre une barre de fer,
Brûlé par les flammes voraces,
Le verre sortit du creuset
En coulant comme de la cire.

</td><td>

Quel merveilleux spectacle pour les mortels,
Que de voir cette traînée liquide s'échapper du brasier,
Et l'ouvrier qui tremblait
Qu'en débordant elle ne fût perdue.
Mais il en prit une partie
Entre les deux bords de ses lèvres[4]
. . . .

</td></tr>
</table>

Le reste manque, et je crois que la perte est assez supportable.

Nous n'avons à nous occuper ici ni des oxydes colorants, ni des travaux artistiques qui suivaient le soufflage ou le coulage du verre. Ces détails trouveront leur place dans d'autres chapitres. Passons tout de suite à la dernière phase que le verre doit parcourir avant de sortir de la manufacture : l'opération du recuit. A coup sûr, les anciens qui possédaient une si profonde connaissance des qualités et des défauts de la vitrification, n'ont pu négliger ce complément indispensable.

Pour obvier à la trop grande fragilité de leurs produits et les prémunir contre les changements de température, les verriers sont obligés de les placer dans des fours de recuisson et de leur faire subir un refroidissement graduel. Il est vrai que les auteurs classiques ne parlent guère de ce procédé; mais on rencontre souvent des flacons antiques tordus ou déformés, parce qu'ils n'avaient point acquis une dureté suffisante avant d'être exposés au feu du recuit[5]. Toutes les grandes collections en ont des spécimens. Quant aux imperfections de la fonte, telles que les bulles et les stries, on cherchait à les éviter en mettant un soin extrême à préparer les pâtes. Il est bien rare, en effet, de rencontrer dans nos musées un verre antique strié ou défiguré par des boursoufflures. J'en connais peu d'exemples, entre autres une patère venant de l'île de Chypre et dont une moitié est d'un blanc transparent, tandis que l'autre a conservé une teinte violacée qui ressemble à une tache[6].

---

1. Périple de la Mer Rouge, ch. 49 : ὕαλος ἀργή (*Geogr. græci minores*, t. I, 293).

2. Anthol. grecque, XVI, 323.

3. J'aimerais mieux κόψας que κόψας.

4. A la leçon des manuscrits : χειλέων, Jacobs substitue χηλέων *(les tenailles)*; mais il s'agit de la canne du verrier.

5. M. Deville (p. 24, pl. 17) pense que ces verres ont été tordus par le feu du bûcher, et il en avait recueilli lui-même dans des nécropoles où l'on ne brûlait plus les corps, où on les enterrait !

6. Vente Hoffmann (19-21 janvier 1875), Catalogue n° 116. Ce verre est entré dans la collection de M. Barre, graveur général de la Monnaie.

Un auteur arabe, Kazwini, nous a rendu le service de récapituler tout ce qu'on vient de lire. Je cite ce passage en entier, parce qu'il a été traduit d'un ouvrage grec, aujourd'hui perdu, et qui portait, à tort ou à raison, le nom d'Aristote[1].

« On connaît plusieurs espèces de verre. Tantôt il se trouve à l'état de pierre « (c'est le cristal de roche), tantôt il est fait avec du sable, sous lequel on a allumé « du feu, après y avoir jeté une dose d'oxyde de plomb qui facilite l'amalgame « des matières vitrescibles. On en fabrique aussi avec du gravier moulu et de la « soude que l'on fait fondre dans un *four voûté*, construit exprès et chauffé au « moyen d'un grand feu qu'il faut entretenir jusqu'à ce que la masse soit en « fusion. Mais quand le verre est encore chaud de l'action du feu et qu'on le met en « contact avec l'air, avant qu'il ait été *enfumé* (recuit), il se casse et reste sans utilité ».

J'ai sous les yeux de nombreuses analyses de verres antiques dues à des chimistes expérimentés. Leurs résultats s'accordent sur un point principal, car tous constatent la présence de la silice, de la soude, de la potasse, de l'oxyde de plomb; mais quant à la proportion des doses, ces analyses varient à l'infini, de sorte qu'il n'y a pas de règle générale à en déduire. C'est que le dosage dépend absolument de la nature du sable qu'on emploie et, par conséquent, varie selon la provenance de chaque verre. A en croire Pline, on remplaçait quelquefois la silice par un mélange de fossiles, de coquilles et de cailloux pulvérisés[2], ou bien par une farine calcaire que l'on se procurait en broyant le marbre noir pourpré d'Alabanda de Carie[3]. Les Indiens fabriquaient des verres inimitables avec le cristal de roche réduit en poudre[4].

Dans l'histoire de l'art antique, l'artiste nous intéresse au même degré que son œuvre. Je ne crains donc pas de trop fouiller les replis et de rester trop longtemps dans les ateliers afin de noter quelque trait curieux ou de surprendre quelque secret. Voici un dernier détail; il forme le corollaire obligé de la fabrication du verre.

Pour réparer les verres brisés, les anciens déjà avaient essayé plusieurs sortes de colles. L'une d'elles, composée de chaux vive et de blanc d'œuf, est encore la principale ressource de nos restaurateurs modernes[5]. Un autre moyen de recollage consistait à réchauffer les cassures et à les souder avec du soufre[6]. On a retrouvé des poteries raccommodées à l'aide de tenons de cuivre ou de fils de plomb; mais je doute qu'un verre grec ou romain, recollé, fasse partie d'une de nos collections.

---

1. Clément-Mullet , *Essai sur la Minéralogie arabe*, p. 246-247.

2. L. XXXVI, 192.

3. I.. XXXVI, 63 (Alabandicus..... liquatur igni funditurque ad usum vitri). — Isidore, l. XVI, 14. Dans le passage de Théophraste, *de lapid.* 84 : ἰδιαιτάτη δὲ ἡ τῷ χαλκῷ μιγνυμένη, on a proposé la correction : χάλικι. Quant à l'emploi du *magnes lapis* (le manganèse), Pline est en contradiction avec lui-même. Comparez son l. XXXVI, 192 avec l. XXXIV, 148.

4. Pline, XXXVI, 192.

5. Candidum ex his (ovis) admixtum calci vivae glutinat vitri fragmenta. Pline, l. XXIX, 51. — Voir le *Magasin encyclopédique* de Millin, t. 1, 99, Boudet, p. 237.

6. Pline XXXVI, 199. Juvénal, V, 48 (rupto poscentem sulpura vitro). — Martial I, 42. Stace, *Silves* I, 6, 73.

Dans les villes de l'antiquité, comme plus tard dans celles du moyen âge et jusqu'à la limite de notre siècle, les ouvriers d'un même métier habitaient la même rue. A Rome, la rue des Verriers (*vicus vitrarius* ou *vitriarius*) se trouvait dans la première région (*porta Capena*), celle qui s'étendait à droite et à gauche de la voie Latine et de la voie Appienne jusqu'au mur d'enceinte [1]. Déjà du temps de Domitien on vendait des verreries communes aux abords du cirque de Flaminius, c'est-à-dire dans la neuvième région [2].

Chez les anciens, l'art de travailler le verre se transmettait de père en fils, exactement comme dans les familles de nos gentilshommes-verriers [3]. L'édit de Constantin qui crée, en faveur de certaines catégories d'artistes, des priviléges extraordinaires, s'appuie sur ce considérant que l'empereur ne veut pas empêcher le père d'initier ses enfants à son art et de les faire profiter de l'expérience que leurs ancêtres ont pu acquérir.

A toutes les époques de l'histoire, les verriers furent ainsi l'objet de la sollicitude des gouvernements. Dans ce même édit, rendu le 2 août 337, les *vitriarii* et les *diatritarii* (tourneurs de verre) sont assimilés aux architectes, aux peintres, aux sculpteurs, aux mosaïstes, aux orfèvres et exemptés de toute charge publique, afin qu'ils puissent se livrer tranquillement à leur art et le perfectionner à loisir [4]. Le moyen âge alla bien plus loin. A Venise, où un décret du Sénat qualifia l'art du verrier d'*ars nobilis*, une loi de l'an 1376 établit que l'union contractée entre un patricien et la fille d'un verrier ne porterait pas atteinte à la noblesse héréditaire des enfants issus d'un tel mariage. Dès le onzième siècle, nos rois, jaloux du monopole des fabriques de Murano, accordèrent volontiers aux verriers français le titre de gentilhomme et les priviléges qui étaient inséparables de cet honneur [5].

Mais, en revanche, les usines à verre ont plusieurs fois éveillé l'attention du fisc romain. Sévère-Alexandre eut l'idée de frapper d'un impôt jusqu'aux fabriques de Rome et d'en affecter le revenu à l'entretien des bains publics. Il paraît que cette mesure a été très productive, car le biographe de l'empereur en parle comme d'une « fort belle » contribution [6]. Plus tard, Aurélien imposa à l'Egypte un tribut annuel de marchandises, parmi lesquelles ni la verrerie, ni les papyrus n'étaient oubliés [7].

Quant à la valeur mercantile des verres, il faut renouveler un aveu que j'ai fait bien des fois dans le cours de cette exposition, c'est qu'il est impossible de

---

1. Preller, *Regionen Roms*, p. 2-3. 114.
2. Martial XII, 74.
3. Fillon, *l'Art de terre chez les Poitevins*, p. 199.
4. Codex Justin. X, 66 (64) : De excusationibus artificum. — Cod. Theodos. XIII, 4, 2.
5. Beaupré, *Les gentilshommes verriers dans l'ancienne Lorraine* (Nancy, 1840). — Le Vaillant de la Fieffe, *Les gentilshommes - verriers de Lorraine* (Nancy, 1847). *Les gentilshommes et artistes verriers normands* (Rouen, 1873). — Léon de Laborde, *Notice des Emaux du Louvre*, t. II, 537-539. — Fillon, *l. c.* p. 199. 204. — A. Sauzay, *la Verrerie*, p. 46. — A. Milet, *Histoire d'un four à verre de l'ancienne Normandie* (Rouen, 1871), p. 40.
6. Lampride, ch. XXIV.
7. Vopiscus, *Aurelianus*, ch. XLV.

fixer des chiffres. Du temps où la substance vitreuse était considérée comme pierre dure, on la classait parmi les trésors. Ainsi, la stèle de verre au temple de Melkart à Tyr, faisait pendant à une colonne d'or. Dans le livre de Job, l'or et le verre sont placés sur la même ligne[1]. Nous avons vu des pâtes assyriennes serties dans des feuilles d'or ; d'autres portées en bijoux; de simples flacons à parfum ornés des noms et des titres de leurs propriétaires, qui n'étaient autres que les rois les plus puissants du monde. Une preuve irrécusable de la haute valeur qu'avait le verre à ces époques lointaines, c'est qu'il servait presque exclusivement à de petits flacons de toilette, c'est-à-dire à des objets de luxe pour lesquels on employait de préférence une matière du plus grand prix. Nous possédons des milliers de bagues, de bracelets, de pendants d'oreilles, de colliers, tous d'un goût exquis, les uns en or fondu, les autres en or estampé, ciselé, filigrané, découpé à jour. Ces objets, qui forment une série à perte de vue, appartiennent à toutes les époques de l'art grec et gréco-romain ; mais quelle que soit la délicatesse du travail ou leur valeur intrinsèque, ils n'ont souvent pour unique ornement qu'une pâte de verre, qu'ils enchâssent comme un joyau et dont, somme toute, le métal ne forme que l'écrin.

Dans les premières années du principat d'Auguste, une petite coupe (τρυβλίον) ou un verre à boire (ἐκπωμάτιον) de fabrique ordinaire se vendaient à Rome au prix d'une menue monnaie de cuivre[2]. Peu après, sous le règne de Néron, les riches considéraient déjà les coupes de verre comme indignes de leur usage personnel[3], et à la fin du premier siècle, le poëte Martial pouvait se permettre d'appliquer à la verrerie commune l'épithète de *hardie*, parce qu'elle ne tentait pas les voleurs et que l'échanson n'avait point à trembler en la présentant aux convives[4]. Mais les verres artistiques atteignirent de très hauts prix. On parle de six mille sesterces (1,140 fr.) payés sous l'empereur Néron pour deux coupes de ce genre[5]. Le biographe de Gallien reproche à ce prince d'avoir bu dans des coupes d'or, sous prétexte que le verre était trop ordinaire[6].

Si nous étions mieux renseignés sur le mouvement commercial dans l'antiquité, il y aurait certainement d'utiles inductions à en tirer sur la provenance des verres dont nous ignorons la fabrique. Mais les auteurs sont muets sur ce point, et en dehors des quelques notes éparses que j'ai déjà rapportées sur le commerce avec l'Ethiopie et la Bactriane, nous n'avons plus aucune donnée positive. Je me trompe; parmi les objets de luxe que les Celtes de la Grande-Bretagne recevaient de la Gaule continentale, Strabon cite les perles vitreuses (λυγγούρια) et les vases de verre (ὑαλᾶ σκεύη)[7]. Dans un discours prononcé l'an 54 avant J.-C., Cicéron raconte

---

1. Ch. XXVIII, 17.
2. Strabon, l. XVI, p. 645 (Didot) : ce prix était d'un χαλκοῦς.
3. Pétrone, ch. L : nunc autem vilia sunt.

4. L. XII, 74.
5. Pline, l. XXXVI, 195.
6. Treb. Pollio, *Gallieni duo*, ch. XVII.
7. P. 167, éd. Didot.

qu'un chevalier romain, ayant prêté de l'argent au roi Ptolémée Aulète, avait
ramené d'Égypte à Pouzzoles toute une escadrille chargée de papyrus, de toile et
de verreries[1]. Mais ce sont là des faits isolés. Pour remplir le cadre, il ne nous
reste qu'une seule ressource : les trouvailles. Je me suis occupé de cette question
avec l'étendue qu'elle comporte et sans me faire illusion sur ses côtés difficiles. On
lira plus loin le résultat de mes recherches, surtout dans le tableau géographique
qui sert d'appendice à cet ouvrage.

Nous voilà au terme de nos prolégomènes. Mais le lecteur n'emporterait, je le
crains, qu'une idée imparfaite, inachevée pour ainsi dire, du génie de la verrerie
antique, si je ne consacrais pas quelques lignes aux marques de fabrique, si fréquentes dans nos collections.

L'artiste grec est justement fier de son œuvre ; il y attache son nom, moins dans
un but mercantile qu'en vue de la célébrité qu'il en espère pour lui et sa patrie.
Quant à la place qu'il choisit pour y apposer sa signature, c'est là une question de
goût et de tact ; les uns préfèrent un endroit ostensible, d'autres la cachent, soit par
modestie, soit pour ne point défigurer leur travail par une légende. Ainsi, sur
l'argenterie, le nom de l'artiste se trouve toujours au revers, sur la face non ciselée,
et les lettres sont gravées au pointillé, pour ne pas diminuer le poids du métal.
Les céramistes n'ont pas ces scrupules ; leurs noms s'étalent souvent au centre
de la composition ; ils en font partie intégrante et s'imposent à l'œil comme un
ornement indispensable. C'est cette méthode que les verriers grecs se sont ap-
propriée. La signature d'Ennion, la plus ancienne que nous ayons, est inscrite sur
un cartel à queues d'aronde qui nous aide à en déterminer la date : l'époque des
premiers Ptolémées. En saillie au milieu du vase de Bagnolo, elle est entourée
de palmettes, d'écailles, de godrons, de ceps de vigne qui lui servent d'encadrement, et au revers, une seconde tablette contient le vœu : μνη(σ)θῇ ὁ ἀγοράζων
(avec deux fautes d'orthographe), *que l'acheteur s'en souvienne!* On a retrouvé
la même réclame sur quelques verres inédits de l'île de Chypre, avec la variante :
μνησθι (*sic*) ὁ ἀγοράσας. Mais sur d'autres vases contemporains et sortis des mêmes
fabriques, cette formule manque déjà ; on se contente du nécessaire : *un tel a
fait* (ἐποίει, ἐποίησε, ἐπόησεν).

Les signatures des verriers de Sidon apportent un élément nouveau à la discussion. C'est le nom de la ville, écrit tantôt en toutes lettres (Εἰρηναῖος ἐποίησεν
Σιδώνιος), tantôt en abrégé, qui s'ajoute au nom propre de l'artiste. Les Sidoniens
eurent l'idée ingénieuse d'imprimer leurs étiquettes sur les pouciers, comme les
potiers de Rhodes et de Cnide mettaient leur estampille, avec le nom du magistrat,
sur les anses de leurs amphores. Pour les verres, ces légendes en relief présentaient
le double avantage d'indiquer l'adresse du fabricant et d'aider le buveur à tenir la

---

[1] *Discours pour* C. Rabirius Postumus, ch. XIV, 40.

coupe plus commodément, car les doigts adhèrent mieux aux aspérités d'une rangée
de lettres qu'à une surface lisse. Un des verriers de Sidon distribue l'inscription
sur les deux côtés de l'anse, de telle sorte que le nom propre se trouve en haut,
l'ethnique en dessous. Un autre place d'une part son nom, et sur la face opposée
le médaillon de Caligula. Enfin, le plus connu de tous, Artas, ne se sert que de
légendes bilingues, en grec et en latin, preuve évidente que les produits de sa
manufacture trouvaient leur principal débouché en Italie.

Nous connaissons un poucier en pâte blanche translucide remontant au milieu du
septième siècle de Rome, et sur lequel on lit, à l'avers et au revers, le nom d'un
verrier romain : Asinius Philippus. C'est là une imitation des anses de Sidon, à
peu près contemporaine de celles que nous venons de citer. Mais jusqu'à présent
on n'a pas retrouvé un second exemple latin de ce genre d'inscriptions.

En général, les timbres des artistes romains sont tout à fait dissemblables aux
signatures grecques. Sur les vases à reliefs, on adopte l'usage des potiers de Cales
et d'Arezzo, et le nom propre fait corps avec l'ornementation. Ainsi sur une
anse ornée d'un masque de Méduse, au bas duquel se détache la légende : *Amarantus f*(ecit). Mais plus ordinairement c'est le fond du récipient, le culot, qui
reçoit la marque de fabrique, et, selon la forme du vase, le nom du verrier s'y étale
en décrivant un cercle ou un demi-cercle, quelquefois un rectangle. Il est rare de
rencontrer des noms complets *(G. Leuponi Borvonici, A. Volumnius Ianuarius)*; la
plupart de ces légendes ne mentionnent que deux noms *(Pacci Alcimi)* ou un
seul, soit le nom de famille *(Frontini)*, soit le cognomen, et plus souvent au
génitif qu'au nominatif. Un *L. Aemilius Blastus* pense que l'esprit n'est nulle part
de trop ; ayant appris que son surnom βλαστός signifie « une petite branche »,
il fait figurer deux rameaux sur son estampille. C'est un trait à noter, car sur les
briques et les poteries on trouve beaucoup de ces rébus qui sont comme les armes
parlantes de l'ouvrier.

Je n'ai pas constaté souvent que le même nom paraisse deux fois dans la même
inscription. Rarement aussi on voit des surnoms complets, tels que ceux des trois
verriers *Firmus, Hilarus, Hylas* qui signent en commun, dans l'ordre alphabétique (et
la plupart du temps à rebours) ces flacons à panse rectangulaire qui font la joie de
nos musées de province. Lorsque le surnom se compose d'un petit nombre de
lettres que l'on peut, sans inconvénient, réduire à quatre, on place dans chaque
angle du culot un de ces caractères *(Firm. Hyla)*. Mais ces détails ne sont soumis à
aucune règle générale, ou, s'il en existe une, elle souffre de nombreuses exceptions.

Du reste, les variétés que je viens de décrire sont dans la nature des choses.
Elles s'expliquent par la provenance des verres, et la plupart de ceux qui nous
occupent dans ce chapitre sont étrangers à l'Italie. Ils appartiennent aux fabriques
locales de la Gaule et des bords du Rhin; d'autres viennent de la Grande-Bretagne
ou des rives du Danube. Or, les manufactures de chaque pays, après avoir imité les

établissements voisins, ont dû chercher à s'en distinguer, et ce fait est prouvé pour les verreries gallo-romaines dont les produits portent un cachet tout particulier. C'est à elles sans doute qu'il faut attribuer ces nombreux flacons à fond carré, où les quatre lettres, remplissant les coins du culot, ne forment pas un nom propre, mais une énigme qui a souvent exercé la sagacité des antiquaires[1]. Je ne vois dans ces lettres (MACN. CMHR. MCHR. GFHI. GFHL) que les initiales de quatre noms propres, disposés tantôt d'une façon, tantôt d'une autre. Presque toujours elles sont groupées autour d'une figure en relief : soit une femme voilée, assise sur un siége d'osier, comme celles que nous connaissons par les terres cuites blanches du département de l'Allier; soit un Mercure avec le coq à ses pieds; soit un jeune homme nu, portant sa strigile. La femme assise est manifestement une déesse gauloise; la présence de Mercure s'explique par sa qualité de protecteur du commerce; quant au jeune homme, il indique que ces flacons servaient à l'huile de la palestre. Mais en dehors de ces trois représentations, qui sont les plus fréquentes, on trouve d'autres emblèmes : la Victoire, le globe, le phallus, l'amphore à vin, le cheval, le bélier, la façade d'un édifice, etc. Ce serait m'engager dans une voie sans issue que de vouloir décrire les formes de toutes ces étiquettes avec leurs dessins géométriques, tantôt réguliers, tantôt capricieux, à partir de la rondelle, du losange, de l'abaque jusqu'à la tablette à queues d'aronde, au bouclier octogone ou aux peltes d'amazone. Les verres romains ont parfois le culot décoré d'un médaillon d'empereur ou d'impératrice; j'en ai vu d'Antonin le Pieux, de Lucille et de Commode jeune. Mais il y en a d'autres avec des lettres isolées ou des ornements plus simples, tels qu'une roue, une rosace, une étoile, des cercles concentriques. Ces derniers ne doivent pas être considérés comme marques de fabrique.

J'ajouterai qu'à l'instar des verriers grecs, l'ouvrier romain emploie quelquefois le verbe *il a fait*, en abrégé ou en toutes lettres (*Felix fecit*). Et cette formule n'est pas la seule dont on se soit servi; plus loin, dans la liste des signatures, on pourra en relever qui feraient ici double emploi.

Il y aurait encore beaucoup à dire sur cette matière si pleine de ressources et d'imprévu, ouvrant partout des vues nouvelles, offrant à chaque pas quelque rapprochement qui tente. Mais je m'aperçois que j'aurais dû courir plus vite sur les questions secondaires pour ne pas nuire à l'ensemble qui exige la plus grande mesure possible d'ordre et de clarté. C'est que l'étude de la verrerie antique est de celles qui ne s'enferment pas facilement dans un cadre tracé, et on ne saurait

---

1. Feu M. Deville, dans son *Histoire de l'Art de la Verrerie dans l'Antiquité*, a fait des efforts désespérés pour transformer ces lettres en légendes pharmaceutiques. Voici quelques-unes de ses interprétations: (p. 80) *Gaius Fecit Herbidam Infusionem. — Medi-CAmentum Novum.* – (p. 81) *Liquamen Hoc OpTimum. — Collyrium Mite Herbidum Rapæ.* Je ne pense pas qu'il soit possible de pousser plus loin le mépris des règles les plus élémentaires de l'épigraphie. Pour trouver des monstruosités pareilles, il faut remonter jusqu'aux catalogues de vases peints, publiés par les élèves de Panofka.

trop multiplier les observations de tout genre pour gagner des points d'appui
et pour mettre chaque chose à sa place. J'ai noté ce qu'il importe de savoir avant
d'entreprendre une classification des verres. Maintenant que le sol est défriché et
que la terre est labourable, il ne s'agit plus que d'appliquer les principes, de les
développer plus au long et d'en tirer les enseignements.

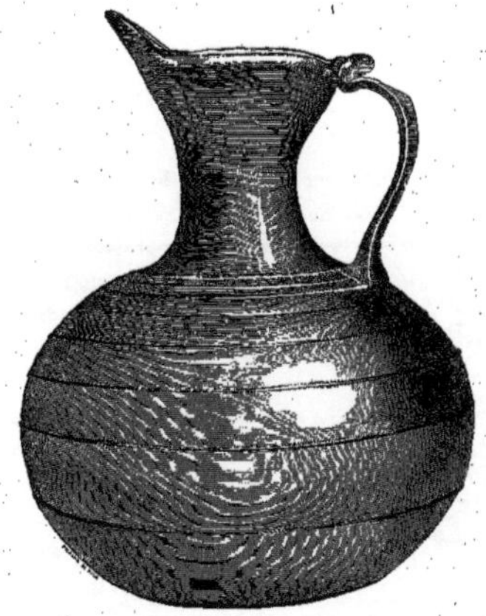

II

LES VERRES OPAQUES MULTICOLORES

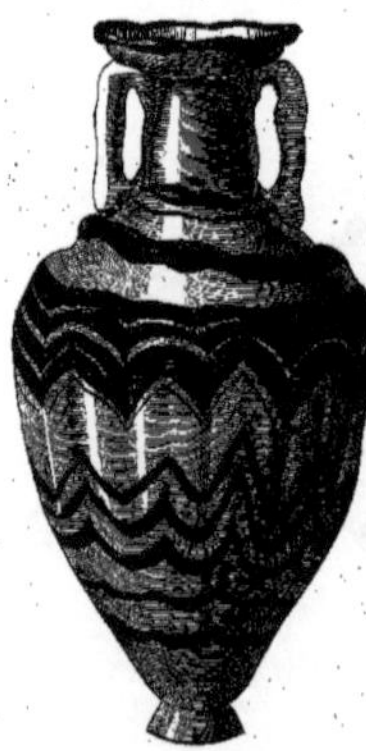

Comme toutes les branches de l'art antique, la Verrerie a parcouru trois grandes périodes : celles de la croissance, de la maturité et du déclin. Ces périodes n'ont pas de limites précises. Les deux premières se joignent et se confondent dans la fabrication des verres opaques multicolores [1].

Avant de compter sur ses propres forces, l'art verrier copie les vases d'albâtre ou en terre de poterie. De petits flacons à panse cylindrique et à large rebord, munis d'oreillettes (pl. I, 1) ou plus simplement de deux appendices non perforés : voilà ce qu'il sait produire à ses débuts. Il y a déjà progrès quand les oreillettes sont remplacées par des anses (pl. I, 2. 4-6), ou que la surface du tube est ornée de petites côtes en saillie, qui n'ont pas nécessité l'emploi d'un moule. En même temps nous voyons l'épaisseur du flacon diminuer vers l'orifice et la panse se terminer en pointe comme le corps d'une abeille (pl. I, 3). Les vases pomiformes à deux ou à trois anses (pl. II, 11. 12); les amphorisques

---

1. Voir Thiersch, *Ueber die Vasa murrina der Alten*, pl. 1. — Alvino, *Tavole del Real Museo Borbonico*, pl. 18.— Stackelberg, *Græber der Hellenen*, pl. 55. — Abeken, *Mittelitalien*, p. 267-68. 272. 398-99. — *Museo Gregoriano*, t. II, pl. 104. — Prisse d'Avennes, *Monuments égyptiens*, pl. 49, 11. — Franks, *Kensington Museum*, p. 379 et suiv. — Harrison, *Photographs*, pl. 284. 785. — Slade, p. 4; pl. coloriées I et II, n° 10-40.— Deville, p. 8; pl. 2.

à panse lisse ou cannelée (pl. II, 7 *et la vignette p.* 37); les culogies, c'est-à-dire ces petites gourdes lenticulaires, d'invention égyptienne, que l'on portait suspendues à un cordon, viennent successivement augmenter la série et en doubler l'importance. En général, ces vaisseaux n'ont pas de pied; pour les poser debout, on se servait de supports en or battu [1].

Je ne puis prétendre à énumérer les variantes, car, malgré leur primitive simplicité, les vases dont il s'agit ne se ressemblent pas toujours. Il me suffit de citer les types les plus fréquents pour en faire ressortir le caractère et en déterminer l'origine.

Une seconde famille de verres opaques est celle où l'artiste ne se borne plus à continuer la tradition, où un élément nouveau vient tout transformer et tout poétiser : la beauté. Cette classe ne comprend qu'un nombre de formes assez restreint. L'œnochoé y est en première ligne; son galbe, jusque-là trop sévère et presque disgracieux (pl. II, 9), s'épure peu à peu pour arriver à ce que l'art grec a produit de plus séduisant (*vignette* p. 44). Le cratère (pl. II, 10) et le lécythe n'ont même pas besoin de se rajeunir ; ils appartiennent par droit de naissance à la famille des belles créations de l'antiquité.

Quelques mots seulement sur les dimensions de ces vases. Les plus grands que j'ai vus ne dépassent pas une hauteur moyenne. Par contre, on en connaît beaucoup d'une exiguïté de proportions surprenantes (pl. V, 25); ces derniers n'ont pu se prêter à aucun usage de la vie domestique et rentrent dans la catégorie des bijoux [2].

Le système décoratif des vases opaques porte le cachet d'une originalité qui les isole absolument au milieu de la verrerie ancienne. Si, dès aujourd'hui, il était possible d'en suivre la filière chronologique ou de rattacher ces ornements, souvent bizarres, à leurs modèles, nous serions maîtres du terrain, car la forme et le décor d'un objet tiennent lieu d'une date pour ceux qui savent la déchiffrer. En laissant les exceptions de côté, je distingue dans cette série trois genres de dessins : les dentelures et les cercles géométriques, la feuille de fougère (πτερίς), les mailles d'un panier. Les cercles forment le décor le plus ancien des poteries peintes d'origine sémitique. Quant à la fougère (pl. I, 2. II, 9), elle est caractérisée par ses nervures latérales, disposées comme les barbes d'une plume (φύλλα ἀνηπλω- μένα ὡς πτέρυξ). Le tissu ressemblant à une corbeille (pl. I, 1. 3) s'explique par ce procédé particulier à l'Égypte et qui consistait à envelopper les verres les plus fragiles dans un réseau de tiges de papyrus [3], ou à les placer dans un panier qui en épousait étroitement les contours [4]. Les Égyptiens , avec leur génie inventif

---

1. Minutoli, p. 6 (pl. III, 2. 3). Monaco, *Musée de Naples*, p. 131.—Slade, p. 4.—Catalogue Campana, n° 276. 278.—Les Grecs les appelaient ἀλαβαστροθήκαι. O. Jahn, *Vasen der Pinakothek zu München*, p. XCV.

2. Les cylindres et les grains de collier en pâte opaque multicolore se comptent par milliers. Le South-Kensington Museum (coll. Webb) possède même une fibule de ce genre.

3. Wilkinson, *Manners and Customs*, t. III, 107. —Deville, p. 76 (pl. 92, *b*).

4. Champollion, *Notice du Musée Charles X* (Paris, 1827), p. 95.

et non inaccessible à la grâce, ont ainsi créé un motif d'ornementation qui est devenu le thème favori des verriers. Et ce détail, ne marque-t-il pas une date ? car c'est le propre des artistes primitifs de copier la réalité.

Je ne crois pas que le treillis et la fougère aient jamais été employés simultanément sur le même objet. Les deux motifs s'excluent d'ailleurs; mais presque toujours ils recouvrent la surface entière du vase, et rarement une ligne plus simple, en cercle ou en spirale, vient s'y ajouter. Cette façon de remplir le champ jusqu'à son complet épuisement est un des défauts de l'art archaïque qui incline à l'abondance et à la superfétation avant d'élever son goût et de limiter ses forces.

La majorité des verres opaques est décorée de dentelures et de cercles géométriques. Disposées en faisceaux et se serrant de près, ces lignes permettent déjà un certain rhythme de composition, où la variété ne manque pas. Sur tel vase, il n'y a que des filets circulaires, tantôt grêles, tantôt de la largeur d'un ruban. Sur tel autre, les dentelures paraissent seules ou bordées de cercles, parfois de lignes ondulées (*vignette p. 37*). Plus rarement, des fils en relief enlacent la panse (*voir la vignette ci-contre*), comme pour imiter un fil de laine. De même, les petites gourdes sont entourées d'un cordon, car les anciens aiment à tout subordonner aux exigences de la vie pratique.

Une étude plus attentive de cette famille de verres soulèverait plus de problèmes qu'on ne saurait en résoudre. Contentons-nous de la regarder sous ses aspects principaux, car d'autres questions nous attendent et réclament leur part d'intérêt. Je mets en première ligne celle du coloris. Les couleurs font partie intégrante du système décoratif; ce sont elles qui l'achèvent et lui donnent sa physionomie.

La coloration du verre (*tinctura*) est aussi ancienne que la verrerie elle-même. Comme de nos jours, on obtenait les couleurs à l'aide d'oxydes métalliques mêlés à la pâte. En effet, suivant qu'il est plus ou moins oxydé, plus ou moins exempt de fer, le cuivre [1] produit trois teintes : le rouge, le bleu turquoise et le vert émeraude. Le cobalt donne le bleu du lapis lazuli; le violet vient du manganèse; le jaune foncé jusqu'au jaune citron résulte du sel d'argent; l'or procure la couleur purpurine du rubis. En variant les doses de ces divers oxydes, on complète la gamme des nuances intermédiaires. Les analyses faites de nos jours par des chimistes du premier ordre s'accordent sur ces points essentiels.

Les vases opaques sont rarement isochromes; quelques flacons blancs, bleu lapis,

---

1. Heraclius, p. 56 : limatura cupri.

rouge violacé : voilà tout ce que j'ai trouvé dans ce genre, en parcourant je ne sais combien de musées. A part ce petit groupe, les ornements en pâte rapportée sont de règle ; presque toujours multicolores, ils se détachent avec vigueur sur la teinte du fond.

L'on verra par le tableau suivant à quelle richesse de combinaisons ($\pi o \iota \varkappa \iota \lambda \iota \alpha$, vitrum *varium*) les anciens sont arrivés en opposant entre elles les couleurs dont ils disposaient. Seulement je dois prévenir que l'état actuel de ces couleurs laisse parfois à désirer, et qu'il n'est pas toujours facile d'en deviner au juste la valeur primitive [1].

FOND	ORNEMENTATION
Blanc	
Rouge violacé	
Bleu lapis	
	Jaune, vert et noir
Blanc	pourpre
	brun
	bleu
	noir
Rouge	blanc, bleu et noir
Brun	blanc et jaune
	jaune et bleu
	blanc, jaune et bleu
	jaune, vert et bleu turquoise
Ambre	blanc, jaune et bleu turquoise
Vert	jaune
	jaune et bleu turquoise
Vert bleuâtre	brun
	jaune
Bleu turquoise	blanc
	blanc et jaune
	rouge et jaune
	jaune et bleu lapis
Bleu lapis	blanc
	jaune
	blanc et jaune
	blanc et vert
	jaune et bleu turquoise
	jaune et vert
	blanc, jaune et bleu clair
	blanc, jaune et bleu turquoise
Violacé	brun et jaune
Noir	blanc
	vert
	jaune et vert
	blanc, rouge et bleu turquoise

Lorsqu'on examine ce tableau, on est frappé de la prépondérance de quatre teintes : le blanc, le jaune, le vert et le bleu. Le rouge n'y joue qu'un rôle secondaire, et le jaune citron ne paraît pas avoir été employé comme fond. Quant à la distribution des couleurs sur le corps ou les accessoires du vase, il est évident que ces tons crus juxtaposés ne produisent pas toujours une harmonie heureuse. Mais on doit tenir compte des époques et des degrés de perfectionnement de l'art, et si les verres les plus anciens ne satisfont qu'à moitié notre idéal du beau, les âges postérieurs n'ont pas tardé à exercer leur goût sur les produits de la verrerie

---

1. La plupart de ces couleurs sont représentées dans la collection Charvet.

et à y imprimer le sceau de leur génie. On ne niera pas que les vases de ces époques, de transition d'abord, du beau style ensuite, se distinguent par une rare délicatesse du sentiment artistique. Purs de forme et de dessin, ils mettent en accord les nuances les plus variées, dont le jeu, tantôt adouci, tantôt plein d'éclat, fait ressortir davantage les gracieuses flexuosités des ornements. Certains détails produisent des effets imprévus. Là, c'est une guirlande dont les fleurs épanouies, jaunes et blanches, enlacent le corps d'un flacon bleu de ciel. Là encore, un amphorisque à la panse bleu foncé est armé de deux anses de couleur bleu clair. Quelquefois les anses ou les oreillettes adaptées aux vases opaques sont en pâte blanche ou en verre translucide ; parfois aussi c'est le contraire qui a lieu, et le flacon, en pâte diaphane, porte un collier de dentelures en verre opaque. Tout cela paraît simple, naturel, trouvé sans effort par des artistes d'élite qui y mettaient entières la force et la maturité de leur talent.

Je laisse aux praticiens la tâche d'expliquer les procédés techniques auxquels nous devons ces petits chefs-d'œuvre. La seule chose que je puisse faire, c'est de constater que ces procédés n'ont pas été inventés d'emblée, car, à côté de vases d'une exécution admirable, nous en voyons qui trahissent l'inexpérience et la gaucherie d'un art naissant qui cherche sa voie et fait son apprentissage. Il semble certain qu'après avoir soufflé le verre, l'ouvrier incrustait les fils de couleur dans la masse encore molle et ductile, car le verre chaud adhère seul au verre chaud. Les fils rapportés pénètrent très en avant dans la pâte, s'ils ne la percent pas complétement. Lorsque l'épiderme d'un vase a souffert de l'humidité, les fils s'en détachent. Il va de soi qu'un travail de cette nature obligeait d'aller vite ; mais le flacon une fois terminé, on n'avait plus qu'à le polir à la roue pour en faire disparaître les aspérités [1].

J'arrive à la question la plus difficile, celle de l'origine des verres opaques multicolores. Les savants qui les ont étudiés de près, n'ont pas émis à ce sujet une opinion claire et motivée, de sorte que je n'aurai aucun préjugé à combattre. On les appelle tantôt *verres grecs*, parce qu'il n'existe pas de verre grec de l'ancien style, tantôt *verres phéniciens*, parce qu'on ne connaît pas de verre phénicien digne de ce nom, et qu'il fallait bien combler des lacunes aussi regrettables. Mais ces attributions ne reposent sur aucune base sérieuse. Ce que nous devons chercher avant tout, c'est à établir cette base.

Pour déterminer l'origine d'une médaille, dont le type et la fabrication nous laissent dans l'incertitude, on s'enquiert de sa provenance. Ce système appliqué à nos verres donne des résultats importants. On en a trouvé partout ; très-peu en Asie mineure [2],

---

1. Sur un grand nombre de verres ces aspérités subsistent encore.

2. A Cyzique surtout et à Thymbra de Troade (Ancienne collection Calvert).

dans les îles grecques[1] et en Sicile; mais ils abondent dans l'Attique[2], à Corinthe et dans l'Italie inférieure, où les tombes de Ruvo, de Fasano, de Cumes et les fouilles d'Herculanum en ont fourni de remarquables spécimens. Les nécropoles de l'Étrurie sont riches en verres opaques. Ceux du musée de Florence, du Vatican, de l'ancienne collection Campana sont tirés en grande partie des hypogées de Vulci, de Chiusi, de Cervetri, de Monterone. Malheureusement on ignore la provenance exacte de la plupart de ces vases, de sorte qu'il devient impossible d'indiquer avec précision et de citer dans leur ensemble les localités où on les rencontre.

Ce qui est certain, c'est que le nombre des vases multicolores trouvés en Étrurie, quelque élevé qu'il puisse être, paraît insignifiant si on le compare au chiffre de ceux qui nous arrivent d'Orient. Les îles de Chypre et de Rhodes resteront, pour cette classe de verres, d'inépuisables mines, et de la seule nécropole de Camirus on en a extrait plus que partout ailleurs[3]. Il en est de même de l'Égypte, où les tombes de Memphis[4] et celles de Thèbes, contemporaines de la XVIIIe dynastie, ont préservé une quantité de monuments de ce genre. J'ai vu des fragments, recueillis dans les ruines d'un temple égyptien de la presqu'île du Sinaï. On peut leur assigner une date certaine, car les objets qui y furent découverts en même temps remontent à la XIXe dynastie[5].

Nous voilà donc dans un cercle étroitement circonscrit. Et pour le rétrécir encore, je m'empresse de dire que les verres opaques trouvés en Grèce et en Italie y ont été apportés par le commerce. Pour Athènes et Corinthe, cela ne saurait être douteux. L'ancienne Caere, en Étrurie, était l'entrepôt principal des marchandises étrangères, et dans les sépultures qui renferment les verres, on voit toujours des scarabées et des figurines venus d'Égypte. Adressons-nous encore une fois à cette grande source de la civilisation humaine et voyons si, par des arguments assez solides, nous pouvons rattacher les vases opaques à l'art égyptien.

Pour aller droit au but, il faut se garder de mettre toute cette catégorie de verres sur le même alignement et de l'assujettir à la même mesure. Un seul détail est commun à la famille entière: la couleur. Lorsqu'on compare, une à une, les teintes des flacons opaques avec celles des objets émaillés, fabriqués à Thèbes, on s'aperçoit du premier coup d'œil qu'il y a identité complète de pâte et de colorants. Le bleu foncé imite le lapis lazuli; le vert clair simule la pierre vert tendre; le noir, le blanc laiteux, le brun, le rouge, le jaune, se rencontrent mille fois, avec la même vivacité de ton, sur les porcelaines pharaoniques; enfin le bleu verdâtre est une nuance pour ainsi dire caractéristique de l'art égyptien et ne se retrouve, en dehors de la vallée du Nil, que sur les monuments de Ninive.

---

1. A Milo par exemple.

2. Les exemplaires de la collection Charvet proviennent de l'Attique (n°° 2. 5. 6. 9) et de Corinthe (n°° 1. 3. 4. 7. 8. 11).

3. J'en ai compté 68 au British Museum.

4. Harrison, *Photographs*, pl. 284. — Prisse d'Avennes, *Histoire de l'Art égyptien*, 33e livraison.

5. Au Musée Britannique.

Quant à la syntaxe des couleurs, nous possédons beaucoup de figurines en porcelaine blanche, sur lesquelles la chevelure, les yeux, le costume, les légendes sont émaillés de pâtes polychromes d'une incroyable fraîcheur. Je pourrais citer d'autres analogies ; mais, sans multiplier les exemples, le résultat final se dégage avec certitude. L'émail égyptien est le prédécesseur de toutes les pâtes qui ont servi à l'embellissement des verres multicolores.

Ce n'est pas ici l'endroit de faire ressortir les différences qui existent entre ces verres et ceux qui, incontestablement, ont été fabriqués en Égypte. J'avoue qu'une différence existe. Les vases pharaoniques portent souvent des inscriptions, des cartouches royaux ; leur forme ne s'affranchit jamais d'une certaine sévérité, d'une roideur que seuls les plus anciens des verres opaques ont conservée. Mais, au fond, il y a aussi une sorte de continuité de style entre les deux classes. Les petites gourdes qui ressemblent aux eulogies chrétiennes sont particulières à l'Égypte ; les flacons qui se terminent en calice de lotus[1] ont été le prototype de ceux dont le rebord est découpé en rosace[2]. On ne peut s'empêcher de remarquer les mêmes traits de parenté dans les ornements. Certes, les dentelures figurent déjà sur les vases émaillés de Nimroud, mais plus fréquemment encore on les voit, sur les verres égyptiens, à côté des ondulations et des lisérés concentriques ou en spirale qui entourent nos verres opaques. Le flacon du roi Thoutmès III est déjà orné de rameaux.

Avec de pareilles données, il devient facile de rétablir la chaîne et d'affirmer que les verres qui font le sujet de cette étude dérivent en ligne directe de la verrerie des Pharaons. C'est là une théorie inattaquable ; tout la confirme, elle explique tout, et les contradictions qu'elle pourra soulever devront tôt ou tard s'y subordonner. A quelque point de vue que l'on examine la question, on tourne autour du même pivot. Mais, chaque fois qu'il nous arrive d'essayer un rapprochement avec l'art grec primitif, nos efforts restent stériles. Parmi les ornements qui caractérisent le mieux les verres opaques de l'ancien style, ni la fougère, ni le treillis ne paraissent sur la poterie archaïque de la Grèce ou de Chypre. On n'y rencontre que les cercles et les dentelures qui constituent l'héritage commun des artistes sémitiques. A ses débuts, la peinture grecque ne se servait que de quatre couleurs : le noir, le blanc, le jaune et le rouge, — pauvreté qui contraste singulièrement avec la palette presque surchargée des verriers. On sent qu'en suivant cette voie nous entrons dans un autre courant de traditions techniques.

Et pourtant, le moment approche où l'art grec va s'emparer du modèle, le marquer à son coin, le transformer à son image. C'est l'époque où les contours des vases deviennent élégants, fins, aux lignes harmonieuses ; où les ornements, jusqu'alors répandus à profusion, ne forment plus qu'une ceinture qui laisse toute sa valeur au

---

1. Deville, pl. II, a. — Birch, *Guide to the Egyptian rooms*, n° 2589. — J'en ai vu deux autres dans les collections Webb et Slade (pl. col. I, 2.; n° 14).

2. Musée du Louvre.

coloris du fond. L'art est alors maître de lui, et, dans aucun cas, les verres de ce
style ne peuvent remonter au delà du siècle d'Alexandre le Grand.

Mais, s'il en est ainsi, le problème marche tout seul à sa solution, car il n'y a qu'un
endroit au monde où le génie grec se soit amalgamé avec le génie égyptien : la
ville d'Alexandrie. Un passage de Strabon s'accorde à merveille avec cette hypothèse.
Voici ce que nous lisons au XVIe livre de sa Géographie : « Les verriers d'Alexandrie
« m'ont assuré qu'il y avait en Égypte une terre propre à la fabrication des verres ;
« que c'était avec cette matière seule qu'on faisait *les précieux vases polychromes*,
« et que tous les autres sables y étaient impropres, vu que certaines substances
« leur manquaient[1]. ». Que dirai-je de plus ? Commenter un témoignage aussi formel,
après avoir mis chaque détail dans son jour et à sa place, ce serait l'affaiblir et le
reléguer au second plan, alors qu'il domine la question. Il n'y a pas de vases polychromes
qui reflètent, au même degré que nos vases opaques, une origine alexandrine.
J'ai donc la conviction de toucher juste. La Verrerie égyptienne retrace, dans de
petites proportions, le développement de l'art tout entier ; elle commence par le
réveil du sentiment artistique ; elle en parcourt toutes les étapes jusqu'au jour
où l'art grec prend possession du pays pour s'y donner carrière, s'y renouveler et
s'y naturaliser[2].

---

1. P. 645, *éd. Didot :* ἤκουσα δ' ἐν τῇ Ἀλεξανδρείᾳ
παρὰ τῶν ὑαλουργῶν, εἶναί τινα καὶ κατ' Αἴγυπτον ὑαλῖτιν γῆν,
ἧς χωρὶς οὐχ οἷόν τε τὰς πολυχρόους καὶ πολυτελεῖς κατασκευὰς
ἀποτελεσθῆναι, καθάπερ καὶ ἄλλοις ἄλλων μιγμάτων δεῖν.

2. J'ai vu à Rome une figurine en pâte vitreuse de
six ou huit couleurs différentes. C'était un buste de
roi, revêtu de sa cuirasse et portant une masse
d'armes. — On connaît aussi quelques verres à deux
couches, dont l'une, en pâte blanche opaque, ressemble à la porcelaine.

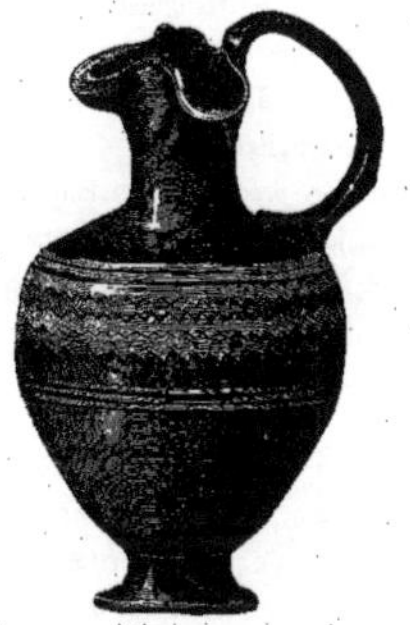

III

VERRES IMITANT LES PIERRES PRÉCIEUSES

La pâte vitreuse colorée imite les gemmes dans la perfection ; elle les surpasse souvent par l'éclat et l'intensité de ton, à tel point que le connaisseur le plus habile se trouve embarrassé pour les distinguer les unes des autres. C'est que la gemme n'est elle-même qu'une pâte fondue par la nature. La potasse et la soude forment la base constitutive de beaucoup de pierres, et, en étudiant leur composition chimique, on arrive à les reproduire par la fusion, si bien que l'œil ne découvre plus aucune différence entre l'original et la copie. Je vais plus loin. Certaines gemmes ont l'aspect vitreux, et pour les juger, il faut recourir à des analyses, examiner leur pesanteur, leur dureté, leur conduite à la meule. L'illusion est donc grande, si elle n'est pas complète.

Dans l'antiquité, toutes les pierres précieuses venaient de l'Orient. Les gemmes orientales sont les plus riches de jeu et de couleurs. Aussi la Verrerie, dès son invention, s'efforce-t-elle d'imiter ces modèles, et nous savons qu'elle y a réussi malgré l'insuffisance de ses moyens. Laissons là les premiers essais, avec leurs degrés de progrès patients, et arrivons tout de suite à la floraison de l'art pour le saisir dans son jet et dans son ensemble.

Les mosaïstes modernes emploient jusqu'à dix-sept cents variétés de couleurs. A coup sûr, il ne faut pas s'attendre à trouver un prisme aussi parfait dans la Verrerie antique ; mais, en y regardant de près, ce prisme est très riche, plein d'originalité sous le rapport de la syntaxe, et d'une incomparable magnificence.

Je prends Pline à témoin. A son époque déjà on avait appris à contrefaire les principales pierres fines : le saphir, l'opale, l'émeraude, l'hyacinthe, le jaspe, l'escarboucle, toutes celles que les amateurs recherchaient. Pour plus d'exactitude, on doit ajouter à sa liste le rubis, la topaze, la turquoise, le grenat de Syrie, le béryl, l'améthyste, l'aigue-marine, la prase, l'agate, la sardoine, l'onyx, le lapis lazuli . . . . . , et cette nomenclature est encore défectueuse. Mais, avant de la compléter, voyons si les assertions de Pline supportent la critique, car son autorité a souvent maille à partir avec la science.

Dès l'abord, nous pourrions lui contester l'opale factice [1] , dont on ne connaît pas un seul spécimen. Mais il n'est pas étonnant qu'une matière aussi délicate, puisant sa valeur dans l'intensité passagère de ses feux, de ses reflets irisés, nacrés, scintillants, n'ait pas survécu à la ruine de tant d'objets plus solides. Je pense que les coupes chatoyantes (*calices allassontes*) qu'un prêtre d'Égypte offrit à l'empereur Hadrien [2] ont dû rentrer dans cette catégorie, plutôt que dans celle des verres opaques multicolores, qui, jusqu'à présent, ne nous a fourni aucun verre à boire [3].

On n'aura pas oublié que la fabrique d'Alexandrie imitait à s'y méprendre la turquoise et le lapis lazuli. Quant aux autres pierres citées par le naturaliste romain, la plus petite collection d'intailles et de camées en pâte vitreuse épuise la gamme des couleurs artificielles. Mais, pour m'en tenir aux vases, je ne parlerai que de cet ensemble merveilleux de flacons qui reproduisent les fibres et les taches du marbre, les bandes du sardonyx, les nuages de la chalcédoine, les veines, les rubans, les arborisations de l'agate (pl. V et XI, 76).

A vrai dire, la nature de ces pierres n'est pas toujours rendue exactement; le verrier substitue aux couleurs de l'original des nuances de fantaisie; il crée des espèces nouvelles, souvent étranges, au moyen des plus audacieuses combinaisons. C'est pour cela qu'à côté des petites amphores [4], des gobelets [5], des coupes ou des flacons qui semblent taillés dans un morceau d'onyx (pl. XI, 78), nous en trouvons qui ont bien la physionomie d'une gemme, mais dont on cherchèrait en vain le modèle dans le règne minéral. Le bleu y domine. (pl. V, 22. 24. 27.

---

1. Liv. XXXVII, 83 : Nullos magis fraus indiscreta similitudine vitro adulterat : experimentum in sole tantum , falsis enim contra radios libratis digito ac pollice unus atque idem translucet colos in se consumptus.

2. Flavius Vopiscus, *Vie de Saturnin* (t. II, 209, éd. Peter) : Calices tibi allassontes [versicolores] transmisi quos mihi sacerdos templi obtulit, tibi et sorori meæ specialiter dedicatos ; quos tu velim festis diebus conviviis adhibeas. Caveas tamen ne his Africanus noster indulgenter utatur (*Lettre d'Hadrien au consul Servianus*).

3. Au dernier moment, on m'avertit qu'une petite coupe de ce genre a été achetée à Naples, il y a quelques années, par le comte Michel Tyszkiewicz. J'aurais voulu vérifier le fait. Mais ne serait-ce pas tout simplement une coupe de la fabrique de Toscanella ?

4. Musée de Vienne : Amphore trouvée dans les ruines de la Villa Adriana, à Tivoli. Sacken et Kenner, p. 458.

5. Verre à boire, côtelé et de forme sphérique, trouvé en Sicile [Musée d'Avignon].

28)[1], parfois le vert (pl. X, 59)[2], le jaune (pl. XXIX, 120)[3], le violet (pl. XXIX, 121); puis l'idéal est atteint dans ces rarissimes petits vases où le bleu et le vert, alternant avec des veines laiteuses ou du rouge le plus vif, sont comme écrasés par un ruban d'or qui prête aux couleurs environnantes un reflet de son éclat (pl. II, 13)[5]. Un flacon de ce genre, découvert à Cumes, imite la forme d'une clochette[6]; d'autres sont des espèces de tubes, sveltes et allongés, dont le liséré, soit d'or, soit de vert poudré d'or, décrit une ligne de dentelures ou serpente en spirale autour du cylindre[7]. Cette bigarrure de tons, loin de déplaire, a quelque chose de si abondant, de si inattendu, qu'elle étonne et charme 'œil. Ce n'est pas la beauté, mais c'est la fraîcheur et la grâce.

Les imitations du jaspe, du porphyre, de la brèche, sont beaucoup moins fréquentes qu'on ne croirait. Il est vrai qu'à Rome, où l'on rencontre d'énormes quantités de fragments de verre coloré, on réunirait facilement toute une série d'échantillons de ce genre; mais les vases complets sont rares, et plus rares encore les reproductions exactes de ces pierres. Presque toujours il s'y mêle une couleur ou un émail, appliqué à l'extérieur du vase, qui n'existe pas dans la réalité, car on ne vise pas à la ressemblance stricte. Le verre a cette supériorité sur la nature qu'il peut agrandir son domaine à volonté, en prenant pour auxiliaires l'art et le goût.

Il faut cependant citer cette belle pâte opaque de couleur pourpre que Pline appelle *haematinum*[8] et que l'on distingue à peine du marbre rouge. Une tête de Jupiter Sérapis trouvée à Rome[9]; une coupe revêtue d'un enduit stannifère et venant d'Algérie[10] sont les seuls spécimens remarquables que j'en connaisse. Je ne sais si les vases lesbiens en verre pourpre ($\pi o \rho \phi \upsilon \rho \acute{\epsilon} \tau \eta \varsigma$ $\acute{\epsilon} \xi$ $\acute{\upsilon} \acute{\epsilon} \lambda o \upsilon$) dont parle un poëte ancien[11] appartenaient à la même famille ou, ce qui est plus vraisemblable, s'ils

---

1. Grand vase piriforme (bleu foncé, avec des taches blanches). Musée de Naples, n. 1373. — Amphorisque en verre bleu transparent avec mouchetures en émail blanc opaque; trouvé à Hellange, en 1853. *Publications de la Société archéologique de Luxembourg*, t. IX, pl. II, 5. — Amphore à panse sphérique, en verre bleu foncé avec mouchetures en émail blanc opaque [Musée de Boulogne]. R. Smith, *Collectanea antiqua*, t. I, pl. I. — Gobelet trouvé à Athènes [Musée de Rouen]. Deville, pl. 23, d.

2. Slade, pl. coloriées II, 1. 2. VII, 1 (n. 115). — Pyxis du Musée de Naples (rubans jaunes et verts sur fond bleu foncé). — Couvercle de vase (vert avec des taches blanches). *Cat. Campana*, n. 194.

3. Petit vase jaune, avec des taches blanches. Musée de Naples. — Grand lécythe, couleur d'ambre, avec des taches en émail blanc. Collection Slade (p. 16, n. 85; fig. 28). Trouvé dans une des îles de l'Archipel. — Canthare de la même collection.

4. Grand vase (sans anses) de verre violet avec quelques mouchetures blanches [Musée Britannique]. — Scyphus. Deville, pl. 53, a.

5. Ce verre vient de Naples, ainsi que celui de la Collection Slade (n. 76; pl. col. II, 1). Un troisième paraît être sorti des fouilles de Volterra (*Bullettino dell' Instituto*, 1874, p. 235).

6. Coll. Temple au Musée Britannique (Harrison, pl. 893). — Coll. Campana au Louvre.

7. Collections Slade (pl. col. III, 3, n. 75. Harrison, l. c.) et Webb. — Le Musée étrusque de Florence possède une coupe de ce genre, ornée de rubans d'or et de lisérés rouges sur fond bleu, avec bordure blanche.

8. I. XXXVI, 197.

9. Collection de M. Hoffmann, à Paris.

10. Achetée en 1874 pour le Musée du Louvre.

11. Hedylus dans Athénée XI, 486. — *Lesbium*, genus vasis cælati a Lesbis inventum. Festus, p. 115 (éd. Müller).

étaient en pâte translucide. Nous avons vu (p. 30) qu'on employait le marbre d'Alabanda, d'un rouge purpurin, à la fabrication de certains verres. En revanche, je me suis livré à de vaines recherches pour retrouver un de ces vases en pâte obsienne dont la couleur imitait une pierre noire, pierre d'Éthiopie, et dont on faisait non-seulement de la vaisselle de table, mais des bustes et des figurines [1]. Quelques bracelets (*vignette*, *p.* 49) et imitations de camées sont tout ce que j'ai rencontré en cette matière.

Au résumé, les verres de couleur, même les verres transparents, ont toujours un point de ressemblance avec les pierres précieuses. Le blanc *(candidum,* λευκόν*)* simule le cristal de roche [2], parfois la chalcédoine lorsque des veines de blanc opaque sont apposées sur un fond blanc diaphane; le bleu (γλαυκόν) imite le saphir [3]; le rouge se rapproche tantôt du rubis, tantôt du grenat de Syrie; le violet a l'aspect d'une améthyste; la teinte verte (πράσινον) varie entre l'émeraude et la prase; le jaune (κίτρινον) prend l'éclat de la topaze orientale ou de l'ambre. Mais on ne saurait admettre raisonnablement que ces gemmes aient été pour les verriers une source d'inspiration habituelle. Il convient donc de ne pas pousser plus loin la comparaison et de réserver aux verres isochromes un chapitre à part, où le sujet pourra s'étendre et se développer à loisir.

Dans nos musées et collections particulières, il existe un assez grand nombre de verres imitant les pierres dures, pour nous aider à apprécier le genre.

Le Trésor de Monza possède une tasse en pâte bleue que les Italiens ont longtemps prise pour un véritable saphir [4]. Elle fait pendant avec le *Sacro Catino* de la cathédrale de Gênes, cette relique merveilleuse qui, sous le nom de Saint Graal, joue un si grand rôle dans nos légendes du moyen âge. D'après la tradition, le Sacro Catino aurait servi à Jésus-Christ pour célébrer sa dernière Pâque avec les apôtres. Retrouvé par les croisés, l'an 1102, dans la mosquée de Césarée de Palestine, il échut en partage à l'armée génoise. Je ne me propose pas d'en donner ici l'historique; mais je dois dire que, pendant sept siècles, on le crut taillé dans un bloc d'émeraude, et cette réputation imméritée lui valut l'honneur, sous le premier Empire, d'être transporté à Paris et déposé au Cabinet des Médailles (novembre 1806). Ce fut là seulement qu'on en examina la matière et qu'un minéralogiste éminent [5] reconnut que c'était du verre. L'émeraude compte parmi les gemmes que les anciens imitaient sans difficulté [6]. On raconte que l'empereur Néron regardait les combats des gladiateurs à travers une émeraude; nul doute que ce ne fût également une pierre

---

1. Pline, l. XXXVI, 196-197.
2. Pline, l. XXXVI, 198 : Maximus tamen honos in candido translucentibus, quam proxuma crystalli similitudine.
3. Vase à onguent γλαυκῆς ὑάλου. Antiphile dans l'Anthologie grecque VI, 250.

4. Frisi, *Memorie storiche di Monza*, t. 1, 94; pl. 1.
5. Guyton Morveau.
6. Pline, l. XXXVII, 112 : Neque est imitabilior alia mendacio vitri.

factice, car à travers la pierre vraie, si mince qu'elle soit, il n'est pas possible de rien distinguer. Quant aux verriers de nos jours, ils excellent à rendre dans toute sa pureté la teinte vert de prairie de cette gemme.

En raison même de l'illusion que produisent les pâtes artificielles, les experts romains déjà se préoccupaient des moyens de ne pas les confondre avec les gemmes véritables. La pierre de touche, le poids, l'intensité des feux, le degré de chaleur et de dureté étaient autant d'indices infaillibles pour ceux qui savaient les observer [1].

Une seule question reste en litige, celle de l'origine des verres que nous venons de passer en revue. Y a-t-il dans leur forme ou dans leur style un trait caractéristique qui nous aide à tirer des conclusions sur la classe entière et à la juger d'un point de vue plus élevé? Non, malheureusement. Ces vases sont d'une rareté telle et d'origine si diverse qu'il faudrait être bien hardi pour se prononcer sur leur fabrication. Disons toutefois que le plus grand nombre paraît venir de Syrie et de l'Italie méridionale [2]; mais, d'un autre côté, leur valeur artistique, la grâce des formes, le fini du travail, la composition des couleurs, qui ne ressemblent en rien à celles des verres opaques d'Alexandrie, nous porteraient à supposer qu'ils sortent d'une fabrique grecque. Je ne voudrais pas être plus affirmatif pour le moment, et certes c'est un des principaux inconvénients, dans cette étude de la Verrerie antique, que l'on se heurte à chaque pas contre des obstacles qu'on est impuissant à écarter. Les trouvailles seules, notées avec soin et groupées avec patience, pourront, un jour, nous mettre sur la voie et nous apprendre si les différentes familles de ces verres doivent être attribuées à des manufactures différentes. Quant à la question de date, la plus difficile de toutes, il faudra du temps pour la poser et des efforts pour la résoudre.

---

1. Pline XXXVII, 98 : Adulterantur vitro simillime, sed cote deprehenduntur, sicut aliæ gemmæ; fictis enim mollior materia fragilisque est. Centrosas cote deprehendunt et pondere quod minus est in vitreis. —XXXVII, 128: Vitro adulterantur, ut visu discerni non possint. Tactus deprehendit, tepidior in vitreis. Tout cela est rigoureusement exact.

2. Les exemplaires de la collection Charvet viennent de Syrie (nᵒˢ 22. 23. 24. 52. 59), de Naples (nᵒˢ 13. 27), de Turin (nᵒ 120) et de Vaison (nᵒ 121). — A Modène on a trouvé de grandes quantités de fragments de vases marbrés (*Bullettino dell' Inst.* 1837, p. 11).

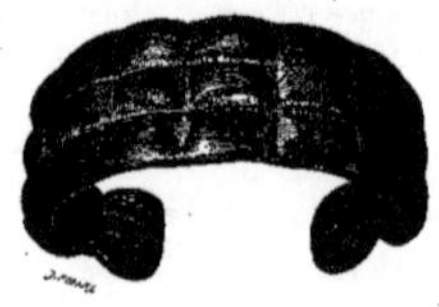

IV

VERRES POLYCHROMES IMITANT LA TEXTURE DU BOIS

On aurait tort de classer sous la même dénomination les miniatures en verre et les vases dont notre 3ᵉ planche donne une idée à la fois si exacte et si avantageuse [1].

La mosaïque est une création de l'art; conçue sur un plan régulier et qui ne laisse rien au hasard; elle procède moins de l'inspiration que de l'étude et du calcul. Par contre, les verres dont il s'agit n'observent pas de symétrie dans le dessin; leur ornementation est presque toujours confuse, fantaisiste, comme improvisée, et ne saurait se comparer qu'à la texture ligneuse, à ce qu'on appelle vulgairement le cœur du bois. Cette remarque s'applique à tous les spécimens de cette famille et en indique, d'un seul trait, le caractère dominant.

Rien de plus curieux que de suivre ainsi la verrerie dans ses progrès successifs. Au début, le verre opaque est naturellement isochrome, car on n'a d'autres modèles devant soi que des vases de terre ou d'albâtre. Bientôt les vues s'agrandissent et la différence entre les deux matières, l'argile et la pâte vitreuse, se prononce davantage. On imite les gemmes, on les dépasse en richesse de tons et de jeu. Puis c'est la vaisselle

---

1. Voir aussi : Harrison, *Photographs*, pl. 893. — Deville, pl. VIII. — *Publications de la Société arch. de Luxembourg*, t. IX, pl. II. — Chalon, *Notice sur un plateau de verre trouvé à Corroy-le-Grand*. — Labarte, *Collection Debruge-Dumenil*, nᵒˢ 1215-1216. — Gerhard, *Leitfaden zur Vasen-Terracotten-und Miscellaneensammlung* (de Berlin), nᵒ 314 (p. 69).

en bois sculpté, chêne, buis ou noyer, que les verriers s'exercent à reproduire en copiant le tissu cellulaire, la moelle des branches d'arbre, et en transformant ce motif nouveau en une espèce de tapisserie au moyen d'une prodigieuse variété de couleurs.

Les vases qui rentrent dans cette catégorie sont, pour la plupart, des coupes hémisphériques sans pied, rarement côtelées [1], des plateaux [2] et de petites patères. Je n'en connais que très peu d'une autre forme [3]. Partout, le dessin ressemble à la section d'une tige qu'on examinerait au microscope. Sur la couleur du fond, qu'il soit bleu, vert, rouge, jaune, violet, blanc, brun ou noir, se détache un semis de mouchetures polychromes, pareilles aux spires d'une coquille. Les espaces vides entre ces rubans enroulés sont remplis au moyen de baguettes ou, plus souvent encore, de quadrilatères qui détruisent l'harmonie sans nuire à l'effet. Quant aux couleurs, ce n'est pas sans raison qu'on les a comparées aux *Millefiori* de Venise, car la palette de ces verres est dans la plénitude de ses moyens et combine habilement les pâtes opaques avec les pâtes translucides. Les rubans sont toujours formés de plusieurs couches diversement colorées; les quadrilatères sont parfois blancs ou dorés, ce qui les isole au milieu des spirales où ils se trouvent enchâssés et met d'autant plus en relief leur bizarre découpure.

Mais ce n'est pas tout; les bords de ces vases (*les lèvres* diraient les anciens) ont aussi leur décor. Tantôt c'est un double fil entrelacé qui en fait le tour; tantôt un liséré à raies parallèlement disposées et dont les couleurs alternent dans un ordre fixe. Il y en a, de ces bordures, qui constituent un motif plus gracieux; je citerai une coupe en verre jaune où deux fils blancs serpentent comme une chaîne autour de l'orifice [4].

Jusqu'ici je me suis attaché aux traits communs à la plupart des spécimens de cette fabrique; j'aborderai les exceptions.

En s'inspirant du tissu ligneux, les verriers ne se bornent pas à copier ce qu'ils voient; ils y ajoutent, ils arrangent, *ils* composent une sorte de marqueterie qui ne ressemble plus à aucun modèle. Le cœur du bois n'est pour eux qu'un canevas sur lequel ils brodent des variations, exigées d'ailleurs par la substance qu'ils ont à manier. En effet, nous rencontrons des vases où les volutes et les stries sont remplacées par un semis assez régulier, mais très espacé, de fleurs [5] ou d'étoiles. Puis, à côté de ces variantes, il existe quelques patères, avec ou sans ombilic, à parois excessivement minces et du travail le plus délicat, où il n'y a plus d'intervalle entre les fleurs et où la couleur du fond, soit verte, soit jaune tirant sur le rouge, reste prédomi-

---

1. Musées de Naples et d'Avignon (fonds Calvet ; cat. n° 80).

2. Deux grands plateaux, trouvés à Canosa; Musée Britannique.

3. Par exemple, le grand scyphus sans anse, de la collection Slade. — Il existe aussi un petit nombre de baguettes de verre en torsade, composées de fils polychromes.

4. Deville, pl. VIII, *a*.

5. Harrison, pl. 893. — Deville, *l. c.*

nante[1]. Ces dernières sont les chefs-d'œuvre du genre, tandis que les autres, de facture plus lourde et de parois plus épaisses, produisent un effet moins agréable. Elles marquent les débuts d'un art nouveau, art robuste qui déploie tous ses ressorts, mais qui confond l'abondance avec la beauté.

Le procédé de fabrication suppose une connaissance de plus en plus achevée de la matière vitreuse. On prend un certain nombre de baguettes colorées, coupées en tronçons; l'ouvrier les réunit en faisceaux et, après les avoir chauffées, il les dispose dans un moule de terre cuite afin de les agglutiner au moyen d'une *paraison* de verre opaque ou transparent. La masse ainsi préparée se prête à toutes les formes, et il est probable qu'après le soufflage de la coupe, les anciens l'auront polie à froid pour en aviver les diaprures et lui donner son dernier lustre.

Presque tous les vases imitant le tissu du bois ont été trouvés en Italie; les tombes étrusques en ont fourni d'incomparables spécimens aux musées de Florence et du Vatican. La majorité de ceux dont je connais l'origine exacte vient de Toscanella. Il n'y a donc pas à douter qu'il n'y ait eu là, aux portes de Rome, une fabrique locale importante[2]. Je ne crois pas ces verres assez primitifs pour les rattacher, comme on l'a fait, à l'art étrusque proprement dit; néanmoins ils ont un cachet, un souffle d'originalité qui leur appartient sans partage, et ce ne serait pas trop s'avancer que d'y voir un dernier effort du génie de l'ancienne Étrurie.

---

1. Cat. Campana nᵒˢ 163. 165 (Musée du Louvre). — Deux patères vertes à ombilic, trouvées par le capitaine Bastien dans les fouilles faites par lui à Toscanella (Louvre. Don de S. M. l'Empereur, 1863).

2. On en trouve aussi dans les Gaules, mais très-rarement.

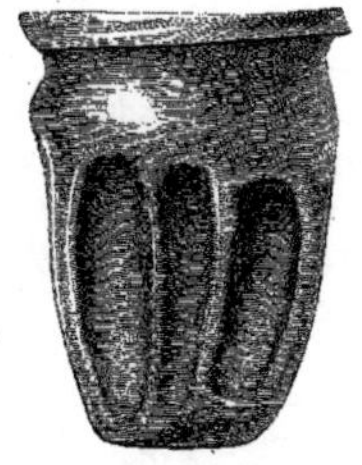

V

VERRES A MINIATURES

Les verres à miniatures, qu'on appelle improprement verres-mosaïques[1], occupent dans l'histoire de la Verrerie une place d'honneur; ils s'élèvent au niveau des plus merveilleuses productions de l'art. Bien qu'il n'existe plus de vase qui rentre dans cette série (si tant est qu'il y en ait jamais eu), les rares échantillons du genre qui ont survécu et qui sont à notre portée permettent de juger l'ensemble, peut-être de suppléer à ce qui nous manque.

On distingue deux classes de miniatures : les lames carrées et les médaillons. Fabriquées en Égypte, elles représentent parfois des sujets égyptiens, l'épervier sacré, par exemple, qui symbolisait le soleil levant. Mais plus ordinairement elles ont pour motif un oiseau aquatique, un masque, une rosace, des fleurs et des feuilles, un assemblage de dessins géométriques ou d'arabesques (pl. XI, 68. 69), parfois les carreaux d'un pavé en mosaïque. Tous ces décors sont exécutés avec une délicatesse admirable; on dirait des jeux de patience, de petits tableaux à la touche fine, savante, compassée, où les plumes, les pétales, les granulations peuvent se compter et se mesurer. Les

---

1. Winckelmann, *Histoire de l'Art*, 1, 2, 22-25. — Caylus, *Recueil*, t. I, 297 (pl. 107, 10).— Champollion, *Musée Charles X*, p. 108-109. — Raoul-Rochette, *Peintures inédites*, p. 382-83 (pl. 14).— Minutoli, *Anfertigung der farbigen Glaeser*, p. 19 (pl. 2). *Reise zum Tempel des Jupiter Ammon*, pl. 21 (p. 281. 354-61. 398). — Wilkinson, *Manners and Customs*, t. III, 96-97 (pl. 17, 5-7).— Bibliothèque Impériale de Paris, *Catalogue*, n° 3458.—Catalogue Pourtalès, n° 1359-70.— Slade, pl. col. 3 et 4.

couleurs, d'une étonnante richesse, ajoutent à l'effet et y répandent une fraîcheur qui fait de ces babioles les plus charmants bijoux qui puissent s'offrir à la vue. Il faudrait des pages entières pour donner du moindre morceau une analyse quelque peu complète.

Quant à la fabrication, deux procédés ont été simultanément en usage. Le premier consistait à prendre une plaque ronde ou ovale de verre coloré et à y incruster soit des émaux, soit des fils ou des feuilles d'or. Les médaillons de ce genre, vu leurs dimensions peu considérables, ont dû être enchâssés dans des bagues. Il n'en est pas de même des lames carrées où le sujet apparaît sur les deux faces. Pour obtenir ces tablettes, on disposait les fils de verre dans l'ordre indiqué par le dessinateur, puis, après les avoir soudées en faisceaux, on les étirait jusqu'à les réduire au quart, au dixième, au centième de leur grosseur primitive. De cette manière, le sujet représenté, tout en devenant microscopique, conservait ses couleurs et ses proportions. L'épaisseur des lames n'est jamais très forte; et cependant les lapidaires de Rome et de Naples trouvent encore moyen de les scier en plusieurs tranches pour multiplier les spécimens.

La physionomie des carreaux à miniatures semble expliquer leur destination. Ils ont pu servir au placage des murs. Naturellement, on n'aura pas songé, même dans un palais impérial, à revêtir une chambre du haut en bas de ces fragiles et précieux chefs-d'œuvre; ils seront entrés dans les revêtements comme les perles entrent dans un diadème, de distance en distance. Nulle place ne leur convenait mieux que les angles d'une bordure ou les points d'intersection dans un groupe de décors linéaires et d'arabesques. Mais dans ce cas, on ne pouvait les voir que d'un seul côté, et il n'est pas admissible que les anciens, avec leur sens si éminemment pratique, aient sacrifié la meilleure qualité de ces verres. Je crois plutôt qu'on les incrustait dans les meubles : les lits, les sièges, les coffrets d'ivoire.

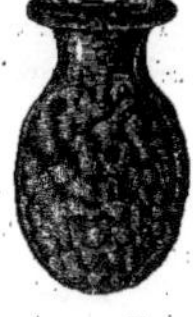

VI

VERRES ORNÉS DE GEMMES ARTIFICIELLES

A mesure que l'industrie verrière se développe, elle devient plus ingénieuse, et son but, toujours mouvant, se place à un point plus élevé. Les auteurs anciens parlent de coupes ornées de pierreries, *potoria gemmata* [1]. C'étaient des vases d'or ou d'argent, travaillés au marteau, et dans lesquels on avait incrusté des gemmes, probablement des camées et des intailles. La coupe d'un roi sassanide, Chosroès II, qui se voit à la Bibliothèque Nationale, donne une idée de la magnificence de ce genre d'orfévrerie, bien qu'elle appartienne à une époque très basse et que son style ne soit qu'un reflet de l'art classique. Un autre monument, aujourd'hui au Musée de Londres, nous conduit plus près de la source. Il s'agit du vase de plomb de l'ancienne collection Blacas, décoré de sujets bachiques en relief et d'une bordure de rondelles en pâte vitreuse [2]. Cette coupe a dû servir de modèle à un ciseleur. On connaît même une amphore grecque, en terre brune, dont le

---

1. Cicéron, *in Verrem*, V, 27, 62 : pocula ex auro, gemmis distincta clarissimis. — Pline, l. XXXVII, 17. — Suétone, *Néron*, ch. 12 : aurea pyxis pretiosissimis margaritis adornata. — Treb. Pollion, *Gallieni duo*, ch. 16 : gemmata vasa fecit eademque aurea (Gallienus). — Martial, l. XIV, 109 : calices gemmati. — Un *præpositus ab auro gemmato* figure parmi les affranchis de la maison impériale. — Les mots grecs sont διάλιθος et λιθοκόλλητος.

2. Gerhard, *Antike Bildwerke*, planche 87. — Ch. Newton, *Guide to the second vase Room*, p. 35.

corps et le couvercle sont garnis de pâtes bleues et blanches [1]. Entre les potiers et les verriers il y avait affinité de talent; mais ces derniers ont imité les vases de métal avec un esprit tel que l'imitation a la valeur d'une seconde originalité.

Sur la limite de l'original et de la copie, je rencontre un objet, unique jusqu'à présent, qui fait également partie du Musée britannique. On apprécie mieux le résultat de ces études en les voyant soutenues et comme encouragées par une suite de transitions progressives qui peut n'être pas nombreuse, mais qui est restée intacte dans sa continuité. L'objet dont je parle est un petit vase d'argent, de forme ovoïde, trouvé en Italie [2]. Huit rangs de pâtes de verre bleu foncé en recouvrent la panse; mais pour les y insérer, l'artiste n'a pas ménagé d'alvéoles; il a jugé plus expéditif de découper le métal, en sorte que les pâtes ont conservé tout le charme de leur transparence, et que l'argent n'est plus qu'une armature destinée à maintenir ces bijoux.

Les verres ornés de pierres artificielles sont rares [3]. Presque tous ceux que j'ai vus sont des coupes et des gobelets, oviformes, coniques, cylindriques, évasés (pl. VII, 36)[4]; mais de temps à autre, il se présente quelque patère, un flacon à onguent ou un vase en forme d'entonnoir qui s'y rattache par le style et la fabrique. Généralement, ce sont des verres blancs, ayant pour toute décoration une ligne de pâtes en cabochon, de tubercules, parfois creux à l'intérieur, et dont la couleur, bleue ou brune, tranche sur le fond avec une extrême vivacité. Souvent il se trouve entre deux pâtes un semis de trois ou de six guttules disposées en triangle, où les boutons bleus alternent avec des boutons verts ou rouges. Plus rarement, les pâtes sont rangées sur deux lignes et surmontées d'un collier de dentelures ou de spirales de la même nuance. De petits flacons, pourpre ou bleu clair, ont la moitié inférieure ponctuée de gouttelettes jaunes, on dirait les ailes d'un coléoptère; mais il n'est pas sûr qu'on ait voulu simuler par là une incrustation de pierres précieuses. A la fin de chaque série, on se voit en face d'un certain nombre de verres qui empruntent leur décor à plusieurs espèces à la fois et forment comme un trait d'union entre deux classes qui s'y confondent.

Voilà le genre. Je ne veux pas m'appesantir sur les variantes, quels qu'en soient l'attrait et l'importance. Dans la Verrerie antique, les exceptions sont de règle. Moins que dans toute autre industrie, l'artiste y observe strictement les traditions d'atelier; il les modifie, les transforme, il s'en affranchit à volonté, pour suivre sa route à lui et donner libre jeu à l'essor de son génie.

---

1. Minutoli, p. 12-13 (pl. I, 2. 3. 5. 6). — Le Musée du Louvre possède un petit vase en terre rouge, incrusté d'éclats de silex. Cet objet a été retiré des eaux du Vulturne. — Coupe romaine à vernis rouge, ornée, à l'intérieur, de petits cailloux blancs. *Bonner Jahrbücher*, tome 58, 207.

2. Harrison, pl. 894. — Collection Slade.

3. *Bonner Jahrbücher*, t. 36, pl. 3, 12. — Deville, pl. 21. 23. 81.

4. Ce verre a été trouvé en Syrie.

VII

VERRES EN FORME DE FRUITS ET DE FIGURINES

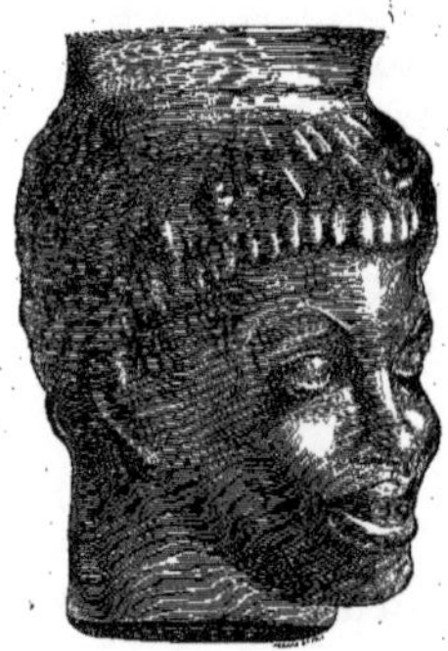

Bien que l'invention du moule remonte à une époque fort éloignée, je ne crois pas que les verriers en aient fait usage avant le quatrième siècle. Nos plus anciens verres moulés semblent contemporains des diadoques. Ils montrent un nouvel essor de ce talent multiple que les ouvriers de l'antiquité déployaient dans toutes les manifestations de l'art.

Ces verres, en effet, marquent un progrès. On dirait une seconde génération qui l'emporte sur les âges précédents, parce qu'elle dispose d'un outillage plus parfait. Le génie artistique donne plus complétement sa mesure.

Et encore une fois, les monuments que nous aurons à examiner nous ramèneront en plein Orient. Pour comprendre la Verrerie grecque et romaine, il ne faut pas la détacher de sa vraie patrie, ni la séparer des peuples qui lui ont donné un caractère propre en lui imprimant leur caractère à eux. Nous y avons retrouvé le goût des Orientaux pour les pierres précieuses; c'est le sentiment de la nature, inhérent aux races sémitiques, qui s'y révélera désormais et dont elle écoutera les inspirations. On ne s'explique pas autrement pourquoi les verriers empruntaient leurs motifs aux fruits des arbres plutôt qu'à la figure humaine; pourquoi les verres les plus communs ont presque toujours la forme d'une poire, d'une pomme, d'une figue, d'un coing, d'une datte fraîche, tandis que les vases de terre et de métal n'affectent ces formes que par exception. J'insiste sur cette différence capitale; elle est de celles qu'on ne saurait imputer au hasard et qui tiennent moins à la différence des matières employées qu'à la diversité des traditions techniques.

Malheureusement, nulle part le métier d'antiquaire n'est plus pénible à exercer que là, en face d'une série d'objets qui ne portent aucun indice chronologique, ni rien qui permette d'en déterminer la fabrique. A chaque moment, cet inconvénient se fera sentir. Pour y remédier, il faut dresser une sorte de catalogue et classer les verres d'après les sujets qu'ils représentent.

Commençons par le règne végétal : la datte, la grappe de raisin, la prune, l'arbouse, la pomme de pin. On connaît à peine une trentaine de petits flacons en forme de dattes sèches, presque tous de couleur jaune d'ambre (pl. VI, 31), ce qui aide à l'illusion [1], plus rarement en pâte blanche doublée de jaune [2] ou en verre bleu clair [3]. Ces flacons doivent venir d'Orient, car le palmier est l'arbre oriental par excellence. Je ne doute pas non plus que les verres en forme de grappes de raisin n'aient la même origine, bien qu'on les trouve souvent en France et sur les bords du Rhin [4]. Il y en a de plusieurs genres : flacons sans anses, lécythes, amphorisques en pâte bleue, blanche, violacée, quelquefois recouverts de pampres et imitant ainsi les variétés principales de la vigne (pl. IV, 17. 20, et la gravure, p. 59). Dans la collection Minutoli, on voyait une grappe de raisin en verre bleu, ayant servi de boucle d'oreille [5].

Les autres fruits : l'amande [6], la prune [7], l'arbouse, la pomme de pin [8] sont tout

---

1. Le Musée Britannique possède cinq exemplaires, dont deux de la collection Slade (n⁰ˢ 176-177), plus un fragment trouvé à Nimroud (Franks, *Kensington Museum*, p. 380, n° 4954). J'en ai vu deux au Musée de Naples, un au Musée étrusque de Florence et un au South-Kensington Museum (fonds Webb). Celui de la collection Charvet a été trouvé en Syrie ; d'autres (chez M. Hoffmann, à Paris) viennent de l'île de Chypre. Le catalogue Pourtalès (n° 1402) en mentionne un semblable, dont on ignore la provenance.

2. Collection Henderson, à Londres.

3. Même collection.

4. En dehors des trois magnifiques exemplaires de la collection Charvet (pl. IV, 17 : Verre violacé, trouvé en France ;—pl. IV, 20 : trouvé à Saint-Just-sur-Dive [Fillon, *Art de terre*, p. 192] ;—*Vignette*, p. 59 : verre blanc à une seule anse), je citerai le verre blanc du Musée du Louvre (fonds Campana, n° 14. Daremberg et Saglio, *Dictionnaire des Antiquités grecques et romaines*, t. I, 251) ; l'amphorisque trouvé dans les ruines du théâtre d'Arles (*Exposition universelle de 1867*, n° 1296) ; ceux de Luc (Deux-Sèvres. *Revue archéol.*, t. XV, 538), de Poitiers et de Verrines-sous-Celles (Fillon, p. 192) ; les verres bleus des collections Slade (p. 29) et Henderson. M. Chalon (*Plateau de Corroy-le-Grand*, p. 4) parle d'un exemplaire conservé au Musée de Bruxelles. D'autres ont été trouvés à l'Ilot-les-Vases de Nalliers (en 1874), à Castel (*Emele*, pl. VI, 17) et à Cologne (*Bonner Jahrbücher*, t. XXXVI, 121) ; enfin, M. Déville (pl. 52, c) publie une amphore et une ampulle sans anse, dont, selon son habitude, il n'indique pas la provenance.

5. Catalogue de vente (n. 42).

6. Petit flacon en verre blanc. Collection de M. Julien Gréau, à Troyes.

7. Flacon bleu, avec goulot, trouvé dans l'Attique. — Flacon en pâte violacée, trouvé en Chypre [Collection du comte Stroganoff].

8. Verre bleuâtre [Musée imp. de Vienne]. Sacken et Kenner, p. 458. — Verre bleu [Collection Webb]. Franks, *Kensington Museum*, p. 380. — Collection Slade, p. 29. — Collection Péretié, à Beyrout.

aussi peu communs, moins cependant que les fruits de fantaisie (*vignette, p.* 54). Il subsiste, en effet, quelques petits vases revêtus de piquants qui leur prêtent l'aspect d'une tige de rosier ou d'une écorce de châtaigne. Dans un genre qui ne laisse guère de place à l'originalité, on s'étonne de rencontrer des verres qui ne répondent exactement à aucun produit de la nature. Mais l'artiste ne vise pas toujours à la vérité matérielle; il ne veut pas renoncer à sa marque propre.

L'empereur Élagabal, Phénicien de naissance, fit servir à ses convives des mets en pâte vitreuse[1]. Nous sommes donc loin de posséder tout ce que les verriers du troisième siècle ont fait entrer dans leur domaine. Ce qui en reste, néanmoins, prouve que les anciens ne savaient rien créer que de poétique. Les petits flacons que je viens de décrire étaient destinés aux huiles précieuses, aux aromates, au vin de rose, de myrte, de jasmin, de pistache; quelle idée plus charmante que de comparer ces liqueurs au goût d'un fruit savoureux!

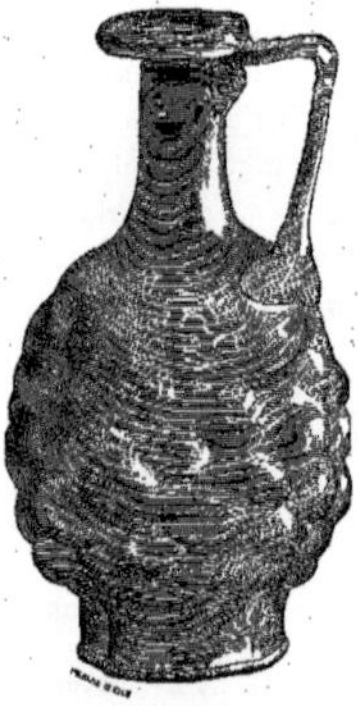

Le règne animal, à son tour, a fourni bien des modèles à l'industrie du verre. On possède des fioles en forme de coquilles bivalves, de pâte bleue ou blanche[2]. Ce sont des vases de toilette, car la conque fait allusion à la naissance de Vénus. Un dauphin en pâte de verre a été trouvé à Cologne, et tout récemment, de la nécropole de Dali, en Chypre, on a extrait un grand verre grec en forme de poisson[3]. Il ne faut pas confondre ce dernier avec les poissons que nous connaissions déjà et qui sont des symboles chrétiens[4].

Quant aux oiseaux, je citerai quelques verres en forme de colombes, de cygnes, d'oies, de canards, les uns en pâte blanche ou bleue, les autres de couleur incarnate, rougeâtre, violacée. Mais ce sonts de verres soufflés et qui se distinguent par l'extrême ténuité de leurs parois. Les plumes et les pattes de l'oiseau ne sont jamais indiquées; sur un seul exemplaire on a marqué les ailes au moyen d'une double dépression[5]. Il s'en trouve même qui n'ont pas de tête, et l'encolure fait alors office de goulot. Le musée Campana en a réuni la série la plus complète; c'est qu'ils vien-

---

1. Lampridius, ch. xxvii : Exhibuit parasitis cenas et de vitreis. — Voir ch. xxv.

2. Amphorisque en verre blanc. Slade, n° 189. — D'autres, en pâte bleue, se trouvent dans les collections Slade, Webb et Henderson.

3. Verre blanc, de la collection du comte Serge Stroganoff. Le goulot se dégage de la queue du poisson, qui est posé debout, la tête en bas.

4. Poisson en verre, trouvé, l'an 1854, près de Chalon-sur-Saône [Musée d'Autun].— Petit poisson en verre blanc, avec l'inscription σώσαις. Deville, pl. 82, g.— On cite un troisième exemplaire, conservé au Musée de Wiesbaden.

5. Verre bleu de la collection Henderson, à Londres.

nent presque tous d'Italie, principalement de Rome et de Cumes [1]. A Naples, j'ai vu
un pendant d'oreille décoré d'une charmante petite colombe en verre bleu.

Arrêtons-nous un instant aux quadrupèdes, représentés par un curieux verre de la
collection Disch à Cologne. C'est un lécythe en forme de singe. Assis sur son fau-
teuil d'osier et jouant de la flûte de Pan, le cynocéphale est coiffé d'une espèce
de capuchon, et le goulot qui surmonte sa tête ressemble au *kalathos* des divinités
grecques [2]. En ne considérant que le sujet, on dirait que le verre a été moulé en
Égypte ; mais son style et sa provenance nous obligent de l'attribuer plutôt à une
fabrique gallo-romaine. Il n'est pas sans analogie avec les figurines en terre blanche
que l'on trouve, en si grand nombre, dans le département de l'Allier.

Le corps humain qui, de tous les modèles, a le plus heureusement inspiré les céramistes anciens, ne semble pas avoir tenté au même degré le génie du verrier. En

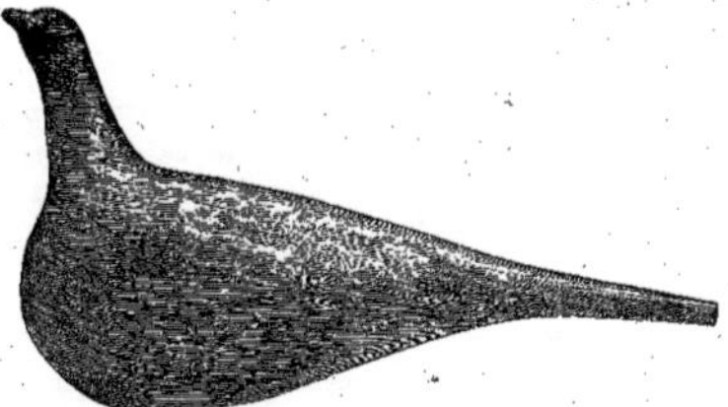

dehors des amulettes que l'on rapporte du littoral de la Syrie [3], je ne connais pas de
verre représentant une figure humaine entière. Mais il existe toute une série de vases
formés de deux masques de Méduse (*pl.* VI, 30. IX, 55) ou de masques imberbes. Les
premiers, souvent en pâte blanche opaque [4], se trouvent en Syrie et dans l'île de
Chypre ; les autres se rencontrent partout, en Gaule aussi bien que dans l'Italie méridionale et en Crimée. C'est aux fouilles de Saint-Mansuy, près de Toul, que nous
devons la magnifique double tête d'enfant de la collection Charvet (*pl.* XV, 83). Des
ampulles du même genre se composent d'un masque barbu, accolé à une tête de

1. Fiedler, *Rœmische Denkmaeler der Gegend
von Xanten und Wesel*, pl. III. IV. — Houben,
pl. XIV, *b*. — Sauzay, p. 14 (pl. n° 6). — Catalogue
Campana, nᵒˢ 179-187. 318. — Deville, pl. 81.

2. Bonner Jahrbücher, t. XLI, 142 (pl. III). Ce
verre est une réplique de celui à deux anses, publié
par Montfaucon (Supplément, t. V, 142, pl. LXI.
Bonner Jahrb., XLIV, 275), et si ce dernier ressemble
à une femme, cela tient à la maladresse du dessinateur ou à l'état de conservation du vase. — On cite
aussi une souris de la collection Disch. Le Musée

Britannique possède un fragment de verre blanc,
représentant la partie antérieure d'un boule-dogue.

3. Ils représentent ordinairement Cybèle assise sur
un trône, dont les accoudoirs sont soutenus par deux
lions, ou une femme nue et accroupie, la même
qu'on appelait autrefois *Baubo*.

4. Ceux de la collection Charvet, trouvés en Syrie,
sont en verre violet ; d'autres sont en verre brun, bleu,
jeune ou pourpre. Mais je ferai remarquer que les
têtes imberbes ne sont souvent que des têtes de Méduse mal poussées dans le moule.

femme [1], et dernièrement encore on a vu à Beyrout un flacon formé de deux têtes de nègres.

En revanche, les vases qui représentent une seule tête sont infiniment plus rares. Je ne citerai que la tête d'enfant, ornée de deux inscriptions grecques, que la nécropole de l'ancienne Idalium, ce grand musée souterrain, nous a léguée [2]. Une tête de jeune Éthiopien, aux cheveux crépus, à la bouche souriante (*vignette p.* 57) [3], celle d'un Gaulois, tirée du cimetière romain de Cologne [4], y ajoutent un élément qu'il ne faut pas dédaigner, la variété.

Les petits phallus en pâte vitreuse sont communs, car ils servaient de talismans, et l'on aimait à les enchâsser dans les colliers. Mais le verre à boire, de forme phallique, ne figure que dans les satires de Juvénal : *vitreo bibit ille Priapo* [5]. C'est au même ordre d'idées qu'appartient un flacon moulé de la collection Webb [6]. Une main fermée, dont le pouce est placé entre l'index et le medius, constitue la panse du vase ; elle fait le geste de la prophylaxis.

Je ne veux pas m'étendre davantage sur cette matière, car il faut éviter le plus possible de parler des monuments qu'on n'a pas vus de ses yeux. Dans toutes les collections, publiques ou particulières, il s'est glissé parmi les verres antiques quelques objets du moyen âge, ou même des verres allemands et vénitiens. En les admettant tous sans méfiance, on court risque de prêter à l'antiquité ce qu'elle aurait désavoué et de se faire une idée peu exacte de ses tendances et de ses aptitudes. Néanmoins, je ne puis passer sous silence les coupes en pâte jaune d'ambre, qui ont la forme d'une mamelle (*pl.* VII, 40). Dans le temple de Minerve à Lindos, on montrait, en effet, une coupe de ce genre, taillée dans un morceau d'ambre, et les prêtres disaient que ce vase, d'une très haute antiquité, rendait exactement les contours et les proportions du sein d'Hélène [7].

Il y a loin de là aux choses inanimées qui figurent aussi, quoique en petit nombre, parmi les sujets favoris des verriers. Rappelons-nous ces verres à boire, dont la panse, toute parsemée de nœuds, imite la massue d'Hercule. Au British Museum, on voit deux petits navires, l'un en pâte bleue, l'autre en verre verdâtre et reposant sur quatre pieds. Ce dernier, façonné au touret, vient des ruines de Pompéies et semble avoir contenu des bijoux d'or [8].

---

1. Deville, pl. 83, *a.* — Amphorisque en verre blanc de la collection Webb.

2. Elle est aujourd'hui au Musée de Londres.— D'autres têtes ont été publiées par MM. Fillon (*Art de terre chez les Poitevins*, p. 192, pl. nº 7 ; trouvée aux environs de Loudun) et Deville (pl. 52, *a*).

3. Un autre exemplaire avait fait partie de la collection Raoul-Rochette. Slade (nº 201) ; pl. coloriée VI, 1.

4. *Bonner Jahrbücher*, t. VII, pl. 5 et 6.

5. Sat. II, 95. Le scholiaste ajoute : In vitreum penem ; quos appellant drillopotas.

6. Verre bleu, décoré de stries verdâtres. Franks, *Kensington Museum*, p. 380. — Une petite main en verre, trouvée à Évreux, fait le même geste. Deville, pl. 82, *a*.

7. Pline, *Histoire naturelle*, l. XXXIII, 81 (probablement d'après Mucianus, qui venait de visiter l'île de Rhodes).

La coupe jaune, pl. VII, 40, a été rapportée de Syrie. Une autre, chez le comte Stroganoff, vient de Chypre. J'en ai vu deux chez M. Pacini, à Florence.

8. Slade, p. 26.

Un flacon du musée de Naples a la forme d'un marteau. D'autres représentent des barillets, garnis, en haut et en bas, de trois à six cercles en relief (*pl,* XXXI, 124 *et la vignette ci-dessous*). Les barils se trouvent exclusivement en France, en Belgique et sur les bords du Rhin [1], où, depuis l'époque romaine, on n'a pas discontinué d'en fabriquer. Ils portent souvent un nom de verrier, *Frontinus*, et une bavure longitudinale qui se voit des deux côtés du vase, atteste l'emploi d'un moule. Quelques-uns sont décorés d'un cartouche, comme s'il s'agissait d'un tonneau de vin avec son étiquette.

---

[1]. On en a trouvé neuf dans le cimetière romain de Neuville (Cochet, *Fouilles de Neuville-le-Pollet,* 1845, pl. n° 19).—Deville, pl. 57. 58. 60.—Mathon, *Vases en verre, trouvés à Beauvais,* pl. I, 13.—L'un des exemplaires de la collection Charvet (pl. **XXX,** 124), muni de deux anses, vient de Cologne. Il porte l'estampille du verrier : NERO.

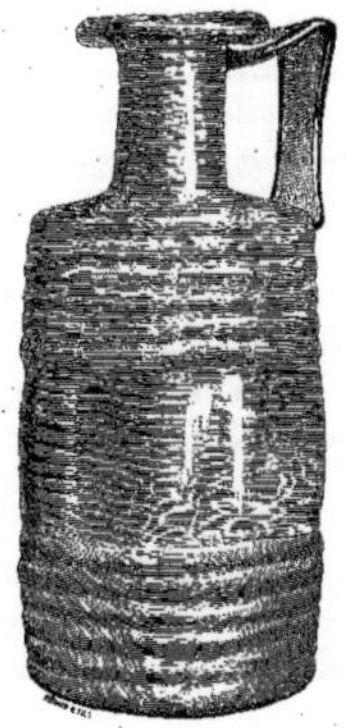

VIII

VERRES ORNÉS DE BAS-RELIEFS

Les verres à bas-reliefs forment un groupe considérable qu'il importe de diviser pour mieux le dominer. En se plaçant au vrai point de vue, on obtient d'ailleurs plus qu'une simple classification. Une série de petits tableaux qui se suivent logiquement et chronologiquement viennent s'offrir au regard. Les plus anciens se rattachent, par un fil encore saisissable, aux peuples qui ont cultivé, les premiers, l'art de la verrerie; les plus récents touchent aux confins du moyen âge. Nous allons en retracer le cadre et résumer les traits essentiels de chaque type.

A les prendre par ordre de date, ce sont les flacons à panse prismatique qui réclament tout d'abord notre attention. Là aussi il s'agit de verres moulés. Le corps du vase se compose de six panneaux, six carrés oblongs, bordés d'une double frise de feuilles ou de godrons[1]. La frise inférieure réunit la panse au culot; elle arrondit les angles; l'autre forme une espèce de coupole qui sert d'attache à l'anse et de support à l'embouchure[2]. Chaque face a son ornement. Sur les exemplaires qui viennent de Phénicie, on voit presque toujours deux grenades, alternant avec deux cédrats et deux grappes de raisin[3]. D'autres représentent des vases : un cratère, une amphore, trois aiguières de formes variées, une coupe chargée de fruits[4]; ou les

---

1. Il existe un flacon à panse octogone, orné de rosaces, de palmettes, de disques entourés de losanges, etc. Vente chypriote du 19 janvier 1875.

2. Je laisse les variantes de côté. Plusieurs de ces flacons n'ont pas d'anse, et d'autres ont la coupole lisse.

3. Voir p. 23 (vase au Musée judaïque du Louvre). J'en connais quatre, en pâte blanche opaque, trouvés à Tortose, et un cinquième, venant de Chypre (collection du comte Serge Stroganoff).

4. Verre bleu opaque de la collection Henderson. — Vente chypriote du 15 décembre 1873.

symboles du culte bachique : syrinx, flambeaux en sautoir, patère à libations, vases à vin (pl. IV, 16. XXVIII, 114)[1]. Une troisième catégorie se rapporte aux exercices de la palestre; car le disque, le strigile, la couronne de feuilles qui y figurent, ne laissent pas de doute sur la destination de ces flacons[2]. Une seule fois on voit à la place des symboles quelques masques de divinités romaines : de Saturne, je crois, de Mercure ailé et d'un dieu imberbe[3]. Le décor de ce genre de verres n'est donc pas choisi au hasard; il obéit à une règle; il forme un ensemble. Que ce soit la nature qui l'inspire, que ce soit la religion ou la vie publique, l'artiste ne suit qu'une idée à la fois, tout en multipliant les images qui peuvent la rendre. Et remarquons que la plupart de ces idées et de ces images ont leurs racines dans le sol grec. Même là où le sujet se distingue le moins des motifs chers à l'art sémitique, il n'est pas certain que les verres aussi soient d'origine sémitique. Ils sont grecs de style et de conception. Fabriqués à Sidon, comme c'est probable, ils ne sauraient être antérieurs au siècle d'Alexandre, et s'ils portaient des noms d'artistes, les légendes seraient en langue grecque. Naturellement, cette théorie ne s'applique pas aux verres ornés de masques; ces derniers sont de l'époque des Antonins.

A côté des flacons prismatiques, il existe toute une famille de verres qui s'y relient par leur ornementation. Voici un gobelet avec sa double ceinture de fraises ou d'arbouses en relief[4]. Voilà un verre à panse carrée et de couleur jaune d'ambre; chaque face est décorée d'un masque placé entre quatre anneaux[5]. Puis cette ampulle en pâte bleue (pl. IV, 21), où un rang d'arbres, séparés par des dithyrses, soutient des plants de vigne[6]. La fantaisie du verrier se meut volontiers dans le même cercle; elle ne déroge pas aux traditions reçues, et bien rarement un autre motif vient se glisser parmi ces types pour ainsi dire consacrés. Je citerai un vase de la collection Slade[7], où les dauphins et d'autres poissons prennent leurs ébats au-dessous d'une couronne de lierre. A Trèves et dans le cimetière de Saint Calliste à Rome, on a trouvé des coupes chrétiennes ornées de poissons et de coquillages[8]; un fragment de la collection Gréau porte un collier de coquilles; un flacon à huile, du Musée du Louvre, a sur chaque face une palme en relief. Encore faut-il que la forme du verre se prête à de telles innovations, l'art antique étant l'ennemi du contre-sens. La gourde, par exemple, avec ses valves, sa panse lenticulaire, ne supporte tout au plus que deux rosaces (pl. IV, 19)[9]. Moins exclusive, l'amphore aime les frises de godrons, les

---

1. Les verres de la collection Charvet viennent, l'un de Syrie (pl. IV, 18; pâte violacée; anse en pâtes opaques blanche et brune); l'autre d'Athènes (pl. XXVIII, 114; pâte bleue). — Voir Slade, nᵒˢ 179-181; pl. col. V, 2. 3.— Cesnola, *Cyprus*, pl. 3.

2. *British Museum* (pâte blanche opaque).

3. Verre jaune, trouvé à Heimersheim (Emele, pl. VI, 8).

4. Musée de Rouen. Deville, pl. 24, B.

5. Collection Webb, South-Kensington Museum.— A l'Exposition universelle de 1878, j'ai vu deux petits flacons à panse carrée, l'un en pâte bleue, l'autre en pâte jaune, et ornés chacun de quatre masques.

6. Rapportée de Grèce.

7. Nᵒ 202; pl. coloriée VI, 2. Panse globulaire; pâte blanche avec une nuance bleuâtre.

8. De Rossi, *Bulletin*, 1873 (pl. IX), éd. française.

9. Pâte jaune chrysolithe; trouvée en Grèce.

rinceaux (pl. IV, 16) [1], le treillis, la couronne de laurier. Deux coupes du musée Campana, en verre blanc translucide, sont entourées de guirlandes de fleurs en pâtes de couleur. Mais le verre à boire *(Vignette p. 63 et pl. XXVII, 112)* [2] ne se refuse à aucun ornement, qu'il soit simple ou compliqué, pourvu qu'il ait de la grâce.

Rien n'est plus instructif, à ce point de vue, que l'œuvre d'Ennion, les huit vases ou fragments de vases que nous possédons de lui. Un amphorisque, un flacon hexagonal et six verres à boire : voilà cette œuvre. Par sa forme et son décor, le verre de la collection Charvet (*pl.* XXVI) se rapproche le plus de ceux que nous avons placés en tête de la série. La panse, s'amincissant vers le pied, a six faces encadrées de cordonnets et surmontées de tympans demi-circulaires. Chaque face représente un symbole du culte bachique, suspendu soit à une palmette, soit à une branche de lierre. On y distingue un masque, un canthare, la double flûte, l'aiguière, la syrinx, puis l'estampille du verrier : Ἐννίων ἐπόησεν, qui occupe le sixième panneau. Les tympans sont ornés d'étoiles alternant avec des disques, et d'élégantes palmettes cachent les nervures de la coupole [3].

L'amphore, qui fait partie du musée de l'Ermitage [4], est divisée en plusieurs registres. Elle rappelle de loin les vases cannelés de la Grande-Grèce. Autour du pied et de l'embouchure, une frise de godrons; au milieu, des imbrications et les mots Ἐννίων ἐποίει sur une tablette à queues d'aronde, prise entre les spirales d'une convolvulacée. Dans les intervalles, une bordure de palmettes et une couronne de pampres. Tous ces décors sont si heureux dans leur à-propos, leur beauté simple, leur aisance et leur variété, qu'on admire sans réserve.

Il en est de même des verres à boire, où la marque de fabrique a presque toujours pour pendant une seconde tablette avec l'inscription : μνήθῇ (pour μνησθῇ) ὁ ἀγοράζων [5], *que l'acheteur se souvienne!* Ces verres ont tantôt la forme du *scyphus*, tantôt ce sont de petites coupes cylindriques à deux anses, de pâte bleue, blanche, jaune, verdâtre. Le scyphus de Carezzana, trouvé avec une monnaie de l'empereur Claude, est divisé en deux frises, l'une de godrons, l'autre de cannelures qui encadrent la tablette [6]. Celui de Refrancore a une triple zone d'ornements : au-dessous des cartouches, entourés de pampres et de feuilles de lierre, on voit un grènetis et une résille [7]. Sur la tasse de Bagnolo, les cartels avec leur frise de lierre fleuri et de feuilles de vigne surmontent un rang de cannelures, tandis que le fond du

---

1. Pâte lie de vin; anses blanches; trouvée en Syrie.

2. Le gobelet, pl. XXVII, 112, vient de l'île de Chypre. Il est orné de feuilles de lierre et de grappes de raisin en relief.

3. Verre bleu, trouvé dans une des nécropoles de Chypre, 1876.

4. Stephani, *Antiquités du Bosphore Cimmérien*, pl. 78. — Deville, pl. I, a.

5. Les lettres du dernier mot sont quelquefois interverties : ἀγοράζω.

6. Pâte bleue (Musée de Turin). Voir Luigi Bruzza : *Iscrizioni antichi Vercellesi* (Roma 1874). p. 375.—Maggiora-Vergano, *Coppa di vetro*, pl. 5, 2.

7. Pâte vert de mer; trouvé en 1875, près d'Asti. Maggiora-Vergano (et A. Fabretti), *Coppa di vetro di Refrancore* (Torino, 1876).

verre se dérobe sous un réseau [1]. Il en est de même du fragment de Borgo-San-Donnino [2]. Je ne doute pas que ces vases n'aient été fabriqués à Sidon ; les fautes d'orthographe indiquent suffisamment qu'ils viennent d'un pays hellénisé, non de la Grèce propre. Et comme les produits de Sidon avaient leurs débouchés dans toutes les provinces de l'ancien monde, faut-il s'étonner que les verres d'Ennion se retrouvent aussi bien dans l'Italie du Nord qu'en Sicile, en Chypre ou sur les rives du Bosphore cimmérien ?

J'arrive à une classe, encore peu nombreuse, de verres grecs qui portent des inscriptions d'une autre nature. Sur un verre à boire de la collection Charvet (pl. XXX), on lit, au milieu de palmes et de couronnes : Λάβε τὴν νείκην, *prends le prix de la victoire* [3]. Sur l'exemplaire du Musée britannique, la même légende (λάβε τὴν νίκην), divisée en quatre groupes de lettres, est entourée de qutare couronnes de laurier, c'est-à-dire des prix mêmes dont parle l'inscription. Il n'y a pas longtemps, les fouilles de Cornus, en Sardaigne, ont mis au jour un verre analogue, avec la légende : Εἰσελθὼν λάβε τὴν νίκην, séparée par deux palmes [4]. Ces phrases et ces symboles peuvent s'adresser aux vainqueurs dans les jeux publics, soit aux athlètes, soit à ceux qui concouraient pour un prix de musique ou de poésie. Mais il est plus probable qu'il s'agit d'une lutte bachique, d'un ἀγὼν πολυποσίας. La troisième inscription ajoute à la formule usuelle le mot εἰσελθών : *viens prendre la palme du vainqueur ;* et si tout ne me trompe, elle est métrique, car elle constitue un vers glyconien.

Après la victoire, le banquet. *Sois gai* (εὐφρένου), dit le verre au buveur [5], *sois gai, car c'est pour boire que tu es venu* (ἐφ' ᾧ πάρει εὐφραίνου) [6]. On dresserait une longue liste de ces acclamations conviviales ; sur les vases de terre on les compte par centaines, et rien n'est plus fréquent que le BIBE VIVAS ou πίε ζήσαις (*bois et puisses-tu vivre longtemps*) des verres chrétiens. Quelques coupes de Chypre disent : *Réjouis-toi et sois de belle humeur !* Mais les mots grecs qui expriment cette pensée (κατάχαιρε

---

1. Pâte jaune d'ambre [Musée de Catajo]. Cavedoni, *Indicazione dei principali monumenti antichi del Museo Estense del Catajo* (Modena, 1842), p. 12. — Annali dell' Instituto, 1844, p. 161-166 (pl. G). — Corpus inscript. græc., 8485. — Raoul-Rochette, *Lettre à M. Schorn*, p. 435. — Deville, pl. I, *b*.—Maggiora-Vergano, pl. V, 3.

2. Pâte blanche. Annali dell' Inst., 1844. p. 161 (pl. G). -- Maggiora-Vergano, pl. V, 4.—Ce verre se trouve, depuis 1846, au Musée de Parme.

Le fragment de Solonte, en Sicile, ne porte que le cartel du revers. Salinas, *Scavi di Solunto*, pl. I, 13.

3. Verre blanc, trouvé à Coudiat-Ati (province de Constantine). *Annuaire archéologique de Constantine*, 1866, p. 41. 50.—M. Héron de Villefosse (*Verres antiques trouvés en Algérie*, p. 10) pense qu'il s'agit d'un objet chrétien du cinquième siècle ; mais la forme des lettres n'est pas favorable à cette assertion. Le verre est antérieur au principat d'Auguste.

4. *Bull. dell' Instituto*, 1863, p. 213.

5. Ancienne collection Durand, n° 1490. L'auteur du Catalogue, M. de Witte, avait pris le mot εὐφρένου pour un nom de verrier ; et, en effet, à la p. 512, Euphrénus figure dans sa table des artistes. Cette erreur a été relevée par Raoul-Rochette. — Deville, pl. 26. — Slade, p. 31 ; verre jaune.

6. Deville, pl. 27. Verre godronné à sa base, se rétrécissant vers le culot, et orné d'une frise d'enroulements. On y lit : ἐφ' ᾧ πάρει. — Verre jaune du Musée de Leide, semblable au précédent, mais sans les rinceaux. *Bonner Jahrbücher*, t. XVI, 72 (pl. 2).

ou καταίχαιρε καὶ εὐφραίνου)[1] ne sont pas complétement traduisibles; ils renferment un mépris des soucis ou des envieux qu'aucune autre langue ne saurait rendre avec la même concision.

Je crois que ces exemples prouvent ce qu'il fallait prouver : le rapport intime entre le décor du verre et sa destination. S'il s'agit d'un verre à boire, c'est la vigne, ce sont les symboles du culte de Bacchus qui fournissent à l'artiste les motifs principaux. Un auteur ancien décrit un cratère en cristal de roche[2] qui représentait Bacchus plantant un cep de vigne. Les grappes de raisin qu'on y voyait suspendues semblaient mûrir à mesure qu'on y versait du vin.

Dans nos collections, les verres grecs ornés de figures en relief sont d'une extrême rareté. Je citerai celui de Saint-Pétersbourg, où quatre divinités se tiennent debout sous un péristyle de colonnes cannelées, dont les chapiteaux, d'ordre ionique, sont décorés de guirlandes. On reconnaît facilement Neptune avec son dauphin et son trident; Mercure (?) portant une bourse et un caducée; Bacchus avec la panthère; Jupiter (?) armé du foudre et tenant l'aigle sur sa main[3]. Dans son roman, Apulée dit des vases de ce genre : *vitrum fabre sigillatum*[4].

Mais la plupart des *vasa sigillata* ont une physionomie différente; ils sont d'art romain, et c'est à la vie romaine qu'ils empruntent leurs sujets. Les jeux de cirque, les com-

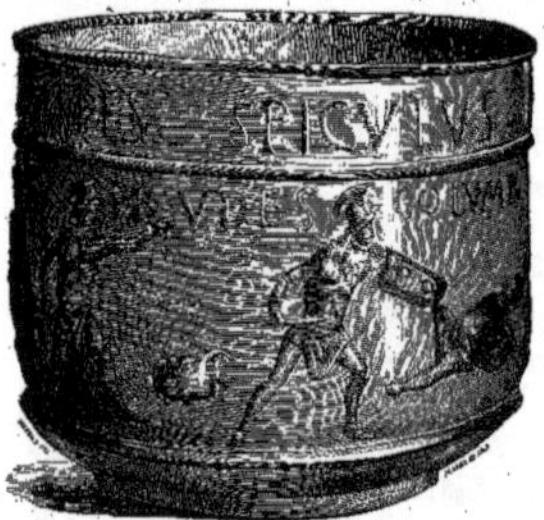

bats de gladiateurs s'y étalent dans leur monotonie ou avec leurs contrastes, et nous assistons à la lutte, comme si l'arène venait de s'ouvrir. On ne me demandera pas d'analyser les quinze verres entiers ou fragmentés qui rentrent dans cette catégorie. Je ne m'arrêterai qu'aux plus importants.

La coupe de la collection Charvet (pl. XXI, 92 *et la vignette ci-contre*) a été trouvée à Montagnole près de

---

1. Je connais cinq exemplaires de verres blancs portant cette inscription. Ils sont de forme cylindrique, ornés de filets et de palmes en relief :
   a. Verre trouvé à Cornus, en Sardaigne. *Bull. dell' Inst.*, 1863, p. 214.
   b. Collection Slade. Harrison, pl. 895.
   c. Musée Fol, à Genève (Catalogue, t. II, 3529).
   d. Collection du comte Serge Stroganoff. Trouvé à Dali, Johannes Dœll, *Sammlung Cesnola*, p. 71.
   e. Verre brisé. Vente chypriote; Paris, 19 janvier 1875.

2. Ὑάλου ὀρωρυγμένης. Achilles Tatius, l. II, 3.

3. Stephani, *Compte rendu*, 1874, p. 25 (pl. I, 9. 10). Les figures sont imparfaitement poussées dans le moule, de sorte qu'il subsiste des doutes sur l'identité de deux d'entre elles. — Verre à boire, en pâte verdâtre, trouvé à Panticapée, en 1873.
Sur un gobelet en verre verdâtre, trouvé, vers 1850, à Bourgoin (Isère), on voit cinq divinités debout : Minerve, Mars, Vulcain, Bacchus et un Satyre. Fochier, *Souvenirs historiques sur Bourgoin, Saint-Chef et Maubec*, p. 4.

4. Liv. II, 19.

Chambéry[1]. On y voit quatre paires de gladiateurs, séparées par des palmes. Chaque combattant est coiffé d'un casque, vêtu d'une espèce de pagne, le *subligaculum*, armé d'une jambière, d'un poignard et d'un bouclier convexe. Ce sont des Samnites; ils appartiennent tous à la même arme. Les noms des vainqueurs : *Gamus*, *Calamus*, *Tetraites*[2] et *Spiculus*, se déroulent autour de l'orifice en magnifiques caractères du premier siècle de notre ère; ceux des vaincus : *Merops*, *Hermes*, *Prude(n)s*, *Columbu(s)*, sont en lettres plus petites et remplissent le champ. Notez que plusieurs de ces noms nous sont connus, soit par les auteurs classiques, soit par les inscriptions contemporaines. Le groupe de Tetraites et Prudens se retrouve sur trois autres verres, sans compter un graffite de Pompéies. Il n'est donc pas douteux que l'artiste n'ait reproduit des jeux célèbres, qui auront eu lieu sous le règne de Néron ou d'un de ses prédécesseurs. Je tiens même pour certain qu'il a copié un vase d'argent, un de ces *pocula pondgrosa* dont il est question dans le roman de Pétrone[3].

En effet, au revers des figurines et des moulures, c'est-à-dire à l'intérieur de la coupe, on aperçoit toujours de légères dépressions, comme s'il s'agissait d'une lame de métal repoussée. La ressemblance est telle qu'un auteur ancien a pu s'y méprendre et croire que les bas-reliefs en verre et en argent s'obtenaient par le même procédé[3].

Je renonce à décrire les verres semblables[4]; ils méritent plutôt une étude à part, une comparaison avec l'œuvre des céramistes romains, qui ne saurait en être séparée et dont il se dégagerait certainement une quantité de remarques neuves et instructives. Ce qui m'attire plus, c'est cet autre genre de reliefs, les jeux de cirque, qui décorent un petit nombre de coupes exactement pareilles à celle de Montagnole. Sur le verre de Charnay, quatre chars se suivent au galop, séparés par des mâts qui se dressent au point de départ et au point d'arrivée des quadriges. Ils rappellent les quatre factions du cirque romain, les blancs, les rouges, les verts et les bleus (*albati, russati, prasini, veneti*). On est en pleine course et le vainqueur n'est pas encore proclamé. Dans le bas, une frise d'arabesques fait le tour du vase; mais il n'y a pas de légendes

---

1. Pâte jaune translucide. Trouvée en 1856 avec une urne cinéraire, remplie d'ossements brûlés, et une lame de poignard en fer. *Mém. de la Société savoisienne*, II, 25. VIII, xviii. —*Revue archéologique*, 1865, t. II, 305 (pl. XX). — Baudot, *Notice*, pl. 2. — Allmer, *Inscriptions de Vienne*, pl. 38, 24.

2. Les manuscrits de Pétrone écrivent : *Petraites* (ch. 52. 71); le verre de Lillebonne : PETRAHES; celui de Chavagnes : [*P*]ETRAIIES; car la première lettre ne semble pas certaine. Celui de Vienne n'a que [*PETR*]AITES, avec un *i* long. Un graffite de Pompéies confirme la leçon du verre de Montagnole : *Tetraites*. En ne consultant que l'étymologie, je préférerais cependant *Petraites*, car le nom doit être un ethnique, comme Παυτακαπαιτης.

3. Pline, 1. XXXVI, 193 : Aliud argenti modo cælatur. — Quintilien connaissait mieux les qualités du verre (II, 21, 8-9).

4. *a*. Verre jaune clair, trouvé, en 1848, au Cormier, près de Chavagnes-en-Paillers (Vendée). Fillon, *Art de terre*, p. 192-195. Deville, pl. 49, *a*.
b. Verre verdâtre, trouvé à Heimersheim (Hesse rhénane). Emele, p. 23 (pl. VI, 9).
c. Fragment trouvé à Lillebonne, en 1867, [Musée de Rouen]. Pâte verte, *Revue arch.*, 1867, t. II, 151. Deville, pl. 49, *c*.
d. Fragment du Musée de Vienne en Autriche. Pâte verte. Arneth, *Caineen*, pl. 22, 5, Sacken et Kenner, *Sammlungen des Münzcabinets*, p. 458. Deville, pl. 49, *b*.
e.-h. Quatre fragments, dont trois en pâte incolore [Musée Brit.] et un en pâte verte.

au-dessus des concurrents [1]. Le verre de Trouville compte le même nombre de chars ; les auriges tiennent des couronnes ; leurs noms sont inscrits sur la frise qui entoure l'orifice, tandis que la bordure inférieure représente une chasse [2]. Sur la coupe de Colchester, l'artiste a divisé son sujet en le groupant sur deux registres. Dans le haut, la *spina* du cirque romain avec ses autels, ses édicules, ses colonnes surmontées de statues, son obélisque, le temple de Cybèle, les *phalae* avec les sept œufs et les sept dauphins. Au-dessous, les quadriges, disposés par paires et se dirigeant au galop vers la gauche ; puis, sur le bord supérieur, les noms des trois vaincus, suivis du salut d'adieu (*vale*). Le vainqueur seul reçoit le salut de bienvenue (*ave*) [3]. Dans tout

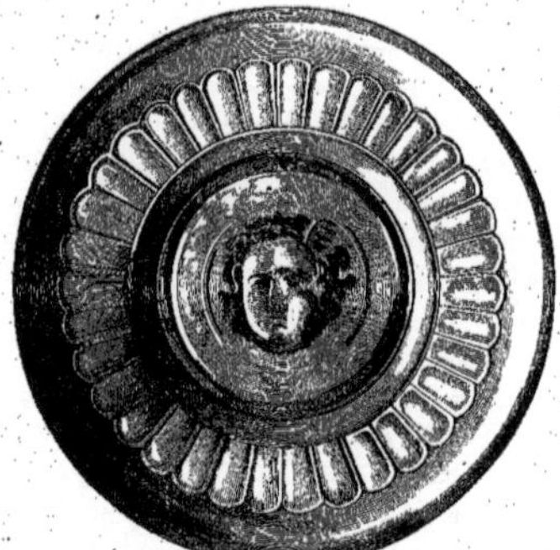

cela, il n'y a nulle fiction, nul effort de la pensée artistique ; on s'en tient à la reproduction pure et simple de la réalité. C'est moins un sujet qui se développe qu'un groupe qui se multiplie.

Il me reste à citer un dernier vase de cette série, la coupe de Hartlip, où les jeux de cirque et les combats de gladiateurs se trouvent réunis et accompagnés d'une double frise de légendes [4]. Plus complet que les autres, il a plus d'intérêt pour la science sans avoir plus d'agrément pour l'homme de goût. Le Romain ne sait pas idéaliser ; il suit son instinct pratique, et ce qui s'en écarte reste étranger à sa veine.

---

1. Verre verdâtre. Baudot, *Notice sur les vases antiques en verre représentant les jeux et les combats du cirque et de l'amphithéâtre*, Dijon, s. d. (pl. I).
Un fragment de verre semblable a été décrit par Roach Smith : *Catalogue of the Museum of London Antiquities* (1854), p. 48. — Un autre, en pâte vert clair, trouvé à Autun, fait partie du Musée de Sèvres.
2. Deville, pl. 51, *a*. — Les inscriptions sont mal lues ; à la place de BVFYCHBVA, il y a évidemment EYTYCHE VA(*le*)

3. Pâte verte [Musée Britannique]. *Bulletin mensuel de l'Académie de Berlin*, 1868, p. 87 (Article de M. Hübner, traduit en français dans le *Bulletin archéologique de Tarn-et-Garonne*, 1869, avec une planche). *Arch. Anzeiger*, 1867, p. 130*. *Corpus inscript. lat.*, t. VII, 1273.
4. Pâte verte. Roach Smith, *Coll. antiqua*, t. II, 17. Deville, pl. 51, *b*. *Corpus inscript. lat.*, t. VII, 1274.

Tels sont les genres principaux des verres à reliefs. Il serait impossible de les énumérer tous, de noter chaque variété. Nous avons déjà parlé des marques de fabrique, qui sont aussi en relief, pour la plupart du moins, mais qui occupent un rang secondaire. Je n'en rappellerai donc qu'une seule : la Victoire entourée de la légende : VICTORIAE AVGVSTOR*(um)* FEL*(ici)* [1]. Ce type, copié sur un médaillon de Trajan-Dèce ou d'Hostilien César (249-251), nous fournit un indice chronologique des plus précieux [2].

Avant de passer à un autre chapitre, je dois signaler quelques rares spécimens de la vaisselle plate, dont le décor, approprié à la forme du verre, diffère beaucoup de celui des coupes. Une patère, trouvée à Rome, porte au centre le masque de Méduse, bordé de cercles concentriques et d'une frise de godrons qui ressemblent aux pétales d'une fleur (*voir la vignette*, p. 69). Au Musée britannique, on voit un grand plateau en verre incolore, orné d'une rosace et de dentelures découpées. La poterie antique présente souvent les mêmes motifs, le gorgonéion et la rosace centrale; les orfèvres en avaient également fait leur profit. Ces artistes ne cherchaient pas le neuf, ils se contentaient du beau, d'un modèle célèbre qu'ils ne cessaient de reproduire, tantôt en le copiant, tantôt en le rajeunissant. C'est pour cela que nous voyons partout des types identiques. Le potier et le verrier les pressent ou les soufflent dans un moule, le monétaire les grave sur un poinçon, le ciseleur les reporte sur ses vases de métal. Mais au fond, il n'y a que la matière qui change. Le sujet se perpétue et se transmet, avec une merveilleuse ténacité, d'un âge à l'autre.

---

1. Ampulle trouvée à Strasbourg, en 1720. Schœpflin, *Alsatia illustrata*, t. I, 513. Oberlin, *Museum Schoepflini*, p. 106. M. Brambach (*Corpus inscript. rhenan.*, n. 1889) ose douter de l'authenticité du verre; mais ces naïvetés ne tirent pas à conséquence. — Comparez Caylus, *Recueil*, t. III, 306 (pl. 83, 3-4), et la légende : VICTORIAE AVGVSTOR FEL, citée par M. Mommsen, *Corpus inscript. lat.* t. V, 2, n. 8118, 1. J'en connais un quatrième exemplaire, trouvé à Rome (*Arch. Zeitung*, 1868, p. 71); mais ce dernier a été mal interprété.

2. Frœhner, *Médaillons de l'Empire romain*, p. 203.

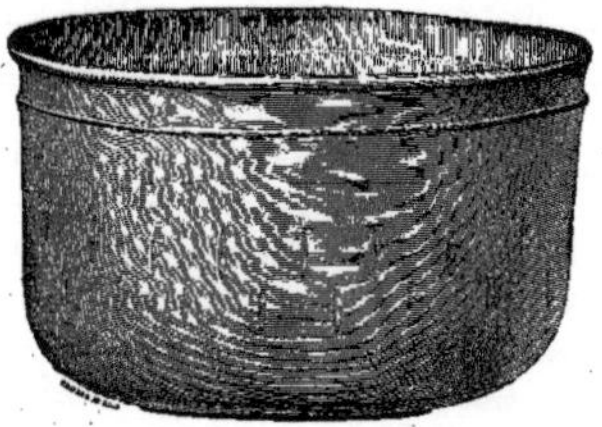

IX

VERRES A DÉCOR GÉOMÉTRIQUE

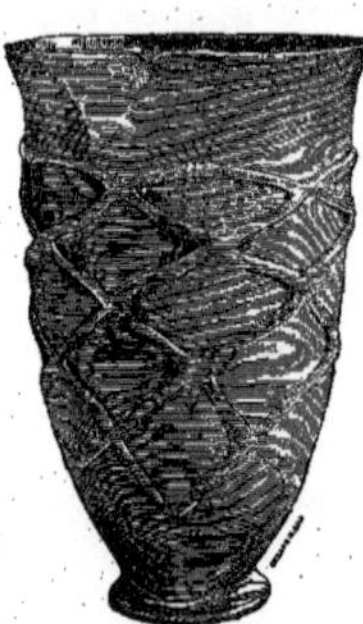

Le décor linéaire est la première révélation du sentiment artistique, le premier geste que l'art fait à son réveil. Il naît par une sorte de génération spontanée, et dans le berceau même de l'humaine culture. Tous les peuples le reçoivent en partage : les Sémites, les Indo-Européens, les races primitives de l'Amérique. Après avoir régné en maître pendant bien des siècles, il se contente d'un rang plus effacé, jusqu'aux débuts du moyen âge où il reprend son empire. Ce serait une étude pleine d'intérêt que de le suivre dans cette longue carrière.

Les verres à décor linéaire peuvent se diviser en plusieurs groupes.

Nous connaissons les vases opaques dont l'ornementation, d'abord très simple, se complique et s'anime par degrés *(pl.* I. II). La main de l'ouvrier commence par s'essayer d'instinct, puis, à mesure qu'elle devient plus habile, son œuvre gagne en hardiesse et en variété. La ligne se prolonge, s'incline, se relève avec une merveilleuse souplesse. Ici elle se multiplie, là elle se transforme en ruban, en guirlande, en dentelures qui enserrent la panse, ou elle se déploie en ondulations pleines de fraicheur et de charme. Le fil de verre est une ligne vivante qui se prête à tous les caprices de l'artiste. En relief, ou emprisonné dans la pâte, il court comme en pleine liberté. Les vases de cette fabrique sont les modèles du genre; on ne fera jamais mieux.

Le décor géométrique convient surtout aux verres moulés. Une timbale en pâte blanche, trouvée dans la nécropole de Dali, est ornée de cercles concentriques, séparés par deux rangs d'annelets [1]. Ces anneaux sont quelquefois imprimés en creux et ponctués au centre (*pl.* VIII, 46); ils forment une espèce de chaîne ou de collier lorsque leurs circonférences se coupent [2]. Un des motifs favoris du verrier est le treillis, dont les mailles sont également décorées de perles ou d'annelets, les unes au milieu du carreau, les autres là où les baguettes se rejoignent et se croisent [3].

Souvent le flacon tout entier est enrubané d'un fil de verre qui se déroule en spirale. Des vases blancs (*pl.* VIII, 43. 45. XIII, 74. XXIX, 118; *vignette*, p. 36), bleus (*pl.* X, 58), bruns, verdâtres [4], cerclés d'un fil en pâte incolore, se voient dans toutes les collections. Ils rappellent un passage de Théophile, qui savait que les Byzantins fabriquaient de son temps, au Xe siècle, des ampulles et des coupes en verre pourpre et bleu de ciel, et qu'ils aimaient à les revêtir de fils blancs, *filis ex albo vitro factis* [5]. Mais la plupart de ces vases ne portent qu'un collier (*pl.* VI, 33. XXV, 102, *et les vignettes*, p. 73 et 75) [6], un semblant de décor, ou des nervures denticulées qui forment les attaches de l'anse. D'autres motifs : le réseau (*pl.* XXVIII, 115 *et vignette*, p. 71 [7]), la guirlande, la ligne d'eau, les entrelacs, les dents de loup, sont moins communs, et parfois la variété des couleurs en double le prix. Il y en a qui se refusent à toute description (*pl.* X, 60). Je ne veux pour exemple que ces flacons en verre incolore, dont la panse est couverte de lignes polychromes, bizarrement contournées (*pl.* XXV, 105. XXVII, 108) [8]. Sur qui sait apprécier de tels détails, ils font une impression unique. Tantôt grave et simple, tantôt animé par un mélange de courbes et de carrés et se complaisant dans ces gracieuses alternances, tantôt d'une audace que rien n'arrête, le décor linéaire offre à l'étude un sujet inépuisable.

Je passe à une famille de verres qui rentrent de droit dans la même catégorie : les vases côtelés ou godronnés. Le godron et la côte ont un but pratique; c'est la mission de l'art de ne pas méconnaître ce but, de le dissimuler plutôt sous un double voile : le dessin et la couleur. Sur les bas-reliefs assyriens, on voit déjà des coupes à godrons. Le plus beau verre qui porte ce genre de décor est un grand canthare bleu, trouvé aux environs d'Amiens [9]. Après lui, l'ampulle, la fiole bursiforme, la patère [10], la coupe, se prêtent le mieux

---

1. Je l'ai acheté, en 1868, pour le Louvre, à M. Tiburce Colonna-Ceccaldi. Un second exemplaire fait partie de la collection Slade.

2. Le vase de la coll. Charvet a été trouvé à Arles. Une petite œnochoé semblable fait partie de la coll. Slade.

3. Coupe godronnée de la coll. Disch (en pâte rouge foncé), trouvée à Cologne en 1865. *Bonner Jahrb.* XLI, 145 (pl. 4). — Amphorisque en verre incolore et Rhyton en pâte jaune de la coll. Slade.

4 Ampulle piriforme, ornée de fils en relief, parsemés de petites perles; trouvée au Heidenhübel, en 1860. *Commission des monuments hist. de l'Alsace,* 2e série, t. I, 102.

5. L. II, 14.

6. Flacon en verre blanc, avec un filet rouge pâle enroulé autour du col. Trouvé à Grues (Vendée). Fillon, *Art de terre*, p. 196.

7. Le verre gravé p. 71 a été trouvé à Mayence.

8. Houben, *Xanten*, pl. 38, 5. — Cochet, *Normandie souterraine*, pl. III, 19 (trouvé à Dieppe); pl. I, 45 (trouvé à Cany). — *Bonner Jahrb.* XXXIII, 229 (pl. III, 1); trouvé à Gelsdorf. — Coll. Slade, n°s 226. 257 (p. 42). — Deux exemplaires, dont une gourde plate, au Musée britannique; trouvés à Crefeld. — Deville, pl. LIV *bis* (flacon piriforme). — Cesnola, *Cyprus*, pl. 3.

9. Musée britannique. Voir le cat. Pourtalès, n° 1401. — Harrison, pl. 894. — Deville, pl. 61.

10. Fragment de la coll. Gréau.

aux plissures du godron et à ses saillies arrondies que les Grecs comparaient à un rang de massues (ποτήρια ῥοπαλωτά). Quant aux vases côtelés (*vasa costilata*), ils sont innombrables. Les côtes (*costulæ*), faibles ou saillantes, serrées ou espacées, droites ou penchées, conviennent surtout à l'amphore (*pl.* XX, 90), à la patère (*pl.* XVIII, 86), à la coupe multicolore (*pl.* VII, 39. XXIX, 120. 121) [1], où parfois on les remplace par des baguettes en torsade. Une carafe d'Amiens (*pl.* XVI), du galbe le plus élégant, à la panse conique, à l'anse plate et munie d'une attache appendiculée, porte aussi son réseau de nervures; mais c'est par exception, car je n'en ai pas rencontré ailleurs. Il en

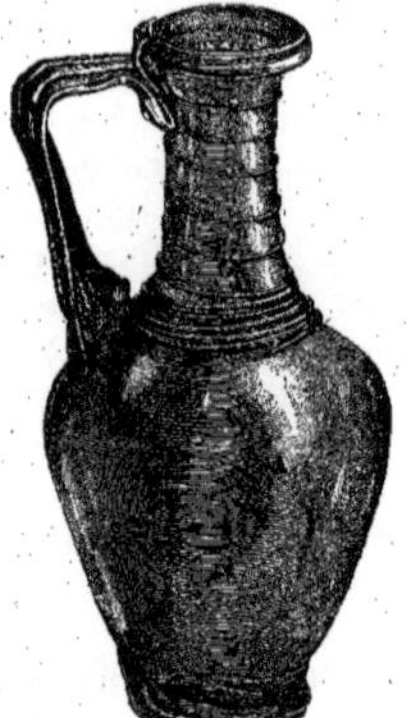

est de même d'une fiole blanche de la collection Temple, dont les éperons présentent une saillie telle qu'ils ressemblent à des croissants posés de champ sur le corps du vase [2].

L'étude des verres à décor linéaire est intimement liée à l'étude de la céramentique. Les traits de comparaison abondent, et ils n'ont pas échappé aux auteurs anciens. Dans le *Banquet des Sophistes* [3], on parle d'Alexandrie et de ses verriers qui imitaient les vases de terre de toute provenance, car les mêmes besoins créent les mêmes goûts. Entrons un instant dans une de nos grandes collections de vases peints, celle de l'Ermitage par exemple, pour vérifier le fait et en constater la portée.

M. Stephani, qui a dressé le catalogue de cette collection, compte jusqu'à trois cents variétés de formes [4]. Eh bien! sur ces trois cents, plus d'un tiers ont servi de modèle aux verriers. Je serais surpris s'il en était autrement de la poterie gallo-romaine [5].

Quelques vases à vernis rouge ou noir, c'est-à-dire de ceux qui sont indubitablement gallo-romains, nous aideront d'ailleurs à mesurer le degré précis dans lequel les verriers se sont rapprochés des céramistes. Il s'agit des poteries dont la panse, conique, sphérique ou cylindrique, a reçu des renfoncements qui lui donnent l'aspect d'un vase

---

1. Un bol côtelé, en verre verdâtre, trouvé à Grues (Vendée) en 1862, est orné de dentelures jaunes et d'une légende (EVTVCHIA) en pâte blanche rapportée. Fillon, *Art de terre*, p. 196. — Deville, pl. 66. Les coupes multicolores se trouvent surtout en Toscane, plus rarement dans le Midi de la France.

2. Comparez cependant le vase de Dieppe, publié par Cochet, *Normandie sout.*, p. 81 (pl. II, 17).

3. Athénée, XI, 784 : Κατασκευάζουσι δὲ οἱ ἐν Ἀλεξανδρείᾳ τὴν ὕαλον, μεταρρυθμίζοντες πολλαῖς καὶ ποικίλαις (vulg. πολλάκις πολλαῖς) ἰδέαις ποτηρίων, παντὸς τοῦ πανταχόθεν καταχομιζομένου κεράμου τὴν ἰδέαν μιμούμενοι.

4. *Die Vasensammlung der kais. Ermitage* (St-Pétersbourg, 1869), t. II, pl. 1-6.

5. *De la poterie gauloise; étude sur la collection Charvet par* Henri du Cleuziou (Paris, 1872).

à côtes. On connaît beaucoup de verres de ce type, des gobelets à quatre, cinq, six ou huit compressions longitudinales, parfois très profondes et s'arrêtant vers le milieu de la panse ou un peu au-dessous du bord (*pl.* XIV, 81. 82. XXVII, 111 ; *vignette*, p. 52). Leur coupe horizontale serait une rosace avec autant de feuilles qu'il y a de renfoncements. L'ampulle et le lécythe aiment la même ornementation (*pl.* XIII, 74), et j'en ai vu dont les dépressions sont si fortes qu'à peine il reste un tube pour y introduire le liquide. En terre, les vases de cette famille ont les parois excessivement minces ; ils rappellent les deux amphores du temple d'Erythres, qui ne se distinguaient que par cette qualité et qui étaient le résultat d'une gageure entre le maître et le disciple. La pâte vitreuse a la légèreté d'une plume. C'est que le verrier ne se contente pas de reproduire, tant bien que mal, une forme donnée ; il vise à la copie exacte, à la même ténuité des parois. L'imitation est aussi complète que possible.

Mais ces renfoncements ont, eux aussi, leurs variétés. Ils ne sont pas toujours tracés dans le sens de la longueur, et bien des vases, ampulles (*pl.* VII, 37. IX, 50. 51) ou verres à boire, ont des dépressions circulaires, faites à l'aide d'un crochet de fer à vive arête. C'est un continuel effort, une verve qui s'exerce sans relâche à tirer parti du moindre motif qui se présente.

On pourrait grossir ce chapitre en y admettant les verres bosselés, annelés (pl. VI, 34. XII), canaliculés [1], taillés à facettes ou ceux qui sont tarés par des linéaments gravés à la pointe. Mais nous aurons l'occasion d'y revenir.

Il ne me reste donc qu'un seul genre de décor à citer, la torsade moulée, qui fait l'ornement de trois magnifiques aiguières, découvertes à Beauvais, en 1863, dans le tombeau d'une jeune fille. Ces vases, de forme conique, sont des chefs-d'œuvre d'élégance et de goût (pl. XIX) ; ils n'ont leurs pareils dans aucune collection. Les anses se composent d'une série d'anneaux, tressés en filigrane. On a trouvé dans le même cercueil un Grand Bronze de Postume *(voir la planche en regard du titre)* qui peut servir à déterminer l'époque de l'inhumation, la fin du IIIe siècle. C'est aussi l'âge des colonnes en torsade et des sarcophages ornés de rainures en spirale, l'âge des premiers monuments chrétiens. La collection Charvet est particulièrement riche en verres de cette famille ; ceux de Luxembourg (*pl.* XVII), de Montmerle (*pl.* XXVII, 110), de Vaison (*pl.* XVIII, 87), constituent un ensemble qui réunit toutes les nuances du genre et qui prouve combien l'art romain, alors en pleine dégénérescence, avait encore de sève et de retours vers le passé.

---

1. Deville, pl. 39.

X

VERRES SANS DÉCOR

FORMES, COULEURS, OXYDATION

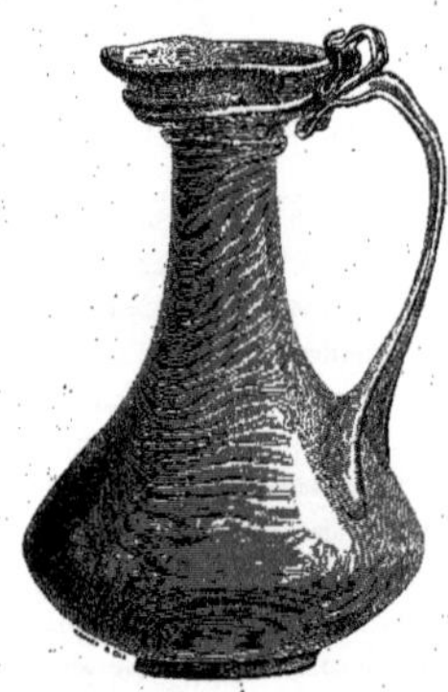

Les verres sans décor forment le groupe le plus nombreux et en même temps le moins facile à classer. Provenance, fabrique, destination, diversité des époques : toutes ces questions viennent se poser à la fois, et il n'est pas toujours possible de mettre d'accord des éléments si dissemblables.

La classification de la poterie grecque a été tentée à plusieurs reprises, et par des érudits d'une grande valeur. Après avoir relevé, dans les auteurs anciens, les termes qui servaient à désigner les vases, on a voulu les appliquer aux monuments; mais ce travail, par son objet autant que par la nature des sources où nous sommes contraints de puiser, ne pouvait aboutir à un résultat sérieux.

On n'a donc pas essayé de recueillir les termes latins qui se rapportent à la poterie ou à la verrerie. C'est un champ absolument inculte.

Pour combler la lacune, j'aurais voulu relire tous les écrivains de l'antiquité : historiens, grammairiens, lexicographes, poëtes, et en extraire les passages qui intéressent l'histoire du verre. Mais les grands projets demandent de grands loisirs. Je me suis contenté de moins, en notant ce que mes lectures, depuis cinq ou six ans, m'ont suggéré dans cet ordre d'idées. La liste que je publie en est le résumé et le fruit.

I. TERMES GÉNÉRIQUES

Ἀγγεῖον, σκεύη ὑαλᾶ ou ὑέλινα, en latin *vitrea* et *vitreamina*. — Au moyen âge, on appelait *vitrioli* les petites fioles en verre blanc.

II. VASES A PROVISIONS

1. — *Dolium*. C'est le *pithos* grec, le tonneau, souvent de proportions colossales. Jusqu'à présent, on n'a retrouvé aucun verre de ce genre, mais les barillets que l'on rencontre au nord de la France, en Belgique et sur les bords du Rhin, peuvent en donner une idée. Les plus grands verres connus sont les vases cinéraires des musées de Londres et de Naples.

2. — Le στάμνιον, d'une capacité moindre, était destiné au même usage que le tonneau. Pour conserver l'huile, et en général tous les liquides, on aimait mieux les récipients en verre que la terre de poterie [1]. Plusieurs vases à panse cylindrique, au col très large, et munis d'une seule anse, furent trouvés dans la maison du chirurgien à Pompéies; ils ressemblent à des bocaux de pharmacie.

3. — L'amphore (ἀμφορεύς, *amphora*) est un vaisseau à deux anses, ordinairement terminé en pointe. Il en existe de toutes les dimensions et de toutes les époques de l'art. Les fouilles d'Herculanum en ont produit d'énormes, dont une à compressions perpendiculaires [2]; d'autres sont de taille moyenne (*pl.* XII) ou très petites (*pl.* II, 7. 8. VI, 34. XXVIII, 115). J'en connais, de ces dernières, qui imitent absolument la forme svelte et allongée des grandes amphores à vin. Au musée britannique, on voit le fragment d'un vase de ce genre, divisé en deux compartiments au moyen d'une cloison [3]. Les amphores de Pompéies contenaient de l'huile d'olive, des grains d'orge ou des fruits carbonisés. Mais quelques-unes étaient remplies d'ossements brûlés; elles rappellent l'étroite connexion qu'il y avait entre le culte bachique et les idées de l'antiquité sur la vie future.

4. — Λήκυθος (*ampulla*), le flacon à huile ou à essences. On applique ce terme aux petits vases munis d'une seule anse (*pl.* IV, 18. V, 25. VI, 33. XIII, 74. 76. XXV, 102. XXVII, 109. XXVIII, 114. XXIX, 118); mais il serait difficile de trouver une dénomination plus commode et plus convenable pour les fioles de toute espèce, qu'elles aient une anse ou non. Le type de l'ampulle varie à l'infini. Nous en avons de prismatiques à huit

---

1. *Epistolographi graeci*, p. 207, 28, éd. Hercher. — *Géoponiques* IX, 19, 9.
2. Alvino, pl 18.

3. Une fiole fusiforme du musée Campana présente la même particularité. *Revue archéol.*, Nouvelle série, t. XXVIII, 82 (pl. XIII, 8).

ou à six panneaux, de carrées, de cylindriques, de lenticulaires [1], de globulaires [2], d'oviformes. Souvent elles réssemblent à un fruit, à une quenouille, à un anneau, à une bourse, à un cône tronqué; parfois on dirait une clochette ou la fleur d'une campanule (*pl.* IX, 53. 54). La plupart ne se composent que d'un tube droit ou s'amincissant vers l'orifice; en ce cas elles sont tantôt de la grosseur d'une plume d'oie, tantôt de la longueur d'un demi-mètre [3]. Si le verrier en a réuni deux au moyen d'un fil de verre (*pl.* VIII, 43)[4], on les appelle *fioles jumelles* (διλήκυθον). Parmi les plus grandes de la série, il faut compter les ampulles fusiformes (*pl.* VIII, 50); dans les collections de M. Charvet, du comte Stroganoff et au British Muséum, on en voit d'une longueur extraordinaire. Le scholiaste d'Aristophane parle d'une marchande de fioles : ληκυθόπωλις λέγεται ἡ τὰ ὑέλινα ἀγγεῖα ςκρυίω πωλοῦσα [5].

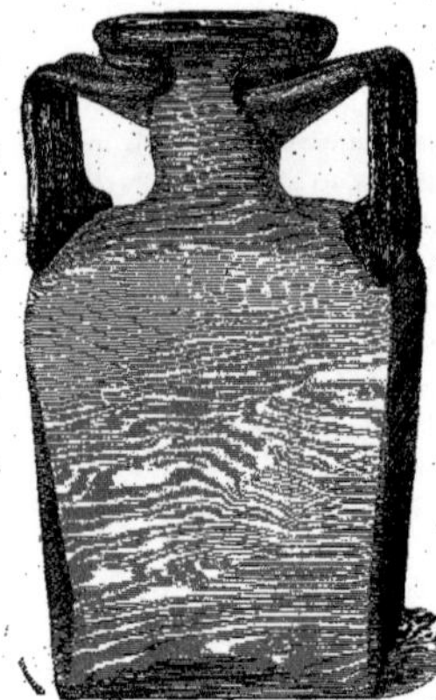

Quant à la destination des lécythes, elle n'est pas douteuse. J'ai cité, parmi les verres à bas-reliefs, quelques flacons décorés de palmes, et d'autres dont l'estampille représente un jeune homme tenant son strigile. Ces vases ont dû contenir l'huile dont on se servait pour les exercices de la palestre. On a trouvé des ampulles avec une anse mobile en bronze [6], ou avec un long fil de cuivre dans lequel sont passés des anneaux pour y suspendre les strigiles et les ustensiles de bain [7]. Tout récemment, un verre ovale, cerclé de bronze et orné d'élégantes chaînettes, a été trouvé à Rome, sur l'emplacement de l'École des Gladiateurs.

Il n'est pas moins certain que la fiole a servi à la toilette des femmes grecques. Le British Museum possède deux bas-reliefs représentant la toilette des prêtresses d'Amyklai [8]. Miroirs, peignes, épingles

---

1. Apuleius, *Florid.*, 8: *Ampullam oleariam, lenticulari forma, tereti ambitu, pressula rotunditate.* — C'est la *gourde* (pl. IV, 19), tantôt en pâtes opaques et de la fabrique d'Alexandrie, tantôt en verre incolore (pl. XXI, 91).

2. Isidore (*Origines* XX, 5, 5) compare l'ampulle à une bulle : *Est enim similis rotunditate bullis.*

3. Le flacon filiforme du musée d'Avignon (n° 159) mesure 0,47 centimètres.

4. Slade, p. 46.

5. *Plutus*, v. 427.

6. Coll. de Luynes. Deville, pl. 45, *b*. — Daremberg et Saglio, *Dictionnaire des Antiq.* I, 292. — Musée de Naples.

7. Deville. pl. 46. — C'est le ξυστρολήκυθον mentionné dans un papyrus du Louvre. Letronne, *Notices et Extraits*, t. XVIII, 2, 195.

8. Caylus, t. II, 51. — Walpole, *Memoirs relating to Turkey* (Londres, 1817), p. 446. — *Guide to the græco-roman Sculptures*, II, 6-8. — Harrison, *Photographs*, pl. 728.
Voir le bas relief d'*Hostilia Zoë*, publié par Guasco, *delle ornatrici* (Napoli, 1775), p. 87.

à cheveux, brodequins, coquilles, flambeaux, boîtes et coffrets y sont sculptés autour d'une grande patère, et au milieu de tous ces objets, on remarque des ampulles exactement pareilles à celles que nous rencontrons dans les fouilles.

Un flacon du Musée égyptien du Louvre est enveloppé d'un tissu de papyrus [1]. Quant aux fioles gallo-romaines, elles sont souvent bouchées avec des tampons en bois, rendus imperméables au moyen d'une couche de résine ou d'une feuille de cuivre.

5. — Βῆσα, βήσιον était le nom alexandrin de l'*alabastron* (*pl.* I, 1-6). La seule existence de ce mot, inconnu aux autres dialectes de la langue grecque, prouve que les verres auxquels il s'adapte ont été fabriqués à Alexandrie. Hésychius explique λήκυθος par βήσιον ὑάλινον.

III. VERRES A DISTRIBUER LE VIN

6. — Πρόχους (*urceolus ministratorius*), *l'aiguière*. Sur une pâte publiée par Caylus [2], on voit un strigile, une épingle transformée en style, une ampulle avec la légende ΠΡΟΧΟΟΣ. Je ne sais si la pâte est antique, mais j'ai la certitude que les inscriptions sont fausses. Il n'y a cependant pas de doute que les anciens n'aient connu l'aiguière en pâte vitreuse, car nous en possédons de magnifiques (*pl.* XVII. XIX). Celles qui ont l'embouchure trilobée (*pl.* II, 9. XXV, 105) sont souvent d'une élégance, d'une pureté de galbe inimitables. Le vase Auldjo, au Musée britannique, est la perle du genre.

7. — *Flasco, flascus* et *flasca* avec son diminutif *flascula* (la carafe) ne se rencontrent que dans la basse latinité, et en effet, tous les vases de cette famille sont d'une basse époque. Ils frisent le moyen âge (*pl.* XVI. XXVII, 110).

IV. VERRES A BOIRE

Noms génériques : ποτήριον, ἔκπωμα, ἐκπωμάτιον. Lucien en avait vu d'une grandeur extraordinaire : παμμεγέθη ἐκπώματα ὑαλᾶ τῆς καλλίστης ὑάλου [3].

8. — Φιάλη (*phiala*), *la coupe*. Il en subsiste de dimensions variées, avec ou sans pied, à la panse lisse, côtelée, godronnée, ornée de mille manières. Dans une inscription de l'île de Cos, on lit : ἀνέθηκα δὲ καὶ ὑαλίνα[ς φιά]λας τέσσαρας [4]. Voyez *pl.* III, 14. 15. VII, 39. 40. XIII, 75. XVIII, 86. XXIX, 120. 121.

9. — Κύλιξ et κυλίκιον (*calix, caliclus*) se rapportent à une autre variété de la coupe, à celle qui est munie d'un pied, de deux anses, quelquefois de deux pouciers (*pl.* XIV, 80) [5]. Une paire de *calices pteroti* [6] se vendait 6,000 sesterces sous le principat de Néron [6]. *Pte-*

---

1. Deville, pl. 92, *b*.
2. *Recueil*, t. III, 129 (pl. 34). *Corpus inscript. græc.* 7288.
3. *De historia conscrib.* 25.
4. Ross, *Inscript. ineditæ*, fasc. III, p. 52.
5. Le poucier s'appelait peut-être ἐξοχή. Athénée (XI, 468) dit : Ἄμφωτον τὸ ἔχον ἐξοχὰς οἷα τὰ Σιδόνια ποτήρια.

Généralement on prend les ἐξοχαί pour une espèce de bossage.

6. Pline, l. XXXVI, 195. Les manuscrits portent *calices petrotos* ; on a proposé d'autres leçons, mais sans succès. Un adjectif grec me plaît d'autant mieux que la verrerie romaine était l'héritière de la verrerie alexandrine.

rotos signifie *ailé*. Les anciens affectionnaient ces termes poétiques; l'anse d'un vase leur rappelait l'aile d'un oiseau. A en croire son biographe [1], Lucius Vérus avait une énorme coupe en verre blanc *(calix crystallinus)*, qui portait le même nom que le cheval favori de l'empereur : *l'Oiseau (Volucris)*.

10. — Σκύφος, le verre à boire, apode, mais pourvu d'une ou de deux anses *(pl.* XIII, 77. XXIII, 97).

11. — *Poculum* est probablement le gobelet à corps cylindrique, le *kymbion* des Grecs *(pl.* X, 62. XIV, 78. 79. 81. 82. XXII, 93. XXVII, 111-113), bien qu'il n'y ait pas d'inconvénient à donner un sens plus étendu à cette dénomination. Un *poculum* de la collection du comte Stroganoff a la forme de deux cônes tronqués et superposés de façon à laisser une entaille au milieu de la panse. Ce serait le *carchesium*. Dans l'île de Chypre, on trouve beaucoup de gobelets se rétrécissant vers l'orifice et munis de couvercles.

12. — *Ampulla potoria* [2] pourrait n'être qu'un terme générique pour tous les verres à boire.

13. — Θηρίκλειον, ποτήριον ὑέλινον (glose de Photius).

14. — Λέσβιον, cité par Athénée (κεῖται πορφυρέης λέσβιον ἐξ ὑέλου) et Paul Diacre [3].

V. VAISSELLE DE TABLE

15. — Πίναξ, *l'assiette* ou *le plateau* *(pl.* XXII, 94), ordinairement avec un rebord creux et un omphale au centre. Il en subsiste en pâte blanche, bleue et jaune. Le musée de Naples en possède de très grands; celui du musée égyptien du Louvre a un mètre de circonférence; mais Athénée parle d'un pinax dont le diamètre mesurait deux coudées et que l'on plaçait sur une base d'argent [4]. Deux plateaux de la collection Henderson à Londres se distinguent, au contraire, par l'étonnante exiguïté de leurs proportions. Le pinax ovale s nble plus rare, car je n'en connais que deux [5].

16. — Τρυβλίον *(catinus, fidelia)*, *l'écuelle*.

17. — Ὠοσκύφιον, le *coquetier* [6].

VI. VASES DIVERS

18. — Ἀμίς, le pot de chambre.

Mais en ne consultant que les textes, on aurait une image très imparfaite de la verrerie antique. La littérature grecque et romaine est loin de présenter un vocabulaire

---

1. Jules Capitolin, ch. X.
2. Martial XIV, 110.
3. *Banquet des Sophistes* XI, 486. — Paulus Diaconus, p. 115 (éd. Mueller).
4. L. IV, 129.

5. Celui de M. Charvet et un autre qui se trouve décrit dans un catalogue d'antiquités chypriotes (vente du 10 février 1873; n° 158).
6. *Arch. Zeitung* 1846, p. 372 (pl. 48, 11-13); trouvé en Étrurie.

complet. Elle s'occupe même si rarement des verriers et de leur œuvre, qu'on est surpris d'y trouver une telle richesse de détails. Ma persuasion est que les formes principales adoptées par les potiers et les ouvriers en métal ont été reproduites en verre. Je l'ai déjà dit, et pour l'appuyer de preuves nouvelles, je n'ai qu'à montrer du doigt les monuments qui nous restent. La plupart des types qu'il convient d'ajouter à la liste précédente figurent dans la collection de M. Charvet.

19. — Le *cratère* (*pl.* II, 10). Un magnifique vase de ce genre, en pâte bleue et orné de cannelures, se voit au British Museum.

20. — Le *canthare* bachique (*pl.* XXIX, 119).

21. — Le *rhyton*, (*pl.* XXV, 103). Il y en a de très beaux au musée Campana, au musée égyptien du Louvre (en pâte bleue), et dans la collection Disch à Cologne [1]. Trois autres font l'ornement du British Museum : un rhyton jaune, à la panse quadrillée et parsemée d'anneaux; une corne de buffle en pâte bleue, et un verre d'une grandeur inusitée, en pâte jaunâtre, orné de godrons et muni de deux anses. Ce dernier a été découvert à Bingerbrück.

22. — Le biberon (*pl.* XXV, 106).

23. — Le *guttus*. J'en ai vu deux au musée de Naples, godronnés et à anse surélevée.

24. — Le *trépied* (*pl.* VI, 35).

25. — Le puisoir (*pl.* XX, 89).

26. — La passoire; on en a trouvé une à Herculanum [2].

27. — La *pyxis*. Les tombeaux de l'Attique et de la Crète viennent d'en fournir plusieurs de facture très grossière; mais le British Museum en a d'admirables, notamment un verre bleu à couvercle conique, et une pyxis plate de grandes dimensions. J'ignore l'origine de la première; l'autre, en pâte bleu foncé, vient d'une des nécropoles du Picenum.

28. — Une espèce de pétrin en pâte verdâtre, recouvert d'une lame de verre, se voit au même musée, dans la collection de Sir William Temple.

29. — L'urne cinéraire (*olla*), à panse sphérique (*pl.* XXIV), cylindrique, carrée, hexagonale, atteint souvent des proportions énormes. On en trouve beaucoup en Angleterre; les cimetières romains de la Gaule et des bords du Rhin en abondent; mais elle est moins commune dans les autres pays, et je ne crois pas que la Grèce et l'Orient en aient jamais fourni une seule. Pour assurer la conservation du verre, on le plaçait dans un coffre en pierre [3] ou dans une boîte en plomb; quelquefois c'est un simple vase de terre ou une cavité maçonnée qui lui servent d'abri [4]. Le rebord de l'*olla* est souvent

---

1. Pâte vert clair; les anses sont formées de dauphins. *Bonner Jahrb.* XXXVI, 120 (pl. 3, 1-3).

2. Alvino, pl. 18.

3. M. Charvet possède deux de ces coffres cylindriques en pierre, trouvés à Cologne.

4. Deville, pl. 47 et 85.

creux et rempli de sable; son couvercle est en pâte vitreuse, rarement en plomb [1]; dans l'intérieur, on trouve des cendres, des ossements brûlés, des bijoux, des morceaux d'asbeste [2], des clous magiques [3], et surtout ces petites fioles que les antiquaires ne cessent d'appeler lacrimatoires.

Le mot *lacrimatoire* (urnula lacrimatoria) appartient à la basse latinité; je ne pense pas qu'avant le xviie siècle il ait été appliqué aux verres. On croyait alors que l'ampulle avait eu cette destination singulière de recueillir les larmes versées, aux funérailles, par les amis et les parents du défunt. Dans les contes du moyen âge, les larmes ont

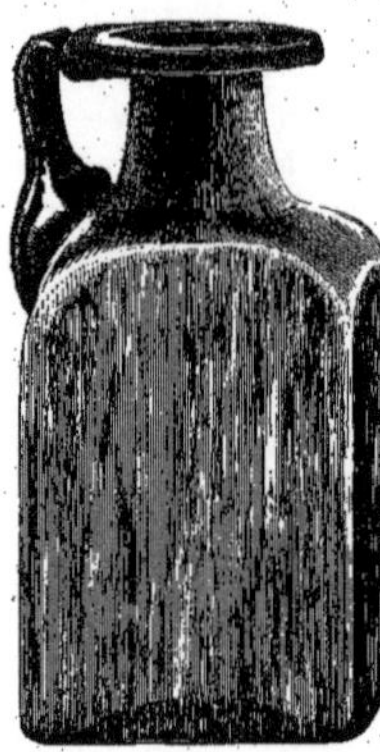

le pouvoir de ressusciter un mort ou de le sauver de l'enfer; mais aucun texte classique ne fait allusion à cette croyance, ni à l'usage, improbable en soi, de conserver les larmes dans des vases vitreux [4]. Un bas-relief de l'église des Charitains de Clermont représentait un enterrement; on y voyait une femme aux cheveux épars, tenant deux petites ampulles sous ses yeux [5]. Certes, il y aurait là de quoi suppléer au silence des textes, si le bas-relief était antique; mais il ne l'est pas, et je ne puis me persuader qu'il ait jamais existé. En 1852, on découvrit à Bigonville, dans le grand-duché de Luxembourg, une fiole hermétiquement fermée, remplie d'un liquide qui avait la couleur et l'apparence de l'eau et qu'un chimiste de l'endroit eut la complaisance de prendre pour des larmes [6]. Depuis cette époque, on a renouvelé l'analyse sur d'autres flacons et constaté qu'ils renfermaient de l'huile ou des onguents.

La question des couleurs est plus compliquée encore que celle des formes, car elle a son côté historique qui nous regarde, et son côté pratique qu'il faut laisser aux hommes du métier. J'ai déjà donné, à ce sujet, quelques renseignements indispensables; ici, il s'agit de remonter aux sources et d'interroger les auteurs anciens.

Ces auteurs parlent, en effet, des verres de couleur, mais sans trop y insister et sans entrer dans les détails techniques. Ils comparent les flots de la mer ou l'eau

---

1. Sacken et Kenner, *Sammlungen des K. K. Muenzcabinets,* p. 457. — *Corpus inscript. lat.* III, 6012.

2. Coll. Hertz, p. 127.

3. Bamonte, *le Antichità pestane,* p. 77.

4. Schœpflin, *De apotheosi imperatorum romanorum* (Argentorati, 1729), p. 74.

5. L'abbé Campion de Tersan affirmait avoir vu cette sculpture en 1770, mais je crains que sa bonne foi n'ait été surprise et qu'il n'ait jamais vu que le dessin, œuvre d'un mystificateur. Dans les papiers de l'abbé et dans ceux de Grivaud de la Vincelle, qui font aujourd'hui partie de ma bibliothèque, je n'ai trouvé aucun renseignement à ce sujet. Le bas-relief n'a pas de style; il n'est ni antique, ni du moyen âge, ni de la Renaissance. — Voyez les *Mémoires de l'Académie celtique,* t. III, 337.

6. Namur, *Publications de la Soc. arch. de Luxem-*

des rivières au verre verdâtre. Le teint d'une jeune fille leur rappelle l'éclat de la pâte vitreuse [1], et si, du temps de Pline, on apprécie surtout le verre blanc, c'est qu'il a la transparence du cristal de roche [2]. A leur tour, les peintres grecs ont souvent représenté des verres. Pausias de Sicyone, un des contemporains d'Apelles et un des premiers maîtres dans l'art de la perspective, essaya avec succès de reproduire par la couleur un verre translucide. Dans le sanctuaire d'Esculape, à Épidaure, on montrait un tableau de lui : l'Ivresse portant une coupe à ses lèvres ; les traits de la déesse restaient visibles à travers les parois du vase. Quant aux peintres d'Herculanum et de Pompéies, ils manquent rarement l'occasion d'ajouter des carafes ou d'autres récipients vitreux à leurs Natures mortes [3].

Ces verres s'appelaient *crystalla* ou *crystallina* depuis la fin du 1er siècle. A Rome, le connaisseur n'achetait que ceux dont la pâte était affinée avec soin ; une bulle, une strie, le moindre nuage blessait son goût délicat [4]. Mais, plus tard, le mot *cristal* s'appliquait à tous les verres sans distinction de leur couleur. Un traité grec de la basse époque, intitulé Ποίησις κρυσταλλίων, ne donne que des recettes pour la coloration des pâtes [5].

Comme il n'y a plus d'inconvénient à révéler les secrets des anciens, je dirai ce que renferme ce curieux opuscule.

Il indique deux matières colorantes : l'œuf et le sang de poule. Avec le blanc d'œuf on fabrique du verre jaune (κίτρινος, ὁ λεγόμενος βερονίκη) ; le verre blanc (ἄσπρος) se fait avec le jaune de l'œuf ; la coque et ses pellicules produisent le vert d'eau (πράσινος) ; le bleu (βενετός, ὁ λεγόμενος κύανος) s'obtient avec le sang d'une poule noire ; enfin, du mélange de ces quatre éléments naît le rouge cinabre (κινάβαρις). Il est vrai que le simple bon sens s'achoppe à ces bizarreries ; mais cela ne les empêche pas d'avoir des racines profondes. Elles sont tout à fait dans l'esprit de l'antiquité, et bien des recettes que les naturalistes grecs et romains nous ont transmises, présentent le même aspect.

En Occident, on voyait plus juste. Le continuateur d'Héraclius savait que le rouge (*galienum*), le vert, le jaune safran, s'obtenaient avec des oxydes [6]. Malheureusement, à part ces quelques notes, nous n'avons rien de précis sur la question. On doit supposer que les verreries du moyen âge avaient reçu en ligne directe les traditions de l'antiquité ; dans quelle mesure ? intactes ou affaiblies ? C'est une étude à faire.

Au sortir de leurs tombeaux, la plupart des verres sont revêtus d'une patine. Il est

---

bourg, t. VIII, 166 (pl. I, 1). — Le même, *De lacrymatoriis, sive de lagenulis lacrymarum propinquorum colligendis apud Romanos aptatis* (Luciliburgi, 1855). Le titre suffit pour donner une idée de la brochure. — *Bonner Jahrb.* XXIII, 188.

1. Voir p. 4. — On peut y ajouter un passage de l'Anthologie grecque, l. V, 36, 7.

2. *Maximus tamen honos in candido translucentibus, quam proxuma crystalli similitudine.* Pline XXXVI, 198. — Strabon les appelait κρυσταλλιφανεῖς.

3. Helbig, *Wandgemaelde Campaniens*, nᵒˢ 267.

1666-67. 1683. 1690. 1702-3. 1713. 1716.

4. Turbata brevi crystallina vitro. Martial IX, 59, 13.

5. Publié par Gruner, à la suite de Zosimus Panopolitanus, *de zythorum confectione* (Solisbaci, 1814), p. 22-25.

6. Manuscrit du XIIIᵉ siècle. Ilg, p. 57. — Théophile, p. 107-109, éd. Ilg. — Voyez sur les verres colorés : Beckmann, *Geschichte der Erfindungen*, t. I, 373. — Jollivet, *Revue d'Architecture*, t. XV, 237 (pl. 16-17).

difficile de rien voir de plus merveilleux que cette patine, cette enveloppe fine, délicate, aux mille couleurs ; ces paillettes d'or incrustées, cette feuille d'argent qui se
détache tout d'une pièce ; cette écorce métallique, reflétant les feux de l'opale, imitant
l'arc-en-ciel, les taches bleues, vertes, pourprées d'une aile de papillon. La patine est pour
les amateurs une qualité du verre antique et une des mieux appréciées. Je la prendrais
plus volontiers pour un défaut. Au contact avec l'humidité et les agents corrosifs de la
terre, la pâte vitreuse se décompose, et tout ce poudroiement de couleurs n'est que le
résultat de la dévitrification, c'est-à-dire une lèpre, une maladie incurable. Elle varie selon
la nature du sol, selon les ingrédients de la pâte et la dose des principes colorants.
Aussi n'est-elle jamais de longue durée. Elle s'écaille à vue d'œil, quelque soin que
l'on prenne.

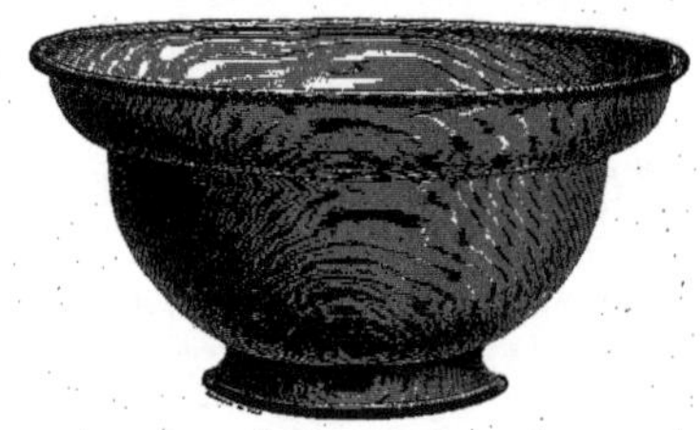

LES VERRES DOUBLÉS

Les verres doublés se composent de deux couches, dont l'une, ordinairement en pâte bleue, est recouverte d'un enduit de blanc opaque. Après avoir cueilli le manchon qui doit former la couche inférieure, l'ouvrier plonge la canne dans un creuset rempli de pâte blanche. Cette dernière peut s'enlever après, au moyen de la taille ou de la roue, de sorte que le bleu reparaît dans toutes les parties qu'il faut dégager. Quintilien appelle ce procédé *sculptura vitri*.

Les sujets sculptés sur ces verres étant presque toujours d'art grec, et du meilleur, il est possible que les pâtes doublées aient été fabriquées à Alexandrie. En ce cas, nous serions fondés à les assimiler aux *toreumata vitri*, connus par les épigrammes de Martial [1], et qui venaient certainement d'Égypte. J'en vois la preuve dans le travail même du vase Portland, le plus renommé de cette série; en l'examinant de près, j'ai constaté dans plusieurs endroits que la couche blanche a été enlevée trop vite ou qu'elle s'est détachée contre le gré de l'artiste. Pour terminer le relief, il a fallu tailler dans le fond bleu. Cela ne donne-t-il pas l'explication d'un distique du poète romain, où il plaint les verriers d'Alexandrie de trop insister sur le fini et la multiplicité des détails, au risque de compromettre un travail de longue haleine?

Le vase Portland passe, à juste titre, pour le roi des verres doublés. C'est une amphore ornée de deux masques barbus qui dissimulent la naissance des anses. Sur chaque face, elle porte un sujet encore inexpliqué. On a songé au mythe de Thétis et Pélée; je crois avoir de bonnes raisons pour rattacher les deux groupes à la légende de Médée et de Jason, mais sans en être moi-même très convaincu. Sur le pied de l'amphore, on voit un buste d'Attis avec le pin consacré à Cybèle, c'est-à-dire un indice de la destination

---

1. XII, 74. XIV, 94. 115.

funéraire du vase. Style, dessin, ordonnance des groupes et du décor : tout cela est d'un goût admirable [1].

A son tour, le cercle bachique est représenté par trois vases de la nécropole de Pompéies. Le premier, l'amphorisque du musée de Naples, fut trouvé le 29 décembre 1837, dans une tombe qui reçut le nom de *tomba del vaso di vetro blu*. Comment le décrire ? Une profusion de figurines, de masques, de pampres et de rinceaux en pâte blanche recouvrent la surface, bleu foncé, de l'amphore. Dans le bas, une frise de chèvres et de brebis (les unes au repos, les autres paissant sous les arbres) sert d'appui au sujet principal. Nous assistons à la fête des vendanges. D'un côté, la cueillette du raisin et le banquet; du côté opposé, le pressoir, et tout autour une bordure de guirlandes suspendues au-dessous des anses. On ne saurait rien imaginer de plus gracieux que cette composition, à la fois si simple et si abondante [2].

Le vase Auldjo, au musée de Londres, a la forme de l'aiguière à orifice trilobé, et sa panse est enveloppée de lierre, de corymbes, de pampres, de petits oiseaux qui becquètent les grappes. On y remarque déjà une différence dans les couleurs, car outre le blanc opaque, il y a le jaune qui tranche vigoureusement sur le fond bleu [3]. Enfin, une patère, dont la poignée se terminait par une tête de bélier en verre blanc, comme les manches des patères de bronze, porte au centre un masque de Satyre, encadré dans une couronne de feuilles et de fruits du platane [4].

Je pourrais ajouter à cette nomenclature le petit vase du musée de Florence, qui représente un sacrifice offert par des enfants [5]; puis l'amphore de la collection Temple, avec deux masques scéniques sous les anses; ou cette autre, du musée de Naples, aux anses décorées de rotules, de mascarons, de cannelures en pâte blanche. Mais il me tarde de signaler un fragment de coupe qui vient d'être admis dans la collection de

---

1. La bibliographie de ce vase remplirait à elle seule un petit volume. Il fut découvert, à la fin du xvi⁰ siècle, dans un sarcophage devenu célèbre et qu'on prit longtemps pour celui de Sévère-Alexandre. Le tombeau se trouvait dans une colline des environs de Rome, le *Monte del Grano*, à 3 milles de la Porte Saint-Jean, entre la voie Latine et la voie Labicane. Quant au sarcophage, il fait l'ornement du Musée capitolin; le vase resta, pendant 150 ans, dans la bibliothèque Barberini, jusqu'à ce qu'il fut acheté par Gavin Hamilton et cédé à la duchesse de Portland. A la vente du cabinet de la duchesse (1786), le duc de Portland s'en rendit acquéreur pour la somme de 1,000 guinées et le confia plus tard à la garde du Musée britannique. Brisé par un visiteur, en 1845, il fut restauré avec un succès qui ne laisse rien à désirer.

2. *Annali dell' Inst.* 1838, p. 195. 1839 (t. XI), p. 84-100. *Monumenti dell' Inst.*, t. III, 5. — Monaco, *Guide du Musée de Naples* (1874), p. 113. — Deville, pl. 10-11.

3. Trouvé, en 1834, dans la *Casa del Fauno* ou *Casa di Gœthe*. Le prince de Capoue en offrit une moitié à Mᵐᵉ T. Richardson Auldjo; l'autre moitié fut vendue, mais les deux sont aujourd'hui au Musée britannique. Schulz, p. 67. Minutoli, pl. III, 1. De la Motte, *Choice examples of art workmanship* (Londres, 1851).

4. Trouvée en 1837. Schulz, p. 67. *Museo borb.* XI, 28-29. Monaco, p. 113. Deville, pl. 88.

5. Je citerai encore un fragment trouvé à Rome (deux Amours, l'un assis sur un lion, l'autre portant une coupe et une couronne); blanc sur fond bleu. Minutoli, pl. I, 8. — D'autres ont été publiés par Arneth, *Cameen*, pl. XXII, et Dumersan, *Notice* (1819), pl. 2, 1 (Persée et Andromède). — Sur un fragment de *pinax*, d'une circonférence énorme, on voit le char de Vénus traversant les flots de la mer et qu'un Amour suit à la nage (Coll. Gréau).

M. Charvet (*pl.* XXXIII) et que j'ai longtemps hésité à faire reproduire en entier. C'est une scène érotique que l'artiste prend sur le vif[1], une de celles qui se trouvent fréquemment sur les lampes ou les poteries romaines; mais sous le rapport du style et de l'exécution, elle l'emporte sur tout ce que nous connaissons dans ce genre de technique.

A côté des vases[2], il existe un certain nombre de plaques en pâtes doublées, dont quelques-unes relèvent de l'art grec; les autres sont d'une barbarie indescriptible. Je ne citerai que les meilleures : Bacchus et Ariane couchés entre deux Satyres (au Musée du Louvre)[3]; une fête bachique, trouvée aux environs de Rome[4]; un Satyre (?) tenant son mulet par la bride; puis un autre qui referme son outre après avoir versé du vin à Silène[5]. On le voit, la majorité des sujets appartient à la mythologie de Bacchus et de son thiase.

Quant à la coloration des pâtes, il va de soi que les anciens ne sont pas restés sans y exercer leur génie inventif. Si les fonds bleus et les décors blancs dominent et constituent, pour ainsi dire, la physionomie des verres doublés, il y a aussi des couleurs différentes : un fond brun, noir, violet, pourpré; des ornements jaunes, violets, verts, bleu de ciel, parfois quatre ou cinq nuances réunies qui se complètent et produisent l'effet le plus imprévu. Mais nous possédons peu d'objets entiers de cette sorte, et c'est principalement dans les collections de fragments qu'il faut les chercher[6].

---

1. Ancienne coll. de M. de Nolivos. — Voyez le n° 1544 du catalogue Durand.

2. Je ne parle pas de la lampe au buste d'Harpocrate, publiée par Passeri (*Lucernæ fictiles,* t. I, 1) et restaurée par Deville, pl. 63.

3. Autrefois dans la Bibliothèque du Vatican. Buonarroti, *Medaglioni,* p. 437.

4. Minutoli, pl. I, 7.

5. Thiersch, *über die Vasa murrina der Alten,* p. 505 (Costa de Macedo, *Memoria sobre os vasos murrhinos*; Lisboa, 1842; p. 149, pl. III). — Le Musée britannique possède un masque tragique, dont la partie gauche est en verre blanc opaque, l'autre moitié en pâte bleue.

6. Voyez pl. XI, 74. — Beaucoup de ces fragments se trouvent dans la collection de M. Gréau.

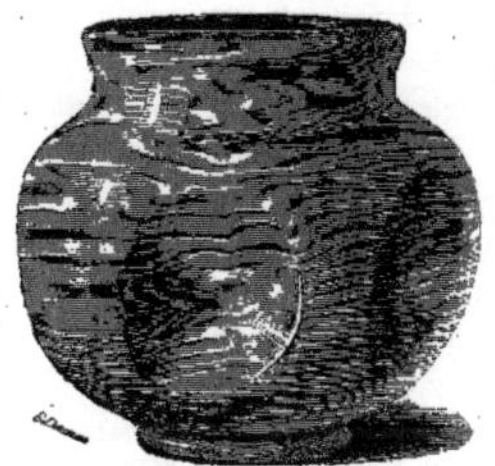

XII

LES VERRES SOUDÉS

On raconte que l'empereur Tacite aimait passionnément les verres aux formes singulières et d'un travail patient : *vitreorum diversitate atque operositate vehementer est delectatus*[1]. Cette patience de travail, *operositas*, est le caractère distinctif des vases que j'appelle *verres soudés*.

On s'arrête avec plaisir devant des œuvres d'une si ingénieuse perfection. Pour la plupart, ce sont de petites coupes à panse ovoïde; un réseau en pâte vitreuse les enveloppe de ses mailles gracieusement entrelacées. Comme il y a une distance de quelques millimètres entre le réseau et la coupe, on a appliqué, derrière chaque nœud du réseau, un tenon qui le rattache à la paroi extérieure. J'ajoute que les verres de ce genre n'ont pas de pied et qu'il leur faut une base pour tenir debout.

Quel est le procédé qui nous a valu ces chefs-d'œuvre? La résille est-elle prise dans la masse, est-elle rapportée après coup? On me dira qu'il suffit d'y regarder pour s'en assurer; mais cela n'est pas si facile, et beaucoup d'antiquaires, depuis Winckelmann, ont soutenu que les verres à réseaux étaient d'une seule pièce, précisément à cause de l'absence de toute trace de soudure. Un auteur ancien ayant parlé de *calices diatreti*, cette expression a semblé convenir à nos verres, car le treillis est un διάτρητον, un ornement découpé, travaillé à jour. C'est pour cela que les savants ont pris l'habitude de les appeler *vasa diatreta*[2], et j'ai moi-même partagé cette erreur (p. 31). Si le mot existait, il fallait bien que la chose existât.

Mais les auteurs demandent, eux aussi, à être regardés de près et au microscope, sans quoi l'on s'expose à prendre des hypothèses pour des faits. En relisant les passages

---

1. Fl. Vopiscus, *Vie de Tacite*, ch. XI.

2. Si j'ai bonne mémoire, il n'y a eu qu'une seule protestation, de M. Aus'm Weerth. — On a cité, à propos de ces vases, un passage de Clément d'Alexandrie (*Paedagogus*, 1, p. 188) : Καὶ μὴν καὶ τορευτῶν περίεργος ἐφ'ὁτιῳ κενοδοξία, εἰς θραῦσιν διὰ τέχνης ἐπισφαλεστέρα, διδιέναι τε ἅμα καὶ κίνειν διδάσκουσα). Cela rappelle un vers de Martial.

relatifs aux *diatreta*, je ne trouve pas qu'il y soit question de verres [1]; il en résulte plutôt que c'étaient des vases en pierre dure. Voici un texte de loi, rapporté par Ulpien [2] : «, Si l'ouvrier qui fabrique un *calix diatretus* le brise par inexpérience, il sera tenu de « réparer le dommage qu'il a causé à son maître; mais si l'accident est imputable à une » défectuosité de la matière, à une fissure par exemple, l'ouvrier pourra être excusé par « le juge ». Or, la matière vitreuse a bien des défauts, elle n'a pas de fissures *(rimas vitiosas)*, ni surtout une valeur intrinsèque qui puisse, en cas d'accident, motiver une action en dommages et intérêts. Si la loi romaine a prévu le cas, c'est qu'il s'agissait d'une matière précieuse, d'une gemme, d'un vase d'or ou d'argent. Je préfère la gemme [3], car les *pailles* qui se rencontrent dans les métaux n'entraînent pas la perte d'un objet d'orfévrerie.

Voilà donc un argument sans réplique, et il n'est pas le seul. Les anciens étaient des artistes du premier ordre, qui savaient à fond la pratique de chaque métier. Ils n'auraient pas songé à prendre un lingot de cuivre pour le creuser, l'arrondir, le réduire à l'épaisseur d'une lame et en faire un casque après des années de labeur. Doit-on supposer raisonnablement qu'un verrier ait passé une partie de sa vie à faire, d'une seule pièce, un treillis adhérent au vase, alors qu'il suffit de quelques jours pour obtenir le même résultat au moyen de la soudure? Et comment s'y serait-il pris pour polir le revers du réseau et les clous qui le rattachent aux parois de la coupe? car il est impossible que le touret puisse les atteindre. Au lieu de persister dans une vieille erreur, il vaut donc mieux se rendre à l'évidence. Chaque réseau se compose d'un certain nombre de baguettes façonnées à part et soudées sur le corps du verre [4]. Si la soudure n'est pas toujours apparente, cela tient à l'habileté de l'ouvrier et aux qualités de la pâte vitreuse.

Nous ne possédons que très peu de coupes de cette fabrique [5]. La plus importante serait celle de Hohen-Sülzen [6], d'un diamètre de 21 centimètres, si elle était entière. Mais il n'en subsiste qu'une partie, et le premier rang, parmi les verres à légendes latines, appartient de droit à la coupe du musée Trivulce, à

---

1. Martial (XII, 70, 9) dit simplement : *O quantum diatreta valent et quinque comati*, sans préciser la matière. Il n'y a donc rien à conclure de cette citation, si ce n'est que les éditeurs de Martial avaient un sentiment bien imparfait de la langue latine. *Quinquecomati* forme un seul mot, comme *quinquepartitus, sexfascalis*, etc. Peut-être le poëte entendait-il par là un genre de vases. Comparez mon *Anatomie des vases antiques*, p. 9-13.

Quant aux *diatritarii* (Cod. Theod. XIII, 4, 2. Cod. X, 64, 1), rien ne fait supposer que ce soient des verriers. Je ne comprends pas d'ailleurs dans quel ordre les artistes ont été classés par la chancellerie de Constantin.

2. Dig. IX, 2, 27; § 29.

3. Ai-je besoin de dire que l'adjectif διάτρητος ne signifie pas nécessairement « travaillé à jour »? Il appartient à une famille de mots techniques (διαγλύπτω, διατόρευμα, διαπλάσσω, etc.), qui veulent être pris et jugés dans leur ensemble.

4. C'était aussi l'opinion de Schulz, et je vois avec plaisir que M. d'Adda s'y est rallié.

5. Je ne parlerai pas des fragments, dont deux ne sont connus que par des citations :
a. Celui d'*Isola Farnese*, l'ancienne Véies. Winckelmann, *Werke* (Stuttg. 1847), t. I, 29.
b. Le verre bleu de l'ancienne coll. Maler. *Annali dell' Inst.* XI, 69.

6. *Bonner Jahrb.* LIX, 69 (pl. II, 2).

Milan, improprement dite : *tasse de Néron*. Cet objet, d'une conservation irréprochable, fut découvert en 1725, dans la province de Novare [1]. Sa panse est enveloppée d'une résille bleue, et au-dessous de l'orifice on lit : BIBE VIVAS MVLTIS ANNIS, une acclamation convivale. De couleur verte, les baguettes qui forment l'inscription restent également à une certaine distance du vase et ne le rejoignent que par les extrémités. Quant à la légende, je la crois métrique; on dirait une dipodie dans le goût et la mesure des poésies d'Anacréon.

Au mois d'avril 1844, un verre analogue en pâte blanche et avec la légende BIBE MVLTIS ANNIS fut trouvé à Cologne [2]. Sur un fragment du musée de Vienne, on lit : FAVENTIBVS, *à ceux qui nous sont favorables* [3]. Enfin, un quatrième exemplaire, celui de l'ancien musée de Strasbourg [4], était revêtu d'une résille rouge, et l'inscription, en lettres vertes : [*ave Ma*]XIM[*ia*]NE AVGV[*sie*], se rapportait à l'empereur Maximien-Hercule, qui avait inauguré son règne par la pacification des Gaules. Nous ne connaissons pas beaucoup de verres qui aient, au point de vue chronologique, une valeur égale à celle de cette coupe unique, si malheureusement détruite par l'incendie de 1870.

Les légendes grecques sont plus rares encore. Je n'en ai noté que deux : πίε ζήσαις καλῶς, sur un verre de Cologne [5], et Λειβ[εράλι Π]οιμένι πίε ζή[σα]ις [6], *Poemenius Liberalis*(?), *bois et puisses-tu vivre!* Mais le vase qui porte cette dernière inscription a une forme inusitée. La résille lui manque; sa panse, de peu de hauteur, a un double rebord, dont l'un, orné d'un grènetis, repose sur trois coquilles et trois poissons en relief. Si l'invention du genre pouvait être attribuée aux fabriques phénico-grecques, on se rappellerait volontiers les teintureries de Tyr et leurs coquilles de pourpre.

A côté de telles merveilles, il serait inutile de citer les menus fragments, quelque peu nombreux qu'ils soient. Passons plutôt à une autre variété. Dans l'art antique, on n'aime pas rester à mi-chemin; aussitôt créé, chaque motif devient une source d'inspirations nouvelles, et on ne l'abandonne qu'après en avoir tiré tout le parti possible.

---

1. A la mort d'Everardo Visconti, il passa dans la collection de l'abbé Carlo Trivulzio. — Winckelmann, *l. c.* (pl. I). — D'Adda, p. 28 (photogr. pl. I). — Deville, pl. 33 *b*, lui donne des couleurs de fantaisie.

2. Urlichs, *Bonner Jahrb.*, t. V-VI, p. 377 (pl. XI). Ce verre est aujourd'hui au Musée de Munich.

3. Acheté, l'an 1790, par le chevalier Bossi, près de Daruwar en Esclavonie. Arneth, *Cameen*, pl. 22, 3. — Sacken et Kenner, p. 459. — D'Adda, p. 30. — *Corpus inscript. lat.*, III, 1637. N'y aurait-il pas DIS FAVENTIBVS?

4. Trouvé en 1825, dans un tombeau romain près des fortifications de la ville. Schweighæuser, *Kunstblatt*, 1826, p. 358 (*Bonner Jahrb.*, V-VI, 380). *Mémoires des Antiq. de France*, t. VI, 95. — *Corpus inscript. rhenan.*, 1885. — Deville, pl. 33 *a*, selon son habitude, l'a fait reproduire avec des couleurs fausses. L'ampulle, trouvée à Strasbourg en 1767 et publiée par Oberlin, *Museum Schœpflini*, p. 105 (pl. VIII, 3) n'a rien de commun avec la série qui nous occupe. C'est un verre à fils agglutinés. — Le *Bulletin monumental*, t. 39, 822, parle d'un verre blanc à réseau rouge, trouvé à Arles et portant la légende impossible : *Divus Maximianus Augustus*. Méfions-nous de ces nouvelles à sensation.

5. Trouvé en 1844, dans la Benesisstrasse, avec le verre qui porte l'inscription : *Bibe multis annis*. Une monnaie de cuivre de Constantin II se trouvait dans le même cercueil. Urlichs, l. c. (pl. XI). — Musée de Berlin.

6. Trouvé en 1845 à Szekszard, en Hongrie [Musée de Pest]. A. von Kubinyi, *Szekszarder Alterthümer* (Pest, 1857), pl. 3. — *Bonner Jahrb.* LX, 160. — La leçon adoptée jusqu'ici ne me satisfait pas; j'en propose une meilleure.

Une coupe de l'île de Sardaigne va nous faciliter la transition [1]. Semblable à certaines porcelaines chinoises, ce verre n'a pas non plus de mailles proprement dites. Au réseau, on a substitué une espèce de portique, dont les pilastres cannelés sont surmontés de calices de fleurs et réunis entre eux par des arcs en plein cintre du plus gracieux effet. Des masques tragiques sont suspendus dans les entre-colonnements; on se croirait devant un temple de Bacchus avec son décor d'arcades et de symboles religieux.

Le trésor de l'église de Saint-Marc, à Venise, possède un petit seau qui n'est peut-être qu'un énorme verre à boire, et qui se compose de deux frises de hauteur égale. Dans le bas, une résille en partie brisée; en haut, une chasse en relief. Deux cavaliers et leurs chiens poursuivent un lion ou une panthère. Le sujet semble de style barbare; il n'a pu être exécuté avant le ve siècle. Mais la frise réticulée est du meilleur goût; on voit qu'à cette époque de l'art, si l'on n'avait plus la perfection, on en avait encore le sentiment [2].

J'ai réservé pour la fin la coupe du baron Lionel de Rothschild, une des plus admirables choses que la Verrerie antique nous ait transmises [3]. Ce vase, oviforme comme presque tous les verres de cette classe, est en pâte verdâtre, d'un vert d'olive, clair et transparent, et qui prend une teinte pourprée lorsqu'on le présente à la lumière. Il n'a pas de réseau; la panse est ornée d'un groupe de cinq figures, assez grandes et en relief de la plus forte saillie. C'est le châtiment de Lycurgue que l'artiste a pris pour sujet. Au milieu de la composition, un géant aux cheveux incultes, avec barbe et moustaches, nu, mais chaussé d'endromides, est enlacé de ceps de vigne qui lui serrent les jambes et les poignets. Sa hache lui glisse des mains; son visage trahit l'angoisse et les efforts qu'il fait pour se dégager. On a reconnu le roi Lycurgue qui vient de tuer les suivantes de Bacchus. Une de ses victimes, la nymphe Ambroisie, est étendue derrière lui, le bras levé pour implorer le secours du dieu. De l'autre côté, on voit Bacchus adolescent, drapé, chaussé de brodequins de chasse et armé d'un dithyrse. La panthère est à ses pieds. Sûrs de la victoire, ses deux compagnons inséparables, Pan et un jeune Satyre, s'avancent au pas de danse. Le Satyre porte une houlette.

Comme procédé de fabrication, ce verre est sans analogie. Les figures, quoique adhérentes au corps du vase, sont presque en ronde bosse, et à l'intérieur on aperçoit les mêmes cavités que nous avons remarquées sur les verres à bas-reliefs (p. 68). Il n'est donc pas douteux qu'on ait fait usage d'un moule. Mais certaines parties saillantes, les bras et les draperies par exemple, se détachent de la panse et n'y tiennent que par des

---

1. Coll. Cagnola à Milan. D'Adda, *Ricerche sulle arti e sull' industria romana* (Milano, 1870), p. 35 (photographie, pl. II).

2. Zanotto, dans *Venezia e le sue lagune*, t. II, 2, 88. — D'Adda, p. 25. — Deville, pl. 34-35. — La pâte a la couleur de l'aigue marine.

3. *Annali dell' Inst.*, 1845, p. 114. — Ph. de la Motte, *Choice examples* (Londres, 1851), ne reproduit que l'une des faces du verre. — Franks, *Kensington Museum*, n° 4957. — Michaëlis, *Annali dell' Inst.* 1872, p. 257. — J'ai pu moi-même examiner ce verre, en 1874, dans l'hôtel de Piccadilly.

clous en pâte vitreuse. Ces parties ont été moulées isolément et soudées après coup, comme les réseaux.

Le vase du baron Lionel est plus ancien de date que celui du trésor de Saint-Marc. Une sculpture grecque a servi de modèle à l'ouvrier, et je ne crois pas m'abuser en le plaçant sur la limite du IIIe et du IVe siècle de notre ère [1].

On se demande à juste titre dans quelle province du monde romain ces objets ont été fabriqués. Les trouvailles n'éclaircissent pas la question, car ni l'Italie ou la Sardaigne, ni la Dacie ou les deux Germanies n'ont pu fournir des monuments à légendes grecques. J'admets que les coupes portant des inscriptions latines viennent de Rome ou même des bords du Rhin; mais, en comparant certaines poteries assyriennes, sans parler des vases de la Chine et du Japon, je me reporterais plus volontiers encore en Orient pour y rechercher la patrie commune du genre. Au musée assyrien de Londres, on voit deux vases à émail vert, enveloppés de réseaux qui ont bien de la ressemblance avec le treillis des coupes vitreuses. Comme les fabriques d'Alexandrie, nous en avons parlé plus haut, imitaient les poteries du monde entier, il est possible que les verres à légendes grecques leur appartiennent.

Pour ne rien omettre, j'appelle l'attention du lecteur sur une classe de verres de facture plus simple, mais qui rentrent dans le même cadre. Il s'agit de ceux dont on trouvera un spécimen sur ma VIe planche (n° 32). Une tige brisée, disposée en triangles, réunit la panse à l'embouchure et forme une espèce de collerette à jour. L'emploi de ces fils en pâtes de couleur a survécu à l'antiquité, et nous les rencontrons jusqu'aux débuts du moyen âge (*pl.* XIII, 73).

---

1. M. Disch, à Cologne, possède un canthare célèbre, orné de trois Amours dorés et entouré d'un réseau à jour, en fils ondulés. A en juger par la chromolithographie, car je n'ai pas vu l'original, c'est un verre de Murano. M. Ernst aus'm Weerth (*Bonner Jahrb.* LIX, 69) partage cette opinion. La forme du vase n'a rien d'antique, et les peintures sont de l'école de Raphaël.

XIII

VERRES A MONTURE D'ARGENT

Au chapitre des verres ornés de gemmes artificielles (p. 56), j'ai consacré quelques lignes à un vase du British Museum [1], qui partage avec bien des verres antiques le privilége d'appartenir à deux genres à la fois. Je suis donc obligé d'y revenir. Il a été trouvé en Italie; sa panse, de forme ovoïde, est une feuille d'argent, percée d'un grand nombre de trous dans lesquels on a soufflé des pâtes vitreuses. Disposées sur huit rangs, ces ouvertures ont été faites à l'emporte-pièce; elles laissent à la couleur bleu foncé des pâtes toute sa valeur et toute sa transparence. Pour se figurer ce gracieux objet aussi frais qu'il est sorti des mains de l'orfévre, on n'a qu'à jeter un regard sur la reproduction que la manufacture de Murano vient d'apporter à l'Exposition universelle.

En 1871, on découvrit au nord de Tiflis, en Géorgie, un vase non moins précieux et qui figure parmi les joyaux du musée de l'Ermitage [2]. C'est un canthare en argent doré. La partie inférieure de la panse, légèrement bombée, est ornée de feuilles, de rinceaux, de baguettes simulant des triangles et que l'artiste a bordées de perles. Au-dessus de chaque triangle, on voit une coquille de la famille des *pectines*.

Quant à la partie cylindrique, elle représente une chasse. Nous sommes au milieu d'une forêt. Quatre peupliers et un chêne séculaire forment le paysage; deux chasseurs, dont l'un à cheval, poursuivent le gibier : un lion, un sanglier, un cerf et une biche. Puis, autour de l'orifice, se développe un rang de rosaces, espacées entre deux filets de perles.

Voilà le décor. Mais ce qu'il y a de plus intéressant, c'est le mode de fabrication; car le bas-relief, travaillé au repoussé, n'a pas son fond d'argent; il est à jour, et les

---

1. Harrison, *Photographs*, pl. 894. On possède des *vasa gemmata* dont la panse, en verre blanc translucide, a été percée de trous que l'on remplissait ensuite de pâtes colorées. Ces pâtes débordent à l'intérieur et au dehors.

2. Stephani, *Compte rendu* 1872, p. 143 (pl. II, 1-2). — Trouvé à Mzcheta, dans un tombeau des derniers siècles de l'antiquité.

figurines, aussi bien que les rosaces et les ornements du bas de la coupe, se détachent sur un fond de verre rouge violacé qu'on a soufflé dans l'intérieur du vase. La pâte translucide remplit les cavités de la lame d'argent et la raffermit; aux endroits, peu nombreux du reste, où l'armature s'est défaite, le verre reproduit exactement les parties frustes du bas-relief.

M. Stephani, auquel nous devons la connaissance de cette coupe unique, l'attribue à la fin du ⅱᵉ ou au commencement du ⅲᵉ siècle de notre ère. Il est moins facile d'en déterminer la fabrique. Certes, le sujet tient de l'art grec et semble copié sur un vase en argent massif; mais le reste n'a pas la même physionomie. En tenant compte du pays où le canthare de l'Ermitage a été trouvé, je le croirais volontiers de provenance orientale, d'autant plus que la coupe d'or du roi Chosroës II (p. 55)[1] présente, au point de vue technique, de frappantes analogies avec les deux monuments que je viens de décrire.

Il n'en est pas de même du scyphus de Varpelev, un des plus admirables produits de l'industrie antique[2]. Là, ce n'est plus le verrier qui succède à l'orfèvre; c'est l'orfèvre qui prend le travail du verrier en sous-œuvre pour le compléter et le transformer. Une coupe en pâte bleue est sertie dans une monture d'argent qui en couvre les bords et enveloppe les deux tiers de la panse. La feuille d'argent, estampée et découpée à jour, simule la couche blanche d'un verre doublé; mais l'effet qu'elle produit est bien plus puissant, grâce à l'éclat du métal et au fini de l'exécution. Une légende grecque, εὐτυχῶς, prise entre une ligne d'eau et deux filets en torsade, se déroule le long de l'embouchure; plus bas, des rosaces, des pampres, des feuilles de lierre et des corymbes sont encadrés dans des losanges perlées. Les anses, incrustées d'or, ressemblent aux poignées d'un vase d'argent. Ce sont elles qui donnent à la coupe la forme du *scyphus* et en achèvent heureusement le décor, déjà si riche et d'un goût si exercé.

Le verre trouvé à Rome en 1832, près de la porte Salara[3], nous fait connaître un troisième genre de monture. C'est une pyxis en pâte incolore, doublée, sur ses deux faces, de feuilles d'argent, dont chacune a son couvercle. Sur la feuille extérieure, on voit une représentation des jeux du cirque : quatre Amours conduisant des chars. Le sujet est gravé au trait, et les figurines se détachent sur un fond doré. Peut-être en cherchant, trouvera-t-on bien des objets à rattacher à cette série intéressante.

---

1. Bibliothèque nationale de Paris. *Catal.*, nᵒ 2538.
2. *Aarboger for nordisk Oldkyndighed*, 1877, p. 354 (avec une pl. coloriée). — Je dois la communication de cet ouvrage, si peu répandu en France, à l'amitié de M. Sophus Mueller, de Copenhague.
3. Coll. Beugnot. Raoul-Rochette, *Peintures inédites*, p. 663; pl. VIII, 5. Elle renfermait les restes de la barbe d'un jeune Romain.

XIV

VERRES GRAVÉS ET VERRES TAILLÉS

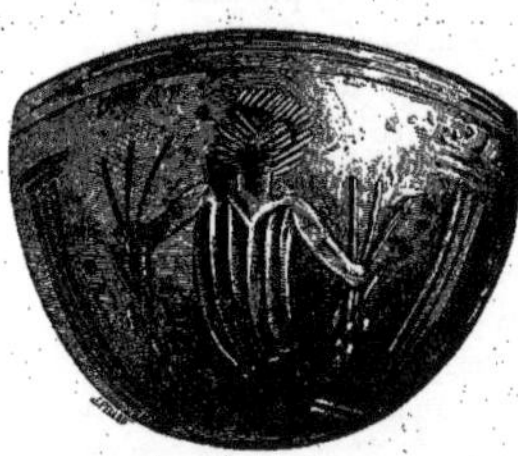

Les verres gravés à la meule sont de la basse époque et d'un style absolument barbare. Néanmoins, il en existe de plus anciens, qui se distinguent par l'élégance du galbe et la simplicité de l'ornementation. Un léger trait, entamant à peine la pâte vitreuse, ou quelques lignes circulaires, tracées sur la panse et l'encolure (*pl.* VII, 40) : voilà leur seul décor. Dans un passage souvent reproduit, Pline mentionne le procédé du touret : *Aliud flatu figuratur, aliud torno teritur.* Il est probable qu'avant de se servir du diamant, on employait l'émeraude pour la gravure sur verre [1].

J'aurais pu citer, parmi les verres à décor géométrique, un grand nombre d'objets de cette famille. Ainsi les vases à spirales gravées; les flacons cylindriques à quatre ou cinq genres de décors variés, divisés en zones et étagés es uns sur les autres. Un verre à boire, du musée de Londres, est taré par une série de petites raies verticales qui lui font une espèce de collier. Une coupe de la collection Charvet (*vignette*, p. 70) porte des entailles plus espacées, et je pense que celle de sainte Gertrude, à Nivelles, avec ses entailles circulaires et en demi-lune, rentre dans la même classe de monuments [2]. Sur une patère moulée, venant de Cologne (*pl.* XXII, 94), on voit un quadruple

---

1. Heraclius, p. 116, éd. Ilg. — *Admovitrius ibid.* p. 133) n'a rien de commun avec le diamant ἀδάμας); c'est le mot *Hammonitrum* (Pline 36, 194), défiguré par les copistes.

2. James Weale, *Catalogue des objets d'art religieux exposés Malines* (2ᵉ édition; Bruxelles 1864), nᵒ 589. — Je dois ce renseignement à l'obligeance de M. Franks.

grènetis, c'est-à-dire une rosace dégénérée, dont le centre, de forme hexagonale, est taillé à facettes. Enfin, un plateau dont on trouvera le dessin plus loin (p. 107) est tout couvert de rinceaux, de folioles, de croisettes entourées de cercles. L'artiste a voulu imiter quelque vase de terre ou d'argent; les croisettes sont les mêmes que l'on rencontre sur les pierres épigraphiques du IIIe siècle [1].

Mais la valeur des verres gravés n'est pas dans ces ornements. Il en existe une suite considérable, une vingtaine, où le défaut d'art est compensé par l'intérêt des sujets qu'ils représentent et des légendes qui en expliquent le sens. Ce sont, en majorité, de petites coupes en verre blanc, d'un travail grossier, les unes du IVe siècle de notre ère, les autres du Ve, si elles ne sont pas contemporaines des rois Mérovingiens. La mythologie grecque, la légende héroïque, les jeux du cirque et de l'amphithéâtre, ont fourni les scènes qu'on y a reproduites; puis, sur quelques rares exemplaires, on voit de véritables panoramas où se déroule toute la côte de Baïes à Pouzzoles. Ces vases se trouvent principalement sur les bords du Rhin; mais, comme ils portent souvent des inscriptions grecques, je ne crois pas qu'ils aient été fabriqués en Germanie. Les verres latins viennent de Rome; le reste a dû être gravé dans un pays hellénisé qui entretenait des relations de commerce avec les provinces du Nord.

Pour donner une idée de ces curieux petits monuments, je citerai les plus remarquables. Ils seraient dignes de former un recueil à part et d'être examinés dans leurs moindres détails.

Un verre de Cologne a pour sujet la création de l'homme (ἀνθρωπογονία). Assis sur un tertre, Prométhée (Προμέθευς, *sic*) est occupé à modeler une figure humaine; il vient d'en achever deux autres qui sont encore inanimées, l'une debout, l'autre couchée. Le frère du Titan, Epiméthée (Ὑπομήθευς), apporte la boîte de Pandore [2], et au bas de cette scène, la Terre, étendue dans une caverne, donne naissance à un enfant, probablement à la personnification de l'Année.

Le bain de Diane et la mort d'Actéon se voient sur un vase trouvé près de Mersebourg [3]. Un poète de l'Anthologie grecque décrit un verre qui représentait les souffrances de Tantale [4]. Sur une seconde coupe de Cologne [5], Hypermnestra (Ὑπερμήστρα), couronnée de feuilles, tend la main à Lyncée (Λυγγεύς, *sic*), son époux, qu'elle refuse de mettre à mort. Derrière la fille de Danaos, on aperçoit un Amour ailé (Πόθος).

Je ne connais que par une citation la coupe, trouvée l'an dernier sur les bords de la

---

1. Ce plateau a été acheté en Italie.

2. Musée de Berlin. — Welcker dans les *Bonner Jahrb*. XXVIII, 54 (pl. 18). *Bull. dell' Inst.*, 1860, p. 66. 158. — Mon interprétation s'écarte sur plusieurs points de celles de Welcker et de M. Michaëlis. Les pains de terre glaise ont une forme différente de celle de l'objet apporté par Épiméthée.

3. Slade, p. 57-58. — Sur un fragment trouvé au rempart d'Hadrien, près de la station de Cambeckfort, on lit le nom d'Ακταίων, gravé à rebours comme les inscriptions du vase de Prométhée. Collingwood-Bruce, *the Roman Wall* (3e éd.), p. 438.

4. Anth. palatine, XVI, 89.

5. Kamp, *Epigraphische Anticaglien in Koeln*, n° 199 [Musée Wallraf]. — Pour la forme *Hypermestra*, voir Ritschl, *Kleine Schriften*. t. II, 497. 517.

Moselle et décorée d'une figure de Neptune [1]. Une multitude de poissons et de monstres marins entourent le Dieu; près de l'orifice on lit les mots : PROPINO AMANTIBVS, *je bois à la santé des amants*. Une petite amphore cylindrique, découverte à Hohen-Sülzen, en 1869, est plus importante encore [2]. Elle nous fait assister à une fête bachique [3]. Debout sur une base, le dieu de la vigne s'appuie sur son dithyrse et remet sa coupe à un jeune Satyre pour qu'il aille la remplir de nouveau. Hercule ivre est couché au pied d'une colline où le jeune Attis, en costume asiatique, danse avec une Bacchante. Plus loin, un Silène emporte un panier de fruits, destiné à quelque sacrifice, et pendant qu'il retourne la tête pour voir si ses compagnons le suivent, Pan profite de cette distraction et lui dérobe une partie de l'offrande.

Les vases relatifs aux jeux publics ont aussi leur degré d'originalité. Sur une ampulle du musée de Vienne, on aperçoit un athlète victorieux, entre deux paires de lutteurs et un vase rempli de palmes [4]. Un fragment, trouvé vers le milieu du siècle dernier à la porte de Pise [5], représente une course de chars et, sur l'arrière-plan, les monuments du cirque : arbres [6], colonnes surmontées de statues, édicules, trophées d'armes barbares. L'une des inscriptions du verre, ZESES (pour ζήσαις, *puisses-tu vivre!*), prouve qu'il est déjà de l'époque chrétienne. Un fragment analogue, trouvé à Trèves, nous fait connaître d'autres détails, et les plus curieux, de l'intérieur du cirque maxime [7]. Enfin, la coupe de Mayence, à la légende VALERI VIVAS, fournit un sujet que nous n'avons pas encore rencontré sur les verres : le bestiaire aux prises avec des léopards et un sanglier [8].

Mais les pièces capitales de cette série sont les trois ampulles, à panse sphérique, de Populonia [9], du musée de la Propagande [10] et d'Odemira [11]. Elles se complètent mutuellement et retracent, comme une fresque, la perspective du golfe de Baïes et de

---

1. A Cobern, en 1878. *Bonner Jahrb.*, LXIII, 167.
2. Publiée par M. Wieseler dans les *Bonner Jahrb.*, LIX, 74 (pl. III, 2. IV). Je ne suis en désaccord avec lui que sur des questions secondaires.
3. Faune dansant devant une Bacchante; médaillon gravé sur un fragment de vase du musée Campana. L'exécution de ce petit groupe est d'une grande finesse; c'est le seul verre à figures gravées qui remonte à l'époque des Antonins. — Figures bachiques sous une treille. Fragment de verre, tr. à Weyden. Urlichs, *Bonner Jahrb*. III, 148. — Bacchante drapée, dansant et tenant un thyrse. Fragment de la coll. Gréau. — Sur d'autres débris, trouvés à Rome, on lit les noms des Muses [British Museum].
4. Sacken et Kenner, p. 458.
5. Deville, pl. 89.
6. Comparez le médaillon des deux Philippe. Frœhner, *Médaillons de l'Empire romain*, p. 197.
7. Wilmowsky, *Arch. Funde in Trier und Umgegend* (Trier, 1873).
8. Le catalogue de l'Exposition universelle de 1867 (p. 227, n° 335) mentionne une coupe de la coll. Beurdelay, représentant une femme assise près d'un temple et agitant un sistre; puis un homme gravant une stèle à l'aide d'un ciseau et d'un maillet.
9. [Coll. de la grande-duchesse de Toscane]. Sestini, *Illustrazione di un vaso antico di vetro ritrovato in un sepolcro presso l'antica Populonia*. Florence, 1812 (traduit en français par Grivaud, dans le Magasin encyclop., mars 1813). — Mercklin, *de vase vitreo Populoniensi* (Dorpat, 1851). — G. B. de Rossi, *le prime Raccolte d'antiche iscrizioni* (Rome, 1852), p. 59. *Bull. Napoletano*, 1853, p. 133 (pl. IX, 2). — Coste, *Voyage d'exploration sur le littoral de la France et de l'Italie* (Paris, 1861), p. 99.
10. Trouvée près de Rome (autrefois au Musée Borgia). *Bull. Napoletano*, 1853, p. 133 (pl. IX). 1854, p. 153. *Bull. dell' Inst*. 1853, p. 36.
11. En Portugal [Académie des Beaux-Arts à Lisbonne]. Jordan, *Arch. Zeitung* 1868, p. 91 (pl. XI).

Pouzzoles. En commençant par la gauche, on voit d'abord les eaux d'un bassin énorme (STACNV*m*) et un pont de bois, contre lequel s'appuie la déesse de l'Approvisionnement annuel, Annona, tenant deux épis et un *modius*. Une seule maison indique la position dé la ville (BAIAE) et du bois qui l'entourait (SILVA). Le phare (FAROS) domine un second étang (STAGNV*m*), aux bords duquel se dresse le palais de Néron (PALATIV*m* NERONIS). On ne distingue de cette somptueuse fabrique que deux portes monumentales, c'est-à-dire deux corps de bâtiments, construits sur pilotis, séparés par le parc d'huîtres (OSTRIARIA) et réunis entre eux par un gigantesque pont. Après le palais, c'est la ville de Pouzzoles qui s'étale dans toute sa magnificence. En avant, le môle et le quai (RIPA) avec sa porte d'entrée couronnée de quatre frontons triangulaires; ensuite le pont (PILAE[1]) aux deux colonnes supportant des statues; l'arc d'honneur d'Antonin le Pieux, décoré d'un quadrige triomphal; deux amphithéâtres (AMPITHEAT*ra*), un portique à double colonnade (SOLARIV*m*); le temple du Génie de Pouzzoles avec la statue du Génie, tenant une corne d'abondance et sacrifiant sur un autel[2]; puis le théâtre (THEATRVM), les thermes de Trajan (THERME TRA*ia*NI?), l'autre extrémité du quai (RIPA) et un édicule dont la façade donne sur une pièce d'eau. Tous ces détails sont grossièrement burinés, à tel point que souvent on a de la peine à deviner l'intention du graveur; mais le défaut d'art est racheté par un puissant intérêt archéologique et le grand nombre des légendes qui classent ces trois verres parmi les monuments les plus précieux de l'antiquité. Je les crois du ive siècle[3].

La coupe gravée de la collection Charvet (*vignette, p.* 94) a pour sujet quatre figures drapées, debout entre des pilastres et portant à chaque main un rameau. Elle vient d'être trouvée à Mayence[4].

Quant aux verres purement chrétiens, ils sont en dehors de mon cadre, et je ne puis les aborder qu'à la hâte. Je ne citerai donc que la patère de Podgorítza[5], qui est ornée de scènes bibliques : le sacrifice d'Abraham, l'aventure de Jonas, Adam et Ève, la résurrection de Lazare, saint Pierre faisant jaillir une source, Daniel dans la fosse aux lions, les jeunes Hébreux dans le brasier, Susanne, les trois enfants babyloniens priant dans un navire. Là aussi, les sujets ont des légendes explicatives, et bien que postérieur de beaucoup aux autres vases gravés, le travail est plus fin, moins fouillé surtout, et fait preuve d'une certaine adresse de l'outil.

Les verres taillés (*pl.* X, 62. XXII, 93) datent de la même époque, le ive et le ve siècle après la venue du Christ. Ils imitent le cristal de roche, et leurs facettes polies, soit

---

1. Sur l'ampulle d'Odemira, on a écrit : PILAS.
2. M. Jordan prend la statue pour celle de la Fortune; c'est une erreur. Je ne suis pas toujours d'accord avec son interprétation, d'ailleurs excellente, ni avec celle de M. de Rossi, et mon point de départ diffère un peu du leur.
3. Sur le bord du verre de Populonia, on lit : *Anima felix vivas*, et sur celui de Rome : *Memoriae felicissim(a)e filiae.*
4. Comparez la coupe publiée par M. Aus'm Weerth dans les *Bonner Jahrb.* LXIII, pl. 5; on dirait que ces deux verres ont été gravés par le même ouvrier.
5. Coll. Basilewsky. — G. B. de Rossi, *Bul. cristiano*, série II, t. V, 153 (pl. XI).

25

ovales, soit hexagonales, arrondies en ogives, quadrangulaires, plates ou biseautées, ou de n'importe quelle autre forme, constituent un décor assez original. Ces facettes sont parfois enfermées dans les carreaux d'un treillis. Mais il ne faut pas les confondre avec celles qui font l'ornement des verres moulés et qui remontent à la belle époque de l'art grec [1].

1. Une ampulle pomiforme de l'île de Chypre, à deux oreillettes, est toute couverte de facettes [coll. du comte Stroganoff]. — Dans la tombe de Varpelev, qui renfermait deux verres taillés, dont un en pâte violacée, on a recueilli un denier d'or de Probus. *Aarboger*, 1877, p. 355.

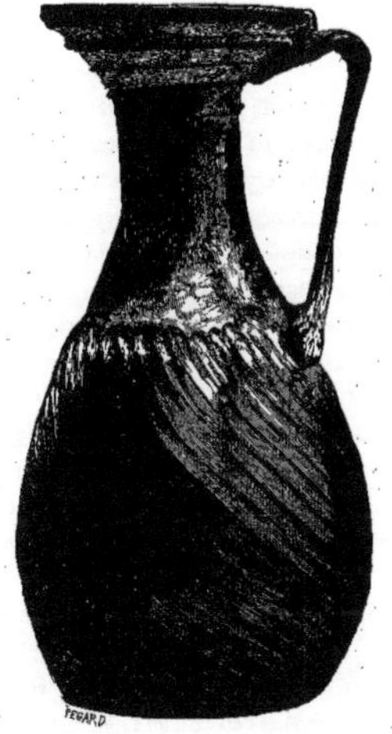

XV

VERRES PEINTS OU DORÉS

On sait depuis longtemps que l'art de peindre sur verre n'était pas inconnu aux anciens. La Bibliothèque nationale de Paris possède un fragment de vase, en verre blanc, qui représente un cortége de divinités égyptiennes, peintes avec des couleurs d'émail. Les traits sont dessinés en noir, au pinceau, et deux couleurs, le rouge et le jaune, sont appliquées à teintes plates dans l'intérieur des contours [1]. Un artiste grec, Satyreios, avait réussi à peindre le portrait d'Arsinoé sur cristal de roche [2].

Mais ce ne fut qu'en 1819 que l'on découvrit dans la nécropole de Cumes un *pinax* en pâte vitreuse, couvert d'une peinture qui avait été exécutée par le même procédé que la miniature égyptienne. Le sujet est une marine; à droite, un vaisseau dont on n'aperçoit que la proue; à gauche, un môle avec son phare; dans le champ, un trident [3]. Là aussi, les contours ont été tracés en noir et servent d'encadrement aux couleurs.

Depuis quelques années, les verres peints se sont multipliés, et pour en montrer l'importance, je ne saurais mieux faire que de citer les principaux exemplaires que j'ai vus ou qui ont été publiés.

3-4. — Patère en verre blanc, représentant le même sujet que la patère de Cumes. La proue de vaisseau est à gauche, devant un phare qui forme l'angle d'un mur. Couleurs rouge, noire et blanche (Musée Campana). — Dans la même collection (n° 303) se trouve un petit plateau, muni de son couvercle et décoré d'un sujet analogue. Les contours noirs, qui ont mieux résisté que la coloration bleue et rouge foncé, permettent de distinguer un môle avec ses voûtes en plein cintre, et la proue ancrée, à droite, devant le phare.

---

1. Raoul-Rochette, *Peintures inédites*, p. 387 (vignette du titre). — Chabouillet, *Catalogue*, n° 2759. — Deville, pl. V, f.

2. Anthol. Palatine IX, 776. — Sillig (p. 408) en fait un graveur en pierres fines, et M. Brunn (*Hist. des Artistes grecs*, t. II, 470) s'en tire comme il peut.

3. Minutoli, p. 16. — J'en ai une aquarelle que M. Arneth avait envoyée à Raoul-Rochette (voir les *Peintures inédites*, p. 387 et les *Mémoires de l'Académie des Inscript.*, XIII, 604).

Dans l'intérieur du couvercle, un cercle rouge, bordé de filets d'or et parsemé de points d'or, est entouré d'une guirlande de fleurs que l'artiste a peinte en or et en rouge.

5. — Coupe à peinture polychrome, trouvée à Nîmes en 1858 : Pygmées combattant des grues; sur le fond extérieur, une rosace entourée d'une guirlande. — Musée du Louvre [1].

6-8. — Trois coupes, découvertes à Varpelev (Danemark) en 1861 : Lion et ours attaquant un taureau (deux exemplaires). — Oiseau picotant des baies; dans le champ, des rosaces et la légende DVB. P [2].

9-10. — Deux autres, trouvées en 1870 à Thorslunde (Danemark) : Chien poursuivant une bête fauve. — Deux paires de gladiateurs et un orgue hydraulique [3].

11. — Gobelet de la collection Slade. Au revers du couvercle, un Amour debout et tourné vers la gauche. La peinture est visible à travers la pâte translucide.

12-14. — Trois verres semblables, extraits du cimetière grec de Dali de Chypre : Amour dansant [4]. — Amour agitant des deux mains un fouet et courant vers la droite [5]. Coloration rouge avec contours noirs.

15. — Verre à boire trouvé à Alger en 1852 : Combat de deux paires de gladiateurs. Dans l'arène, une palme et une couronne. Contours gravés à la pointe. — Musée d'Alger [6].

16. — Gobelet en pâte bleue, découvert à Khamissa (Algérie) : Oiseaux dans un cep de vigne chargé de fruits. Sur le fond extérieur : guirlande entourant une rosace. — Collection du baron Gustave de Rothschild [7].

17. — Médaillon en pâte bleu clair, doublée de blanc opaque sur lequel on a tracé les contours d'un griffon. Coloration brune. — Collection Slade, n° 84. — Trouvé en Sardaigne.

Cette liste est instructive. Elle prouve que la décoration des verres peints ne diffère pas sensiblement de celle des verres moulés ou gravés. Le peintre se propose surtout d'imiter ces deux catégories de vases, et il en reproduit jusqu'à la marque de fabrique (la rosace). Souvent il n'emploie que deux couleurs, mais alors même que sa palette est plus riche, il ne renonce nullement au procédé des artistes égyptiens qui commençaient par dessiner au trait les contours de chaque figure. Une seule fois (n° 15), le dessin a été gravé à la pointe sèche, comme sur les poteries grecques de l'ancien style. Les peintures à l'émail ayant le défaut de s'écailler très vite, c'est pour obvier à cet inconvénient qu'on les applique parfois dans l'intérieur, au revers des couvercles (n°s 4. 11-14).

---

1. Héron de Villefosse, *Verres antiques trouvés en Algérie* (Paris, 1874. Extrait de la *Revue archéologique*), p. 4 (pl. VIII).

2. Herbst, *Varpelev fundet* (Copenhague, 1865), p. 10 et pl. I-II.

3. *Aarboger for nordisk Oldkyndighed*, 1871, p. 441 (pl. XI).

4. Vente d'antiquités chypriotes du 19 janvier 1875 (n°s 103-104).

5. Coll. du comte Stroganoff.

6. Héron de Villefosse, *l. c.*, p. 3.

7. Héron de Villefosse, *l. c.*, p. 6 (pl. IX).

La dorure sur verre est également d'origine égyptienne. Nous en avons parlé au chapitre des verres à miniatures (p. 53-54), et nous avons cité quelques-unes de ces petites tessères qui portent des feuilles d'or incrustées [1]. Sur une patère plaquée d'or, du British Muséum, on voit la coiffure *atef* environnée d'étoiles[2], et la même collection possède une ampulle entièrement dorée. On connaît d'autres verres de ce genre (ὑάλινα διάχρυσα), et qui rappellent ceux de la pompe de Ptolémée Philadelphe[3]. Dans les verres marbrés et dans les coupes de la fabrique de Toscanella (p. 47. 51), il y a parfois une veine, un ruban ou des taches d'or; le peintre sur verre (p. 100) employait la poudre d'or. Une urne cinéraire de l'ancien musée d'Horace Walpole[4] représente Amour et Psyché dans un massif de cyprès, au milieu de trois enfants dont l'un sonne de la conque; sur le fond extérieur, un buste drapé est entouré de ceps de vigne. Toutes ces figurines, avec leurs accessoires, sont en feuilles d'or adhérentes aux parois du vase.

Mais la plupart des verres à dorure appartiennent à l'époque chrétienne, et comme M. Charvet les a exclus de sa collection, je ne veux pas trop y insister. Une feuille d'or enfermée entre deux verres, dont l'un lui sert d'applique, tandis que l'autre la protége contre l'usure *(petala inter vitrum duplicatum inclusa)* : voilà la forme sous laquelle ils se présentent. Au xe siècle, le procédé était déjà oublié[5], en Occident du moins, car les verriers byzantins n'ont pas discontinué de s'en servir[6]. M. Salviati vient de le retrouver et d'en faire la plus heureuse application.

Quant aux verres argentés, on ne possède encore que ces vases plaqués d'argent, qui forment le sujet de mon xiiie chapitre et qui n'ont rien de commun avec la série qui nous occupe.

---

1. Qui donc a douté de la possibilité d'incruster des fils ou des lamelles d'or dans la pâte vitreuse?

2. Coll. Slade.

3. Athénée, l. V, à la fin de la p. 199.

4. Middleton, *Antiquitatis monumenta* (Londres, 1745), p. 83 (pl. 4-5). — Catalogue Hertz, p. 127 (n° 52). Il faudrait voir l'original pour juger en dernier ressort. — Raoul-Rochette aimait à citer les verres dorés, trouvés près de Vérone; il s'était laissé tromper par Musellius, qui prenait la patine métallique pour un placage d'or ou d'argent (*Antiquitatis Reliquiae*, pl. 86, 1-2; 87, 1; 88). Le fait est facile à vérifier; la coupe côtelée multicolore, publiée pl. 87, 1, n'a jamais pu recevoir de dorure. — J'ai déjà parlé (p. 91), sous toutes réserves, du verre doré de la coll. Disch à Cologne.

5. Heraclius, p. 7. 8. 117 (éd. Ilg).

6. Théophile, II, 13.

XVI

OBJETS DIVERS EN PATE VITREUSE

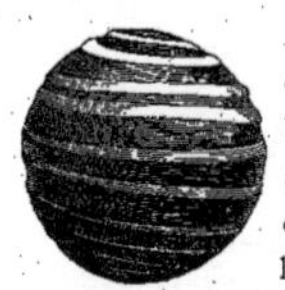

Notre étude de la Verrerie antique ne mériterait pas ce titre si elle se bornait au seul examen des vases, en négligeant les nombreux objets en pâte vitreuse qui font l'orgueil de nos musées. Les anciens connaissaient toutes les qualités du verre ; voyons jusqu'à quel point ils savaient le discipliner, en varier les applications, l'assujettir à leurs besoins et à leurs caprices.

Je commence par les objets qui se rattachent en quelque sorte aux chapitres précédents : la lampe [1], l'entonnoir [2], la cuiller [3], la baguette à remuer les liquides [4], la ventouse, le matras qui servait aux opérations chimiques ou pharmaceutiques [5]. De tout cela il existe des spécimens en pâte de verre, si quelque texte classique n'en fait pas mention. Une grande cornue trouvée aux Aliscamps, la pièce capitale de l'ancienne collection Augier, est aujourd'hui encore remplie de vin [6]. On peut ajouter à cette liste : la cloche du plongeur [7], la clepsydre, c'est-à-dire l'horloge à eau, la sphère

---

1. Au British Muséum. — Un poëte chrétien, Paulinus de Nola, parle de *vitreoli calicli*, suspendus à un candélabre.

2. Alvino, pl. 18. — Emele, pl. VI, 7. — G. de Looz, *Tombe d'Avennes*, pl. VII, 8.

3. Cuillers en pâte blanche, trouvées à Rome et dans l'île de Milo [Louvre et British Muséum]. Il existe des cuillers vitreuses sans manche et d'autres en bronze avec un manche en verre. — Τρυβλης μεταιορουργης. Scholiaste de Lucien, *Lexiphane*, ch. 7. — Deville, pl. 81.

4. Coupe de Dali, en verre incolore, avec sa baguette [Musée du Louvre]. — *Virgula solet fieri vitrea, stricta vel pluribus angulis in modum clavae torosa.* Sénèque, *Natur. quaest.* I, 7. — Ces baguettes sont souvent en torsade et formées de deux ou de trois fils polychromes ; il y en a qui sont terminées par un anneau. Houben, pl. 17, 3. Deville, pl. 80.

5. Deux de ces matras ont été découverts aux Aliscamps d'Arles et se trouvent, l'un au Musée d'Arles, l'autre au Musée de Marseille (ancienne coll. Augier). Quicherat, *Revue archéol.*, N. S., XXVIII, 79 (pl. XIII, 3-4). — Un troisième, trouvé à Castel, a été publié par Emele, pl. VI, 13.

6. Musée de Marseille. Quicherat, *Revue arch.*, l. c., p. 80 (pl. XIII, 5). — Berthelot, *Séances de l'Académie des Sciences,* 14 mai 1877.

7. Zacher, *Pseudokallisthenes*, p. 140.

d'Archimède qui indiquait la position des corps célestes, enfin les cercueils de verre dont j'ai parlé dans mon Introduction [1]. En Syrie, les chasseurs enfermaient les jeunes tigres dans des cages de verre [2], et jusqu'au moyen âge on avait des cages vitreuses pour les oiseaux [3].

Je ne puis rendre la physionomie du genre que par des traits isolés, car elle se présente sous une telle variété d'aspects qu'à peine on a le temps de saisir les lignes essentielles. Cela est surtout vrai pour les menus objets, dont la destination ne semble pas toujours claire et qu'il faudrait étudier un à un, en abordant toutes les faces ou plutôt en sondant tous les recoins de la vie privée des anciens. Regardons-y cependant avec attention. Voici la table de jeu d'un Romain du 1er siècle. Les pierres du damier sont en pâte de verre, et de deux couleurs distinctes [4]. De même, les latroncules [5], les figures de l'échiquier, les dés et les osselets *(vignette ci-contre)* [6]. Sous le règne d'Hadrien, les hommes les plus considérables jouaient publiquement avec des boules de verre [7]. Le grand-père de l'empereur Marc-Aurèle, déjà trois fois consul, excellait à ce jeu. En effet, nous possédons des boules en pâte vitreuse multicolore *(vignette p. 102)*; mais il est douteux qu'elles aient pu servir à un tel usage, car leurs parois sont extrêmement minces et toujours munies d'un orifice [8]. D'après Hérodote (II, 69), les Égyptiens les suspendaient aux colliers des crocodiles.

Je n'ai pas à revenir sur les perles en pâte opaque qui se trouvent en si grand nombre dans les tombeaux celtiques et germaniques. Ce fut la première mission du verre et son avantage le plus immédiat de remplacer les matières précieuses. Plus tard, il eût été facile de réunir une parure complète en verre blanc : épingles à cheveux [9], pendants d'oreilles, chaîne, collier, bracelets [10], bagues et anneaux *(pl.* XI). La bague vitreuse est néanmoins assez rare, en dépit d'un passage de Pline qui l'appelle le joyau du pauvre [11]. On en a extrait un certain nombre des sépultures de Chypre. L'inventaire de

---

1. A la p. 16.

2. *Hermes*, t. III, 10.

3. *Minnesinger*, I, 46, *b*. — Les deux montants de siége qui viennent de Cologne et que Devillé a publiés (pl. 83), sont faux, ainsi que leurs inscriptions. Doit-on s'étonner que le conservateur actuel des Antiques au Musée du Louvre, M. Ravaisson, les ait achetés et exposés dans les vitrines du Musée Charles X? La fausseté de ces pièces est si manifeste qu'un débutant ne s'y serait pas trompé.

4. Ovide, *Ars amat.*, II, 207.

5. Martial, VII, 72, 8.

6. L'osselet de la coll. Charvet est en pâte verdâtre et vient de Chypre. Au Brit. Muséum il y en a de blancs et de noirs. — Dé en pâte verte (coll. Charvet).

7. Vitrea pila. Orelli, *Sylloge*, 2591, cite un passage de Nicéphore Grégoras, *Hist. byz.* VIII, 10, 4 : ἐξ ὑέλου σφαῖρα. — *Ephemeris epigr.* I, 55.

8. Houben, pl. 40. — Deville, pl. 80. — Minutoli, p. 10, parle d'une boule en verre mosaïque, trouvée dans les ruines d'un temple de Véies.

9. L'épingle de la coll. Charvet est en os et décorée de perles de verre. Elle représente une main tenant un buste de femme.

10. J'ai publié, à la p. 49, un bracelet en pâte noire; d'autres, en verre multicolore, se trouvent dans Lindenschmit, *Alterthümer unserer heidnischen Vorzeit*, t. II, fasc. 9, 3.

11. L. XXXV, 48 : Vitreis gemmis e volgi anulis. — La plus grande bague en pâte vitreuse que j'aie vue, fait partie de la collection de M. Alessandro Castellani à Rome.

l'Hecatompedos, dressé dans la troisième année de la 95ᵉ olympiade, mentionne une dizaine de cachets en verre polychrome (σφραγῖδες ὑάλιναι ποικίλαι) avec leur sertissure en or [1].

Quant aux intailles et aux camées reproduits en pâte, ils sont trop étroitement liés à la glyptique en pierres dures pour qu'on ait jamais songé à les en détacher. M. Charvet a de très belles imitations de camées (*pl.* XI) : un sphinx femelle; un vanneau qui se précipite sur un nid de petits oiseaux; un buste drapé et voilé; Vénus assise au pied d'un arbre et tenant sur ses genoux une corbeille où elle va renfermer quelques Amours qui se sont échappés. Une des compagnes de la déesse secoue les branches pour en déloger les fugitifs; une autre les reçoit dans ses bras. On connaît beaucoup de ces camées, de toutes les époques de l'art et de toutes les dimensions; mais les intailles en pâte de verre sont plus nombreuses encore (*pl.* XI), et il n'est pas toujours aisé de les distinguer d'une pierre, lorsqu'elles sont serties dans leur chaton [2]. En citer ne fût-ce qu'un choix, ce serait se perdre dans un des plus vastes domaines de l'archéologie. J'en dirai autant des amulettes que les anciens attachaient à leurs colliers. Ceux qui nous intéressent particulièrement ont été décrits à leur place : les masques phéniciens, par exemple *(vignettes ci-dessous)*, les figurines de Syrie et les

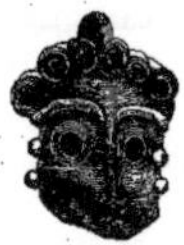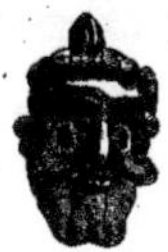

phallus [3]. D'autres objets viennent à la suite; car où faudrait-il classer les tessères chrétiennes et byzantines (*pl.* XI) [4], si ce n'est à côté de ces antiques talismans?

Il existe une tessère gauloise en verre, au même type que les monnaies d'or et de cuivre des Morins [5]; aux environs de Châlons-sur-Marne, on a trouvé l'empreinte, en pâte blanche, d'une monnaie de Diaduménien [6]. Ces pièces forment pour nous la

---

1. *Corpus inscript. graec.* 150. — Bœckh, *Staatshaushalt*, t. II, 263.

2. Gemmae vitreae pro veris venditae. Trebellius Pollion, *Gallieni duo*, ch. 12.

3. Deville, p. 40. — Phallus en verre rose, orné de filigranes, trouvé à Metz (Simon, p. 235).

4. Il y en a trois : CRISTOFORI. Saint Christophe portant l'enfant Jésus; puis deux monogrammes byzantins, dont l'un semble devoir se lire : Θεοδώρου, l'autre Νικηφόρου. Trois tessères d'*éparques* byzantins sont citées dans la *Slade collection*, p. 59; j'en connais deux autres que je publierai prochainement.

5. Coll. de M. Félix Le Sergeant de Monnecove. Cette tessère, en pâte verte, représente un cheval galopant vers la g.; dans le haut on aperçoit le bras dr. levé de l'aurige. Le revers est lisse et légèrement bombé, ce qui rappelle les monnaies unifaces des Morins. L'objet a été trouvé, en 1851, à Fresnicourt (entre Arras et Béthune). Voir Dancoisne, *Un mot sur la 6ᵐᵉ question ainsi conçue : a-t-il existé des monnaies de verre chez les Gaulois?* (Arras, 1854).

6. Simon, p. 235. — J'ai déjà parlé (p. 35) des bustes de Marc-Aurèle, de Faustine et de Commode jeune (il n'en existe ni d'Antonin, ni de Lucille) en relief, qui décorent les fonds de certains verres trouvés à Rome. Au musée britannique, on voit deux fragments semblables, dont l'un porte, en relief, l'avers d'un Grand Bronze de Domitien; sur l'autre on distingue l'avers d'un Grand Bronze d'Hadrien. Slade, nᵒ 195.

transition naturelle aux monnaies arabes en verre. Pour peu que la curiosité s'y porte, il y aura bien des choses à apprendre de cette multitude de petits monuments, encore si peu appréciés et pourtant si dignes d'être recueillis.

Mais ne nous abusons pas. Si, d'une part, la richesse des matériaux défie toute analyse, il n'en est plus de même sur d'autres points où notre savoir relève presque entièrement des textes classiques. On devine que c'est aux miroirs que je fais allusion. Les auteurs anciens s'occupent peu des miroirs de verre (ὕελινα κάτοπτρα). Un philosophe grec, Philolaos, contemporain de Socrate, semble les avoir connus; Pline en attribue l'invention aux artistes de Sidon, mais sans nous renseigner ni sur la doublure, ni sur la couleur des pâtes. Ce n'est que bien plus tard, au vi[e] siècle de l'ère chrétienne, qu'on parle de l'étamage [1]. Faut-il en conclure que les miroirs phéniciens étaient en verre noir? Je ne le pense pas. Le musée de Turin a deux petits miroirs antiques en pâte blanche, trouvés en Égypte et cerclés chacun d'une bordure en bois de sycomore. L'un d'eux est encastré dans le siége d'une figurine en pierre calcaire [2]. L'existence des miroirs vitreux ne fait donc pas de doute, et s'ils n'ont pas réussi à se substituer, dans l'antiquité même, aux disques de bronze ou d'argent, cela tient à des motifs que nous ignorons. Du reste, si les miroirs en métal abondent dans certains pays, comme en Étrurie et en Grèce, il en est d'autres où jamais on n'en a découvert un seul.

Quant aux verres comburants et aux verres d'optique, on ne saurait nier que les anciens en aient fait usage. Du temps d'Aristophane, les droguistes vendaient une pierre translucide (ὕαλος) pour allumer le feu par les rayons solaires [3]. Des lentilles grossissantes, taillées en plan convexe, ont été retrouvées en assez grande quantité pour que nous ayons sur ce détail une idée nette et précise [4].

Il ne resterait donc qu'une question à examiner, mais une des plus importantes, l'emploi du verre dans l'architecture. On n'aura pas oublié le beau passage de Théophile [5], où il raconte que les Francs recherchaient dans les décombres des édifices romains les mosaïques en verre multicolore afin de les soumettre de nouveau à la cuisson. Les mosaïques de ce genre sont si fréquentes que je ne veux citer aucun exemple [6]. Au xviie siècle, et à Rome même, Passeri fit déblayer les substructions d'une maison antique, dont le pavé formait une masse compacte de verre. Une découverte analogue eut lieu à *Isola Farnese*, où des centaines de carreaux en verre verdâtre, de l'épaisseur d'une tuile, avaient servi au pavage des appartements [7]. Souvent, ces mêmes carreaux

---

1. Dans les *Problemata* attribués à Alexandre d'Aphrodisias (I, 132) ἔνδοθεν αὐτῶν χρίουσι κασσιτέρῳ. — Beckmann, *Geschichte der Erfindungen*, t. III, 501-518.

2. Raoul-Rochette, *Peintures antiques inédites*, p. 379-380.

3. *Nuées*, 766-772. — Th. H. Martin, *Textes anciens sur les verres comburants par réfraction.* Extrait du *Bull. di Bibliografia delle scienze matematiche*, t. I (1868).

4. A Pompéies, à Nola (Minutoli, p. 4), en Angleterre, en Cyrénaïque (Musée de Sèvres, n° 4170). Celle de Nimroud est en cristal de roche.

5. L. II, 12.

6. Anthol. Pal. XIV, 52 : ὑελίνῳ ἐν δαπέδῳ.

7. Deville, pl. 16 : plaques du Musée de Rouen.

(*quadraturæ*) furent employés au placage des murs. Nous en avons la preuve dans la description du théâtre de Marcus Scaurus [1], dont la scène, à trois étages, était revêtue de marbre, de verre et de bois doré. Les plaques vitreuses venaient de Sidon ou de Tyr, car, avant son édilité (696 de Rome), Scaurus avait pris part à la campagne contre Mithridate, et son corps d'armée opérait précisément en Judée et en Arabie. Après le principat d'Auguste, le verre envahit les murs et les plafonds des habitations privées [2]; des mosaïques en cubes vitreux remplacèrent les fresques [3]; le verre noir faisait office de glaces. Là aussi, on n'avait qu'à suivre l'exemple des Orientaux. Un des vingt tyrans, Firmus, qui s'était emparé de l'Égypte, fit couvrir toute sa maison de plaques de verre carrées, scellées dans le mur au moyen d'un mastic [4]. Il est possible que les bas-reliefs en pâtes doublées (p. 86) aient été destinés à ces revêtements, et d'autres, en pâte bleue ou incolore, ressemblent trop aux bas-reliefs en terre cuite pour avoir eu une destination différente. Une plaque célèbre du British Museum (Antinoüs en Bonus Eventus) a longtemps passé pour un véritable lapis lazuli [5]. Les fabriques d'Alexandrie, dans la seconde moitié du IIIe siècle, ont dû se livrer avec assiduité à ce genre de travail, si conforme aux goûts du pays et aux exigences du climat.

Le verre à vitre ne saurait avoir une origine différente, bien que Caligula, lors de sa visite à Alexandrie, se soit encore servi de la pierre spéculaire. Le plus ancien texte qui parle clairement de fenêtres en verre est un passage de Lactance, précepteur du fils de Constantin [6]. Mais les fouilles d'Herculanum, de Pompéies, de Baïes, de Rome, de Velleia, nous ont fourni d'énormes quantités de vitres, épaisses la plupart et de peu de transparence [7], parfois dépolies. En 1824, on voyait à Pompéies une petite fenêtre avec sa bordure de bronze, garnissant la devanture d'un magasin. De la villa romaine de Wellen, aux environs de Trèves, on a extrait un fragment de vitre, en pâte verte, avec son châssis de plomb [8]. Si les plaques de verre blanc qui font partie du musée Campana [9] proviennent réellement d'un tombeau étrusque de Caeré, il faut que l'invention des vitres remonte à une assez haute antiquité. Et j'avoue qu'une telle théorie ne me déplairait pas.

En relisant ces quelques pages sur l'emploi pratique du verre, on se demande à

---

1. Pline XXXVI, 114.

2. Pline XXXVI, 189. 196. — Sénèque, *Epist.* XIII, 1 (86), 6 : Vitro absconditur camera. — Stace, *Silvae*, I, 5, 42 : effulgent camerae vario fastigia (*le plafond*) vitro.

3. Minutoli, p. 13-16 (pl. III. IV). — Croissant en pâte rouge, avec une couche de mortier au revers (Coll. Gréau).

4. Vopiscus, *Vie de Firmus*, ch. 3.

5. *Ancient Marbles*, t. III, vignette du titre. — Raoul-Rochette, *Peintures inédites*, p. 381.

Apollon entre deux Muses. Passeri, *Lucernae fict.* t. I, 76. — Taurobole. *Ibid.*, II, 88.

6. M. Marquardt, *Ræm. Privatalterthuemer*, t. II, 342-344, a cité tous les textes relatifs au verre à vitre. Je n'ai qu'un seul passage à y ajouter : τὰ ὕελια ἃ διὰ τῆς ψυφεμπλαστικῆς τέχνης ἐπιτίθενται ταῖς θλίαις χάριν τοῦ φωτίζεσθαι ταύτας (Philoponus II, *in posteriora Analytica*, p. 221, éd. de 1504). — Voyez aussi Raoul-Rochette, *Mémoire sur les jardins d'Adonis*, p. 5. — Bontemps, p. 222.

Isidore de Séville est le premier qui mentionne les lanternes en verre (*Orig.*, XX, 10, 7).

7. Deville, pl. 112, *b*.

8. Je dois ce renseignement à M. Félix Hettner, directeur du Musée de Trèves.

9. *Catalogo*, n°s 97. 112. — Deville, pl. 112, *a*.

quel degré de perfection ces puissantes manufactures de Rome, de Sidon, d'Alexandrie, se seraient élevées, si la culture antique avait survécu à l'effondrement de l'Empire romain. Mais le progrès aussi a ses limites, et il arrive un moment où l'humanité, lasse de ses propres conquêtes, se remet à tout détruire pour tout recommencer.

J'ai voulu me rendre compte du rôle que le verre a joué dans la mythologie et la légende héroïque. Les poètes grecs y font rarement allusion; en dehors du bouclier de verre dont Persée se servit pour combattre les Gorgones [1], ou des ancres de verre, attachées aux vaisseaux des démons marins [2], je ne vois rien qui s'y rapporte. Mais les traditions du Nord sont plus riches en renseignements, et souvent on y parle de montagnes de verre, d'îles, de vaisseaux ou de fontaines en pâte vitreuse. Le ciel de l'Edda est en verre transparent, et dans la Wilkinasaga, la mère de Sigfrid cache son nouveau-né dans un vase de verre. Selon la légende celtique, le roi Arthur demeurait dans un gigantesque verre à boire; le navire sur lequel il traversait l'Océan, avec ses chevaliers de la Table ronde, était également en pâte vitreuse [3]. Il y a une réalité derrière ces fictions. Se serait-on figuré que la maison des dieux et des héros, que les objets qu'ils touchaient étaient en verre plutôt qu'en or ou en pierres dures, si le verre n'avait eu longtemps une valeur égale, sinon supérieure, à celle des matières les plus précieuses? C'est là ce qui ressort en définitive de chaque feuille de mon livre. L'histoire du verre est la description d'un trésor, de celui, il est vrai, qui tient le moins de place dans l'héritage que les anciens nous ont légué. Mais cette place, quelque étroite qu'elle soit, demande à être remplie, lorsqu'il s'agit de sauver les débris d'un grand patrimoine.

---

1. Berger de Xivrey, *Tératologie*, p. 135.
2. Lucien, *Vera histor.*, I, 42.
3. La question des forts vitrifiés à été résumée dans les *Bonner Jahrb.* XXXVII, 197. XLI, 160.

Voyez aussi : André, *Catalogue du Musée de Rennes* (2ᵉ édition), p. 168. *Verrerie et Vitraux peints dans l'ancienne province de Bretagne*, p. 101-162 (Muraille vitrifiée de Saint-Brieuc).

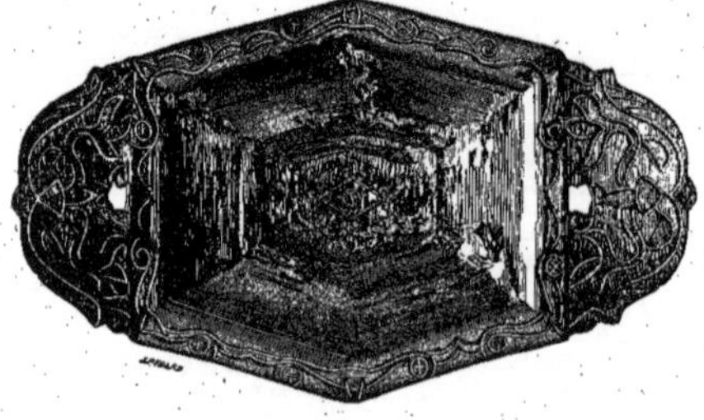

XVII

TABLE GÉOGRAPHIQUE

Il m'a semblé utile d'essayer, pour la Verrerie, ce qu'on a fait pour les vases peints: une table des provenances. Sans doute, un travail de cette nature ne réussit pas du premier jet. Rien ne sera plus facile que d'en agrandir le cadre, de le surcharger même, selon l'importance que l'amateur attache à sa collection ou l'explorateur à ses fouilles. La géographie des vases peints est d'une étendue moindre; elle présente plus d'unité et permet des conclusions immédiates. Ses limites déjà portent en elles leur enseignement. Quant aux verres, on en rencontre partout où la civilisation romaine a pénétré. Je ne puis donc songer à faire entrer dans cette liste toutes les localités qui ont produit des verres antiques, et j'en exclus, de parti pris, un grand nombre de trouvailles isolées, pour ne citer que celles qui ont une réelle valeur. Moins rempli, le tableau sera plus attachant; et ceux qui savent combien le mieux est l'ennemi du bien ne craindront pas d'apprécier mon travail en raison même de ses insuffisances.

LUSITANIE

Odemira (district d'Evora). — Aux environs de cette ville, dans une mine exploitée par les Romains, on découvrit le petit flacon en verre blanc dont j'ai parlé à la page 97. Il représente la côte de Pouzzoles et de Baïes, et doit avoir été fabriqué en Italie. Après avoir figuré à la grande Exposition de Paris (Teixeira de Aragao, *Exposition universelle de 1867; section portugaise*, p. 141), il fut offert, par le marquis de Souza-Holstein, à l'Académie des Beaux-Arts de Lisbonne.

Tavira. — Verres trouvés, en 1868, dans une né-cropole romaine. Teixeira de Aragao, *Relatorio sobre o cemiterio romano descoberto proximo da cidada de Tavira* (Lisboa, 1868), p. 16, pl. 1.

ESPAGNE

Pline (36,194) et, d'après lui, Isidore de Séville (XVI, 16, 4) parlent de manufactures verrières établies dans les deux Espagnes. On y suivait le même mode de fabrication qui s'employait en Campanie. Mais, en dehors du verre d'Odemira, je ne connais pas une seule pièce importante qui vienne de la presqu'île ibérique. Les verres communs n'y font pas défaut; il en existe dans plusieurs collections, bien qu'on n'en ait pas publié beaucoup. Quant au verre bleu godronné, trouvé dans l'île de Majorque et portant l'inscription : οἶνος ἡ λαμπρὰ ἡδονή (Raoul-Rochette, *Mém. de l'Académie*, XIII, 604), je le considère comme faux. L'aquarelle qui avait été offerte à Raoul-Rochette par E.-Q. Visconti est dans ma collection de dessins; on y lit : *Vasculum cærulei coloris ex ruderibus Santagninii oppidi apud Balearim maiorem effossum; penes Antonium Despuigium.* Le catalogue Bovér ne fait pas mention de cet objet, et M. Huebner n'en parle pas davantage.

TARRACO (*Tarragona*). — Flacons à long col, publiés par Albinana et de Bofarull, *Tarragona monumental*, pl. 18, p. 87.

GAULE NARBONNAISE

TOLOSA (*Toulouse*). — Vases de verre trouvés aux cimetières de Terre Cavade et de Feretra (*Hist. et Mémoires de l'Académie de Toulouse*, t. 1, pl. 7).

Hautemur, dép. de l'Hérault. — Vase de verre en pâte rouge transparente (*Mém. de la Société arch. de Montpellier*, t. I, 533).

NEMAUSUS (*Nîmes*). — Le comte de Caylus (*Recueil*, t. II, pl. 106) a publié le premier quelques verres romains qu'on lui avait envoyés de Nîmes. Une grande urne cinéraire, avec son couvercle, a passé de la collection Artaud au Musée de Lyon (Comarmond, n. 9). Un flacon oviforme, en pâte violette, trouvé aux environs de la ville, figure au catalogue Hertz (Londres, 1851; p. 126). Quelques verres provenant des fouilles de Perrot ont été publiés dans l'*Archæologia brit.*, t. 34, 68 (pl. 7). En 1866 et 67, les fouilles de la nouvelle église de Saint-Baudile ont produit sept urnes cinéraires, en verre blanc et bleu, avec leurs couvercles; puis un entonnoir, un petit rhyton, une patère et d'autres récipients vitreux (Révoil, *Fouilles archéologiques*. Nîmes, 1867, avec 3 pl.).

Le Musée de Nîmes possède un certain nombre de verras avec des marques de fabrique, celui, entre autres, qui porte le nom de Ζῆσος (Aurès, *Marques de fabrique du Musée de Nîmes, publiées en facsimile*; 1ᵉʳ fascicule; Nîmes, 1876). Quant à la petite coupe trouvée en 1858 et ornée de peintures à couleurs d'émail (*Pygmées combattant des grues*), elle a été offerte, par feu Pelet, au Musée Napoléon III.

Alais, près de Nîmes. — Vases cinéraires à deux anses, en pâte verdâtre. Aiguière à orifice trilobé, ornée de feuilles (en relief?). Perrot, *Supplément à l'édition de 1829 de l'Hist. des Antiq. de Nîmes* (1830; planche lithogr.).

AQVÆ SEXTIÆ (*Aix en Provence*). — Urne cinéraire, avec sa boîte en plomb, trouvée (vers 1750) dans les terres du Président de Saint-Cavat (Caylus, *Recueil*, t. I, pl. 103, 1). — Verre à boire portant l'inscription εὐφρένου (Catalogue Durand, n° 1490).

Grandes urnes cinéraires à panse cylindrique, trouvées au lieu dit *Pré Bataille* (Catalogue Pourtalès, n° 1404).

APTA IVLIA (*Apt*). — Les verres de cette florissante colonie romaine ont été disséminés partout. Le Musée Britannique en possède plusieurs de pâtes colorées; d'autres ont été achetés pour le Musée d'Avignon, où ils remplissent une vitrine tout entière. Je ne citerai que l'urne funéraire (n° 17) qui porte la marque du fabricant : I. ARLENI. IAPIDIS. Elle a été trouvée en 1835. Une seconde urne, renfermée dans un vase de plomb de forme cylindrique (n° 2), fut acquise en 1836. Sur le fond d'une bouteille découverte en 1840, on voit une femme drapée, armée d'une haste (Minerve?) et entourée des lettres S. G. A (Catalogue manuscrit, n° 72).

GAULE VIENNOISE

MASSILIA (*Marseille*). — Deux urnes cinéraires, avec leurs boîtes en plomb, trouvées en 1591 lors de la construction du pont-levis de la porte Réale (Grosson, *Recueil*, p. 208). — Ampulles nombreuses, exhumées de la place Saint-Victor (Grosson, p. 193. 198-207. 213).

ARELAS (*Arles*). — La nécropole d'Arles est extrêmement riche en verres. Dans ses *Antiquités de la ville d'Arles* (1655), qu'on a publiées dernièrement, le conseiller Rebatu ne cite que quatre ampulles communes, dont deux à long col; un peu plus tard, on trouva le flacon d'*Euhodia* (Estrangin, *Études sur Arles*, p. 149). Le *Recueil* de Caylus (III, 330; pl. 89) ajoute à ces découvertes un fragment dans le genre du vase Portland, représentant un personnage bachique qui entraîne un bouc et qui est suivi d'un Satyre (Chabouillet, *Cat*. 3401). Mais les fouilles qui furent exécutées depuis, dans l'espace compris entre les Aliscamps et les ateliers du chemin de fer, ont produit un énorme nombre de verres. Les tombeaux romains se trouvent toujours à une certaine profondeur ; ils touchent le roc, pour ainsi dire. Là, les verres sont en pleine terre, protégés par des urnes en plomb ou en calcaire, ou plus simplement par des éclats de pierre ou des briques plates. Leur patine se distingue par ses reflets argentins. Souvent ils sont accompagnés de monnaies de cuivre, de bijoux d'or et d'argent, d'objets en ivoire ou en bronze, de lampes en terre cuite. Les sarcophages chrétiens sont placés à 40 ou 50 centimètres au-dessus du cimetière païen; ils abondent également en verres de toutes sortes, dont quelques-uns sont encore remplis de vin; mais leur irisation n'a pas le brillant des verres romains. On en a trouvé avec des bagues d'or et des épingles en ivoire trempées dans le liquide. La collection de M. H. Augier, à Marseille, aujourd'hui au château Borély (*Revue arch.*, N.S., t. 28, 79), doit une grande partie de ses richesses à la nécropole des Aliscamps. J'en ai cité les verres principaux, notamment un matras (p. 102) et un grand tube à soufflures contenant du vin rouge. D'autres objets en pâte vitreuse sont entrés dans la collection de M. Charvet; ainsi le petit jouet d'enfant, n° 26 (pl. v), les n°° 39, 41 (pl. vii), 46 (pl. viii), 61 (pl. x), 81 (pl. xiv) et le Rhyton n° 103 (pl. xxv). Au musée de la ville, il y a un second matras, trouvé aux Aliscamps, et un amphorisque en forme de grappe de raisin, provenant des ruines du théâtre. Un fragment de verre polychrome a été publié par M. Quicherat (*Revue arch.*, l. c., pl. xiii, 1).

Dans le faubourg de Trinquetaille, on trouve de grands dépôts de pâtes vitrifiées. La fiole à la légende PATRI. MONIVM vient également de là.

Environs de la fontaine de Vaucluse. — Grande coupe côtelée, en verre bleu lapis, de la coll. du marquis de Baroncelli-Javon, à Avignon. Le musée d'Avignon possède un verre presque identique.

Saint-Gabriel, dép. de Vaucluse. — Flacon formé de deux masques imberbes; pâte vert clair [musée d'Avignon, n° 155].

¹ VASIO (*Vaison*). — La ville n'a pas de musée, et au lieu de conserver précieusement les objets antiques, souvent d'une beauté hors ligne, que l'on trouve en si grand nombre dans ce sol fortuné, on les vend au premier venu. Les fouilles faites, en 1838, dans le quartier Saint-Laurent, ont procuré au musée d'Avignon une patère côtelée en verre blanc opaque et une urne à panse cylindrique, renfermée dans une urne carrée (*Catalogue*, n° 3). Un flacon, exhumé en 1842, porte l'estampille M.V au-dessus d'un caducée (n° 70); sur un autre, on voit une Victoire et le mot AVI (*ave*). Beaucoup de verres, trouvés dans la propriété de M. Blanchon, sont allés les uns à Avignon, les autres au musée de Saint-Germain. Les musées de Narbonne, de Sèvres (Brongniart, p. 344; pl. 54, 5), de Compiègne, en ont profité à leur tour. Au musée britannique, il y a de magnifiques verres de couleur achetés à Vaison. Enfin, le grand vase, décoré de côtes en spirales, qui fait l'ornement de la collection Charvet (pl. xviii, 87), et la coupe multicolore, pl. xxix, viennent de la même ville.

Ruffieu, dép. de l'Isère. — Grand vase verdâtre, dont le goulot est entouré de quatre anses formées chacune de deux tiges. Trouvé en 1868 [musée de Lyon].

Bourgoin. — Gobelet représentant cinq divinités debout, en relief (p. 67); trouvé, vers 1850, dans les jardins de la ville basse, au milieu de tombeaux antiques.

Le Pouzin, dép. de l'Ardèche. — Verres en pâtes colorées, au musée de Londres.

Montagnole, Savoie. — Coupe représentant un combat de gladiateurs. Trouvée par M. Vissol en 1855 (Collection Charvet, p. 67-68; pl. xxi). *Constitutionnel savoisien du 24 mai 1855. Bull. de l'Association Florimontaine d'Annecy*, t. I, 229.

AQUITAINE

BVRDIGALA (*Bordeaux*). — Verres du cimetière romain dit *Terres-Nègres* (terres noires). Urne cinéraire au musée de Compiègne, n° 1867.

SANTONES (*Saintes*). — Collection de M. Joyer, achetée récemment pour le Musée de Saint-Germain : deux ampulles carrées, l'une bleue, l'autre jaune, ornées de masques en relief (p. 64). Canthare en pâte jaune. Trois coupes côtelées, dont deux à côtes multicolores. Boule en verre blanc translucide, décorée d'un fil blanc opaque en spirale.

Vendée

Les renseignements relatifs aux verres de la Vendée et du Poitou sont dus à M. Benjamin Fillon, qui les a consignés dans ses beaux ouvrages : *l'Art de Terre chez les Poitevins* et *Poitou et Vendée*. Les trouvailles y sont décrites avec soin et la plus parfaite entente des choses de l'archéologie. Aux pages 186 et 187 de la première de ces publications, il y a une liste des noms de lieux tirés des anciennes verreries pictonnes.

Grues. — Dans la tombe d'une femme enterrée avec tous ses bijoux, on trouva, en 1862, plusieurs vases vitreux, notamment une coupe ornée de nervures, de filets et de dentelures jaunes et portant le nom d'EVTVCHIA; ce nom est en relief et en baguettes d'émail blanc. La coupe était accompagnée d'un flacon en verre bleu, de deux petits plateaux jaunes et d'une carafe avec un filet rouge pâle autour du col. Fillon, *Art de Terre*, p. 196.

Le Cormier, près Chavagnes-en-Paillers. — Coupe jaune, représentant des combats de gladiateurs; trouvée en 1848.

L'Ilot-les-Vases de Nalliers. — Fond d'une ampulle avec les noms de *M. Cn. A. Ingu*,... Verre figurant une grappe de raisin. Fillon, dans *l'Indicateur de la Vendée*, 29 mars 1872. — Verre dont les anses sont munies de belières en bronze.

Forêt de Mervent. — Vestiges d'une usine verrière; débris de creusets recouverts d'une substance vitreuse, trouvés en 1863.

Saint-Médard-des-Prés. — Villa et sépulture d'une femme artiste du III° siècle, exhumées en 1847. Le tombeau contenait plus de 50 vases en verre blanc et deux en pâte colorée. Dans un de ces vases il y avait un dépôt de résine, une grande carafe était remplie d'une substance bleue. La plupart des verres avaient été bouchés avec des tampons de bois et des feuilles de bronze. Fillon et O. de Rochebrune, *Poitou et Vendée*, p. 123; pl. III.

Deux-Sèvres

Amuré. — Coupe profonde de couleur vert d'eau pâle, trouvée avec un denier d'argent de Vespasien, qui avait été porté comme objet de parure. Fillon, *Art de Terre*, p. 189, pl. n. 1.

Coulonges-les-Royaux. — Amphorisque bleu de la collection de M. Parenteau. Fillon, p. 191, pl. n. 6.

Luc, commune de Verrines-sous-Celles. — Les fouilles de 1858 ont produit beaucoup de vases vitreux. *Revue arch.*, XV, p. 536. Fillon, *Art de Terre*, p. 187. 190; pl. n. 5. Je ne citerai que celui qui porte sur sa base les lettres LE en relief (*ibid.*, p. 195) et une petite amphore figurant une grappe de raisin recouverte de pampres [Musée de Niort].

Vienne

PICTAVI (*Poitiers*). — Verres nombreux recueillis par la Société des Antiquaires de l'Ouest.

Loudun. — Aux environs de cette ville, on découvrit le vase en forme de tête d'enfant, publié par M. Fillon, *Art de terre*, p. 192, pl. n. 7.

Maine-et-Loire

Cléré. — Aiguière ornée de feuillages en relief. Fillon, p. 192.

Saint-Just-sur-Dive. — Amphorisque figurant une grappe de raisin. Coll. Charvet, pl. IV, 20.

Grand-Murat, commune de Bénévent (Creuse). — Au fond d'un puits funéraire, on trouva une boîte de pierre, servant d'étui à une amphore de verre, à panse ovoïde, qui contenait des os calcinés. P. de Cessac, *les Divers modes de Sépulture*, p. 22, — *Bull. monumental*, t. 21, 495.

Tintignac, près de Tulle (Corrèze). — Deux petits verres publiés par Montfaucon, t. III, pl. 80.

Issoire, Puy-de-Dôme. — Vases vitreux trouvés vers 1780; entre autres, une paire de fioles jumelles en pâte bleu clair. *Note manuscrite de l'abbé Campion de Tersan.*

GAULE LYONNAISE

Un passage de Pline (36, 194) : *Iam vero et per Gallias Hispaniasque simili modo harena temperatur*, donne la date approximative de l'établissement des premières usines verrières dans les Gaules.

Pour le moyen âge, il convient de citer un chapitre tout entier de Théophile (II, 12) : *Inveniuntur in antiquis aedificiis paganorum in musivo opere diversa genera vitri, videlicet album nigrum viride croceum saphireum rubicundum purpureum, et non est perspicax sed densum, in modum marmoris, et sunt quasi lapilli quadri, ex quibus fiunt electra in auro argento et cupro..... Inveniuntur etiam vascula diversa eorundem colorum, quae colligunt Franci in hoc opere peritissimi. Et saphireum quidem fundunt in furnis suis, addentes ei modicum vitri clari et albi, et faciunt tabulas saphiri pretiosas ac satis utiles in fenestris. Faciunt etiam ex purpura et viridi similiter.......* En consultant la carte, dressée en 1873 pour la statistique des principales industries françaises, on voit que les régions qui possèdent aujourd'hui encore des fabriques de verre, sont les mêmes qui fournissent le plus de verres antiques. Il est donc certain que l'origine de ces établissements remonte jusqu'à l'époque gallo-romaine et qu'ils ont traversé le moyen âge en conservant les traditions de l'antiquité.

LVGVDVNVM (*Lyon*). — Urne cinéraire dans sa boîte de plomb, trouvée en 1770 à Saint-Just, hors des portes de la ville (Comarmond, n° 8).

Un grand nombre de verres blancs et colorés ont été tirés, en 1842, du cimetière romain de Saint-Irénée, au lieu dit des Bruyères (Musées de Lyon et de Londres). — Coll. Charvet, pl. XXVIII.

Montbrison, Loire. — Flacon en forme d'anneau avec deux petites anses opaques [Musée de Lyon].

Montmerle, Ain. — Verre de la coll. Charvet, pl. XXVII, 110. — Deux grands verres côtelés, trouvés en 1871 [Musée de Lyon].

CABILLONVM (*Chalon-sur-Saône*). — Poisson en verre, trouvé, en 1854, près de la ville, à l'endroit dit *la Croix de Saint-Germain*, dans un tombeau chrétien en grès (Musée d'Autun).

AVGVSTODVNVM (*Autun*). — Trois timbres verriers, publiés par M. de Fontenay, *Inscriptions céramiques*, p. 94-96; pl. 37. — Fragment représentant des courses de char (p. 69).

BIBRACTE (*Mont-Beuvray*). — Atelier d'un émailleur gaulois, découvert en 1867 (Bulliot et H. de Fontenay, *l'Art de l'Émaillerie chez les Éduens*; Paris, 1875).

Charnay, près de Seurre, Côte-d'Or. — Vase représentant des jeux de cirque (p. 69). Voir : H. Baudot, *Mémoire sur les sépultures des barbares de l'époque mérovingienne, découvertes en Bourgogne* (Dijon, 1860), pl. 21-22.

TRICASSES (*Troyes*). — Verre bleu à quatre renfoncements circulaires, trouvé dans les fouilles faites pour le canal de la Haute-Seine (Coll. Gréau). —

Grande aiguière à orifice trilobé [Musée de Troyes].

Arcis-sur-Aube. — Le musée de Troyes possède beaucoup de verres de cette provenance, entre autres un gobelet blanc à panse conique, décoré de trois perles en pâte bleu cobalt. *Renseignement fourni par M. Gréau.*

Saint-Loup de Buffigny, Aube. — Verres à nervures en spirale (Coll. Gréau).

MELLODVNVM (*Melun*). — Verres trouvés en 1847 et 1860 dans la nécropole romaine et conservés au musée de la ville.

LVTETIA PARISIORVM (*Paris*). — Une petite gourde, en forme d'anneau, fut recueillie, en 1612, dans la rue de la Tisseranderie, sur l'emplacement de l'hôtel des Comtes d'Anjou (Cabinet de Petavius, pl. 14). — Fragments tirés du jardin du Luxembourg (Grivaud, p. 110; pl. 4). — Beaucoup de verres provenant des fouilles récentes ont été acquis pour le musée de l'Hôtel Carnavalet.

Asnières. — L'abbé Lebeuf (*Journal de Verdun*, avril 1752, p. 274) parle d'un grand vase de verre trouvé en janvier 1752.

EBVROVICES (*Vieil-Evreux*).—Fragment de barillet portant la légende : [Pr]ometh[eu]...

Evreux. — Rhyton, fragment d'entonnoir, boules de verre à fils colorés en spirale, etc. Bonnin, *Antiq. gallo-romaines des Eburoviques*, pl. 10-11. — Une petite main (p. 61).

Éturqueraie, près Routot, Eure. — Barillet de la fabrique frontinienne.

Trouville. — Vase représentant des courses de char (p. 69).

ROTOMAGVS (*Rouen*). — Barillets de la fabrique frontinienne.

Quatremares. — Aiguière ornée de fils vitreux, trouvée en 1843.

Eslettes. — Barillets de la fabrique frontinienne.

IVLIOBONA (*Lillebonne*). — Coupe représentant un combat de gladiateurs, trouvée en 1867 [Musée de Rouen].—Barillets de la fabrique frontinienne.

Etretat. — Voir l'ouvrage de l'abbé Cochet, *Etretat* (4ᵉ édition, 1862), p. 31-40.

Château-Gaillard, près d'Étretat. — Fond d'un barillet frontinien, trouvé en 1842 dans les ruines d'un hypocauste romain.

Le Bois-des-Loges. — Barillets de la fabrique frontinienne.

Fécamp. — Barillets de la fabrique frontinienne.

Cany.—Fouilles de l'abbé Cochet, en 1849 (p. 72).

Neuville-le-Pollet, faubourg de Dieppe.—Grande collection de vases romains, trouvés en 1845, dans la nécropole antique, avec des monnaies d'Hadrien, etc. jusqu'à Marc-Aurèle. Neuf barillets portaient l'estampille de *Frontinus* (Cochet, *Fouilles de Neuville*, 1845, avec une planche dessinée et expliquée par A. Deville).

TVRONES (*Tours*). — Quelques verres du musée de Tours ont été publiés par M. de Caumont, *Abécédaire*, p. 346. Ils proviennent de la nécropole de cette ville.

REDONES (*Rennes*). — Plaque de verre verdâtre provenant des bains romains de Rennes [Musée de Narbonne, nᵒ 345]. — Fouilles de 1841 pour la canalisation de la Vilaine : Toulmouche, *Hist. de Rennes*, pl. 2-3.

Carnac, Morbihan. — Débris d'une fenêtre antique. L'une des faces du verre était polie, l'autre dépolie, et les bords portaient les traces d'un ciment rougeâtre. James Miln, *Fouilles faites à Carnac* (de 1875 à 1876), p. 120.

GAULE BELGIQUE

DVROCORTORVM REMORVM (*Reims*). — Flacons ornés de timbres verriers, trouvés aux environs de Reims, à Clairmarais.

Damery, Marne. — Vase de verre cylindrique et verre en forme de cône tronqué, décoré de stries en spirale. Expos. univ. de 1867, nᵒˢ 1288, 1300.

Le Châtelet, entre Saint-Dizier et Joinville (Haute-Marne). — Découvertes de Grignon, en 1772, publiées par Campion de Tersan et Grivaud (*Arts et Métiers*, pl. 97).

Forêt de Compiègne. — De 1861 à 1863, fouilles à la Garenne-du-Roi et au Mont-Chyprès, pour le compte de l'empereur Napoléon III. Timbres verriers (au Musée de Saint-Germain).

CAESAROMAGVS BELLOVACORVM (*Beauvais*).—Découverte, en 1863, du tombeau d'une jeune fille, de la fin du IIIᵉ siècle. Les verres précieux qui ornaient cette sépulture sont entrés dans la collection de M. Charvet. Voir p. 74, la pl. XIX et la planche supplémentaire. — Mathon, *Vases en verre de l'époque gallo-romaine et franque, trouvés à Beauvais*. Brochure s. d.

SAMAROBRIVA (*Amiens*). — Verre de la collection de Petavius (*Ant. Supell.*, pl. 15), trouvé à la citadelle. — Grand canthare godronné en verre bleu, tr. aux environs de la ville. Cat. Pourtalès, nᵒ 1401. *Slade Collection*, p. 55. — Barillets de la fabrique frontinienne. *Mém. des Antiquaires de Picardie*, t. IX (1848), p. 427.

Le Musée de Picardie possède une grande collection de verres trouvés à la citadelle, au Blamont, au quartier Saint-Louis, dans les faubourgs de Beauvais, de Noyon et de Saint-Fuscien (*Catalogue* n°° 783-1014). Je signalerai les n° 919 (Fiole moulée figurant un singe); 936 (Fiole en pâte noirâtre, de forme annulaire, munie de deux belières, à l'une desquelles est fixée une chaînette de bronze; trouvée en 1832 au faubourg de Noyon, dans un cercueil chrétien en plomb); 943 (Flacon en verre verdâtre, figurant deux têtes adossées). — Coll. Charvet, pl. XVI. XX. XXI.

Abbeville. — Amphore jaune ornée de stries en relief (Musée de Complègne, n° 1934).

Etaples. — Barillet de la fabrique frontinienne.

BONONIA (*Boulogne-sur-Mer*). — Le Musée de Boulogne a un très beau choix de verres antiques trouvés dans cette ville et aux environs. Roach Smith, *Collectanea antiqua*, t. I, 1 (pl. 1-2).

Avennes, Belgique. — G. de Looz, *Fouilles dans la tombe d'Avennes* (Liége, 1875), p. 24 (pl. 7): trouvaille de verres, entre autres, d'un petit entonnoir.

Corroy-le-Grand, Belgique. — En 1863, on découvrit, dans une sépulture gallo-romaine, un grand plateau en verre bleu, semé de fleurs jaunes; il a été publié par M. Chalon.

AVGVSTA TREVERORVM (*Trèves*). — Si je suis à même de donner, sur la verrerie antique de cette ville, des notes précises et complètes, je le dois à l'obligeance de M. Félix Hettner, conservateur du Musée provincial de Trèves. Les trouvailles se font principalement à deux endroits: dans la grande nécropole romaine qui, au nord de la *Porta nigra*, s'étend de chaque côté de la route, c'est-à-dire dans les faubourgs *Maar* et *Paulin*; ensuite près du village de *Pallien*, sur la rive gauche de la Moselle. On y rencontre des ampulles de toutes les dimensions, des urnes cinéraires à deux anses, en pâte verdâtre, munies de leurs couvercles. Ces urnes présentent les mêmes variétés de formes que celles de France et d'Angleterre; mais, parfois aussi, les cendres ont été recueillies dans des vases plus simples, dépourvus de couvercles et d'anses. Avec les ampulles communes, on en trouve de plus fines, à la panse globulaire et dont le col, très-allongé, s'évase vers l'orifice. Il en existe, de ces dernières, qui sont armées de petites anses appuyées sur le corps du vase et rejoignant l'encolure vers son milieu. Le faubourg *Paulin* a fourni un amphorisque en pâte verte figurant une grappe de raisin, puis un phallus de la même couleur, long de 0,18 centimètres. Un fragment de verre gravé, représentant les jeux du cirque (p. 96) a été trouvé près des thermes romains de Trèves.

Quant au cimetière de *Pallien*, il semble exclusivement chrétien. C'est de là que vient une grande coupe gravée, ayant pour sujet le sacrifice d'Abraham et pour légende les mots VIVAS IN DEO (Wilmowsky, *Arch. Funde in Trier und Umgegend*, 1873). Le verre à boire, orné de coquilles et de poissons en relief, que j'ai cité à la p. 64, faisait partie de l'ameublement d'un sarcophage, et un *pinax* en verre blanc laiteux lui servait de soucoupe. La même nécropole a fourni un petit flacon annulaire, à quatre pieds, muni d'anses en pâte bleue.

Parmi les verres les plus intéressants du musée, M. Hettner me signale un gobelet oviforme en verre incolore, dont le décor imite un *potorium gemmatum*; la panse est percée de trous ovales, de différentes grandeurs, dans lesquels on a soufflé des pâtes vertes, bleues et rouge foncé. Une forme singulière, et dont je ne connais pas d'autre exemple, est le τρίλήκυθον, trois flacons réunis, destinés à contenir trois sortes de liquides, et armés d'une seule anse. Un verre à boire, de la basse époque, est entouré d'une couronne de losanges, taillées en biseau et légèrement arrondies en ogives; enfin, le musée possède quatre boules de verre, dont deux sont ornées de fils en spirale et en pâte opaque blanche.

Quelques vases cylindriques à deux anses, dont la panse est couverte de décors linéaires gravés (collection de la Société archéol. de Bonn), viennent également de Trèves.

De toutes ces indications, il semble permis de tirer une conclusion provisoire: la plupart des verres de Trèves ont dû être fabriqués sur les bords de la Moselle.

Besseringen, aux environs de Trèves. — Gobelet avec l'inscription: VIVAS TVIS *fa*VSTINE, gravée autour de l'orifice; trouvé récemment dans un sarcophage, avec quelques monnaies de Constantin (Musée de Trèves). *Note de M. Hettner.*

Wellen, aux environs de Trèves. — Fragment de vitre, en pâte verte, dans sa bordure de plomb. Trouvé dans les décombres d'une villa romaine (Musée de Trèves). *Note de M. Hettner.*

Conz, aux environs de Trèves. — Verres trouvés dans un cercueil de pierre. *Bonner Jahrb.*, t. V-VI, p. 187.

Cobern, sur la Moselle. — Verre gravé, représentant Neptune (p. 96) et portant la légende *Propino amantibus* (Musée de Berlin). — Ampulle avec son bouchon enduit de résine, trouvée en 1878. *Bonner Jahrb.* LXIII, 166.

Luxembourg (environs de). — Coll. Charvet, pl. XIII. XVII.

Bigonville, Luxembourg. — Le prétendu lacrimatoire, dont j'ai parlé à la p. 81.

Dalheim. — Flacon à panse hexagonale et à deux

anses, trouvé en 1851 (*Publications de la Soc. arch. de Luxembourg*, t. VII, 177; pl. 7, 16). — Bague vitreuse (*Ibid.*, pl. 9, 23).

Voir : Namur, *Renseignements sur les arts et l'industrie dans le pays de Luxembourg* (brochure s. l. n. d.), p. 15.

Hellange. — Dans une tombe gallo-romaine, explorée en 1853, entre Hellange et Souftgen, on trouva plusieurs verres précieux : entre autres, les fragments de deux coupes violettes; un vase bleu avec une seule anse; un amphorisque bleu transparent, orné de mouchetures en blanc opaque; deux coupes côtelées, l'une verdâtre, l'autre de verre brun; enfin une magnifique coupe en pâte mosaïque, qui était enfermée dans un vase de bronze et dans une coupe de terre rouge. *Publications de la Société de Luxembourg*, t. IX (p. 2. 20), pl. 11. Namur, *Renseignements*, p. 24.

DIVODVRVM MEDIOMATRICORVM (*Metz*). — Plusieurs verres provenant de l'ancienne capitale des Médiomatrices ont été reproduits dans les mémoires de Victor Simon (*Documents hist. sur le verre*, Mémoires de l'Académie de Metz, 1849-50, p. 217. — *Notice arch. sur Metz et ses environs*).

Thionville. — Flacon sphérique, hermétiquement fermé par un tesson de verre, soudé sur le goulot, et monté sur un pied qui ressemble à une coupe renversée. Ce verre était rempli d'un liquide incolore, ayant l'apparence de l'eau. Trouvé lors des fouilles faites pour la construction de la caserne neuve. Quicherat, *Revue arch.*, N. S., t. 28; 81 (pl. 13, 6).

Saint-Mansuy, près de Toul. — Verre formé de deux masques imberbes (Collect. Charvet, pl. xv, 83). Simon, p. 235.

SÉQUANIE

VESONTIO (*Besançon*). — Trouvailles de la fin du xvi⁰ siècle. Chifflet, *Vesontio*, p. 97.

Port-sur-Saône, près de Vesoul (Haute-Saône). — Pied de vase, portant le timbre de G. Leuponius Borvonicus.

GRANDE-BRETAGNE

Un passage, souvent cité, du Vénérable, Bède (*Opera*, p. 295; ed. Cantabrig., 1722) affirme qu'avant le vii⁰ siècle, il n'existait pas de manufacture verrière en Grande-Bretagne : *Proximante autem ad perfectum opere, misit legatarios Galliam qui vitri factores, artifices videlicet Britanniis eatenus incognitos, ad cancellandas ecclesiæ porticûmque et cœnaculorum eius fenestras adducerent.* Mais les conséquences que l'on a tirées de ce texte sont évidemment exagérées. Il ne s'agit dans l'espèce que de la fabrication des vitres, non de la verrerie en général, et comme les nécropoles de l'Angleterre abondent en verres antiques, il est plus que probable qu'on les avait fabriqués sur place. Du temps de Strabon, la Bretagne recevait ses vases de verre et ses perles vitreuses par l'entremise des Celtes du continent (p. 32); mais, dès la fin du i⁰ siècle, la civilisation romaine avait fait de tels progrès dans l'île que toutes les industries ont dû s'y exercer. Si les verres anglo-romains ont les mêmes formes et la même pâte que les verres gallo-romains, cela tient à des raisons toutes naturelles. Il n'en est pas autrement de la poterie.

Philostrate, qui vivait au commencement du iii⁰ siècle, rapporte un détail curieux : « On dit que les barbares voisins de l'Océan étendent des couleurs sur le bronze ardent. Ces couleurs y adhèrent, deviennent aussi dures que la pierre, et le dessin qu'elles figurent se conserve parfaitement (*Images*, I, 28). » C'est l'art de l'émaillerie sur métal, que les Celtes connaissaient alors que le procédé était, sinon inconnu aux nations plus avancées, du moins d'un emploi plus restreint. J'aurais pu citer ce passage à propos des émaux du Mont-Beuvray (p. 111); je le place ici parce que l'Angleterre est particulièrement riche en cuivres émaillés. Un vase de bronze, trouvé en 1832, dans le comté d'Essex, est couvert d'émaux cloisonnés (Deville, pl. 108). Depuis, on en a trouvé d'autres; mais tous ces spécimens sont de l'époque impériale et d'art romain. Philostrate, qui était un des familiers de Julie Domne, a dû tenir ses renseignements d'un officier de l'armée de Septime-Sévère.

Arisford, Sussex. — Tombeau, ouvert en 1817, contenant une grande urne cinéraire. Roach Smith, *Coll. antiqua*, t. I, 123 (pl. 44).

Chilgrove, Sussex. — Trouvaille décrite par Vernon Harcourt dans l'*Archæologia*, t., XXXI, 312.

Dentworth, Sussex. — En 1857, découverte d'un vase vitreux dont le couvercle porte une inscription latine. *Arch. journal*, t. XVI, 162.

DVROVERNVM (*Canterbury*). — Fragment d'un verre à bas-reliefs (course de chars). *Ephem. epigr.*, t. IV, 210.

Faversham, Kent. — Vase portant l'estampille de *Felix*.

Hartlip, Kent. — En 1848, on y trouva, dans les décombres d'une maison romaine, une coupe en pâte verte, représentant une course de chars et un combat de gladiateurs (Roach Smith, *Coll. ant.*, II, 17. *Corpus inscript. lat.*, VII, 1274).

LONDINIVM (*Londres*). — Vers 1576, découverte de verres antiques à Spittlefield. — Collection formée par Roach Smith (*Catalogue of the museum of London Antiquities*, 1854), aujourd'hui au British Museum. — Fond d'une coupe blanche, portant en relief l'avers d'un Grand Bronze d'Hadrien.

Camvlodvnvm (*Colchester*). — Un grand nombre de verres ont été successivement extraits du sol de l'ancienne *Camulodunum*. Lors des fouilles faites à West Lodge, en 1848-49, on recueillit un verre cylindrique, placé dans un vase de terre et rempli d'ossements (*Catalogue of the C. Museum*, n. 2) ; puis, après avoir trouvé, en 1853, dans la même nécropole, le fameux vase en terre rouge, représentant un combat de gladiateurs, on découvrit, quelque temps après, à Lexden Road, une coupe vitreuse qui a pour sujet les jeux du cirque et qui porte des inscriptions latines. Ce vase (*Corpus inscript. lat.*, VII, 1273) fait aujourd'hui partie du Musée britannique.

Bartlow Hills, Essex. — Trouvailles publiées dans l'*Archæologia*, t. XXV, pl. 2-3; XXVI, 304 (pl. 32-33) et XXIX, pl. 1.

Chesterford, Essex. — Voir l'*Arch. Journal*, t. XVII, 118,

Messing, Essex. — Grande urne cinéraire à panse carrée et en pâte verdâtre; offerte au British Muséum par l'Earl of Verulam, 1852.

Grundisburgh, Suffolk. — Dans un tombeau romain, construit en tuiles, on trouva plusieurs verres, dont un côtelé, de couleur jaune d'ambre. *Catalogue of the Colchester Museum*, n° 301.

Melford, Suffolk. — Grande urne sépulcrale à panse déprimée et munie d'une anse; trouvée au mois de mars 1823 aux environs de cette ville (Musée britannique).

Barnwell, Cambridgeshire. — Carafe à panse conique, avec côtes en spirale. *Slade coll.*, p. 44-45.

Ratae (*Leicester*). — Fragment d'un verre à bas-reliefs, représentant des combats de gladiateurs; tr. en 1874. *Ephem. epigr.*, t. IV, 209.

Newark, Gloucestershire. — Ampulle, trouvée dans une ciste de plomb qui contenait des ossements et un vase d'étain; 1859. *Gloucester-Catalogue*, p. 9.

Dvrocornovivm (*Cirencester*). — Flacon en verre pourpré, orné d'une ligne d'eau en pâte blanche. Buckman and Newmarch, *Illustrations of the remains of roman art in Cirencester* (Londres, 1850), p. 97.

Isca Silvrvm (*Caerleon*). — Voir Francis Fox, dans l'*Archæologia Cambrensis*, t. III, 187. — Lee, *Isca Silurum* (Londres, 1862), p. 48, pl. 27-28.

Cambeckfort, Rempart d'Hadrien. — Fragment d'un verre gravé, portant le nom d'Actéon (p. 95).

DANEMARK

Les verres antiques de l'île de Seeland ont été décrits et magnifiquement publiés dans les *Aarboger for nordisk Oldkyndighed og Historie*, 1871, p. 445-449. 1874, p. 371. 1875, p. 22-23. 1877, p. 354-356.

Thorslunde. — Verres peints, trouvés en 1870 (voir p. 100).

Varpelev. — Trois verres peints, exhumés en 1861 (p. 100), et la coupe à monture d'argent, décrite p. 93. Cette dernière se trouvait sous un tumulus, ouvert en 1877, et dans un cercueil de chêne qui renfermait le squelette d'une femme. Le verre était rempli de côtes d'animaux et entouré de quelques autres vases vitreux. Un denier d'or de Probus fut recueilli dans la même tombe.

ALLEMAGNE CENTRALE

Leuna, près de Mersebourg. — Deux verres gravés, trouvés en 1866, dans une sépulture germanique et achetés pour la collection Slade (n° 320-321). L'un de ces verres, orné de légendes grecques, représente Diane au bain et la métamorphose d'Actéon.

GERMANIE SUPÉRIEURE

Noviomagvs (*Nimègue*). — Le 13 février 1645, on trouva dans un sarcophage romain plusieurs flacons de verre, dont deux à estampilles. Smetius, *Antiquitates Neomagenses*, p. 116-117. — De plus on signale deux verres intéressants de la collection Guyot, provenant de fouilles locales : un vase sans anses, brun foncé, avec des épines blanches en relief, et un flacon quadrangulaire portant les sigles P A V V. La même collection renferme plus de quatre cents perles et boutons en pâte vitreuse. *Bonner Jahrb.*, VII, 65.

Vetera (*Xanten*). — Beaucoup de verres antiques, provenant de Xanten, ont fait partie d'une collection célèbre, celle de M. Houben, et je les ai cités à plus d'un endroit. Ils figurent dans les publications de Fiedler et dans la *Slade Collection*, qui en a le plus profité. Pour éviter les redites, je ne signalerai ici que les verres principaux : un *poculum* en pâte bleu saphir, avec deux anses en blanc opaque, disposées comme les poignées des vases sidoniens (Slade p. 33); une petite coupe en verre blanc craquelé, imitant le cristal de roche (Musée britannique) ; une aiguière à orifice trilobé, avec un collier en fil de verre (Slade, p. 40); une *œnochoé* ornée de fils polychromes en zigzag; un verre bleu figurant une colombe (Slade p. 48).

Crefeld.—Deux petits vases ornés de fils multico-lores en zigzag (Musée de Londres).

Novaesivm (*Neuss*). — Amphorisque bleu, trouvé en 1844 dans un vase en terre noire, avec un denier d'argent de Septime-Sévère. *Bonner Jahrb.*, t. V-VI, p. 410.

Colonia agrippinensivm (*Cologne*). — Les nécro-poles de Cologne sont extrêmement riches en verres, et ce n'est pas sans raison qu'on en a conclu à l'exis-tence de grandes manufactures romaines sur les bords du Rhin. Depuis quarante ans, les trouvailles les plus importantes sont consignées avec soin et sou-vent expliquées avec érudition dans l'Annuaire des Antiquaires de Bonn ; presque chaque volume de cet excellent recueil m'a fourni des renseignements dont j'ai pu tirer parti. Ce sont surtout les collections de M. Carl Disch à Cologne et de M. Charvet (pl. viii-x. xiii. xxii. xxv. xxvii-xxix. xxxi), les Musées de Londres, de Berlin, de Munich, qui se sont enrichis de ces dé-couvertes. Au nombre des verres principaux je citerai les deux gobelets réticulés, aux légendes : *Bibe mul-tis annis,* πίε ζήσαις καλῶς (p. 89), trouvés en avril 1844, dans un cercueil de pierre avec deux squelettes, dont l'un portait dans la bouche une monnaie de cuivre de Trajan, l'autre un bronze de Constantin jeune. La coupe de Prométhée (p. 95), les vases figurant une tête barbare (p. 61) et un singe jouant de la syrinx (p. 60) comptent également parmi nos verres les plus précieux. Souvent les vases vitreux de Cologne ont la panse ou l'encolure enveloppée de fils blancs ou co-lorés qui se dévident en spirale. Un flacon du Musée britannique est encore muni de son bouchon de liége que recouvre une capsule en cuivre (Slade n° 275). Un petit gobelet blanc est décoré de fils en blanc opa-que et en bleu pâle, disposés en triangle (Slade n° 226) ; un amphorisque porte des fils polychromes en zigzag (Slade p. 42). Le plus beau flacon à renfoncements que j'aie vu (*Ibid.*, p. 35) vient aussi d'une des nécro-poles de Cologne. Dans la règle, les verres cinéraires se trouvent enfermés dans des caisses de pierre cal-caire, carrées ou cylindriques, et dont le couvercle, soigneusement ajusté, est fixé au moyen d'un mastic (p. 80). M. Kamp, dans ses *Epigraphische Anti-caglien in Kœln* (n° 138-145), a relevé quelques timbres verriers.

Weyden. — Au mois d'avril 1843, on trouva, dans un tombeau romain de la fin du troisième siècle de notre ère, plusieurs vases et fragments de verre. Un flacon carré, qui portait l'estampille des verriers *Firmus, Hilarus, Hylas,* contenait un onguent qui, en s'épaississant, était devenu une espèce de cire odo-rante. Sur un débris de vase, on remarqua des traces de dorure et les lettres EPI ; sur un autre, quelques figures bachiques et les restes de deux inscriptions. *Bonner Jahrb.*, t. III, 148.

Gelsdorf. — Dans un sarcophage de pierre, on re-cueillit, en 1863, un grand nombre de verres anti-ques, décrits par Otto Jahn dans les *Bonner Jahrb.* t. XXXIII-XXXIV, p. 228-229 (pl. iii). Je signalerai, parmi les plus remarquables, les deux flacons qua-drangulaires avec les sigles G F H I ; une œnochoé entourée d'un réseau de fils ; une autre, de moindres dimensions, avec des fils bleus et jaunes capricieuse-ment disposés autour de la panse ; enfin les débris d'un grand plateau.

Flamersheim. — Grandes urnes cinéraires avec leurs étuis de pierre, contenant des ossements brûlés et des bijoux ; trouvées en 1863 (*Bonner Jahrb.*, 33-34, p. 236).

Vellerhof, Eifel. — En 1852, on y trouva, dans un cercueil de pierre, un grand vase de verre de forme sphérique, à deux anses et à couvercle mobile ; il renfermait des ossements calcinés. Deux petits flacons carrés étaient remplis d'huile (*Bonner Jahrb.*, t. XIX, 74-75). — Flacon fermé au moyen d'un couvercle de bronze (*Ibid.*, p. 79).

Aqvae mattiacae (*Wiesbaden*). — Urne cinéraire en pâte verte, à deux anses doubles et munie d'un couvercle ; trouvée lors de la construction du palais ducal, dans une tombe en briques. Dorow, *Opfer-staette*, t. I, 36 (pl. XIII, 1). — Le Musée de Wies-baden possède beaucoup de coupes et de flacons en verre, provenant des fouilles de 1828. Trois rhyta, tirés de sépultures franques, et plusieurs verres du genre de celui qui figure sur la pl. XXXII de la coll. Charvet, viennent des environs de Wiesbaden. Les 300 gourdes plates, citées par Hagemans (*Cabinet d'un amateur*, p. 472), se réduisent à trois pièces, apportées de Heddernheim et de Weissenau. *Rensei-gnements fournis par M. de Cohausen.*

Heddernheim.— Gourdes plates et urnes cinéraires à panse sphérique (Musée de Wiesbaden). *Note de M. de Cohausen.*

Bingerbrück. — Grand Rhyton de la collection Slade (voir p. 80), probablement de l'époque franque. — Verres ornés de fils en spirale, trouvés en 1862 dans des cercueils de pierre (Musée de Wiesbaden). *Planche lithographiée, envoyée par M. de Cohausen.*

Kreuznach (environs de). — Urnes cinéraires à panse sphérique, trouvées dans des cercueils de pierre (Musée de Wiesbaden). *Note de M. de Cohausen.* — Cauthare orné de fils bruns et bleus en zigzag. Lin-denschmit, *Alterthümer unserer heidn. Vorzeit,* t. I, fasc. xi, pl. 7, 7.

GERMANIE SUPÉRIEURE

Mogvntiacvm (*Mayence*). — Ampulle à la légende FELIX VIVAS, trouvée en 1864 (*Corpus inscript. rhenan.*, 1338). — Coll. Charvet, pl. IX, 53-54 et vignette p. 71.

Castellvm (*Castel*). — Vase figurant une grappe de raisin (Emele, pl. 6, 17), biberon (pl. 5, 6), alambic (pl. 6, 13), flacon quadrangulaire avec les sigles CCPC (pl. 5, 3).

Verres de la collection Minutoli (*Catalogue* n° 467. 469. 471).

Bingivm (*Bingen*). — Flacon côtelé en verre brun (Musée de Karlsruhe). — *Note de M. Wagner, directeur des collections grand-ducales de Karlsru.e.*

Heimersheim. — Verre à boire cylindrique, en pâte verte, soufflé dans deux moules et représentant un combat de gladiateurs (p. 68); flacon hexagonal en pâte jaune, orné de six masques en relief (p. 64). (Musée de Wiesbaden).

Borbetomagvs (*Worms*). — Douze flacons cylindriques à deux anses, les uns en forme de barillets, les autres à décors gravés; tr. dans des cercueils de pierre (Musée de Wiesbaden). *Note de M. de Cohausen.*

Hohen-Sülzen, près de Worms. — En 1869, découverte de deux cercueils de pierre, remplis de chaux et contenant six verres romains de la basse époque : le verre gravé, représentant une fête bachique (p. 96), des fragments d'un verre soudé (Musée de Mayence), trois flacons taillés à facettes et une petite ampulle fusiforme. *Bonner Jahrb.* t. LIX, 64 (pl. 2-5).

Noviomagvs (*Spire*). — Vases de verre, trouvés en 1749 dans un cercueil de pierre.

Tabernae (*Rheinzabern*). — Verre à boire ovoïde, au Musée de Karlsruhe. *Note de M. Wagner.*

Colonia avrelia aqvensis (*Baden-Baden*). — Petit flacon pomiforme à deux anses, trouvé dans les thermes romains sur la place du Marché (Musée de Karlsruhe). — *Note de M. Wagner.*

Argentoratvm (*Strasbourg*). — Ampulle à la légende : *Victoriae Augustor. fel.*, trouvée en 1720, p. 70. (Je vois, par un exemplaire que M. le comte Tyszkiewicz vient de m'apporter de Rome, que cette légende est en creux.) — Flacon globulaire, orné d'un réseau de fils de verre, trouvé en 1767 sur la colline Saint-Michel. — Aiguière à nervures, le col entouré d'un fil en spirale, l'anse à jour (Oberlin, *Mus. Schoepflini*, pl. 8, 6). D'autres verres sont gravés sur la même planche de l'ouvrage d'Oberlin. — Verre réticulé, portant le nom de l'empereur Maximien-Hercule, trouvé en 1826.

Heidenhübel. — Ampulle piriforme en verre verdâtre, enveloppée d'un fil blanc qui, à son tour, est parsemé de perles vitreuses.

HELVÉTIE

Martigny-aux-Morasses. — Flacon quadrangulaire, avec les sigles I. A, trouvé en 1849.

RHÉTIE

Brigantivm (*Bregenz*). — Vase avec la légende OPTI en relief.

NORIQUE

Ivvavvm (*Salzbourg*). — Verre à la légende OMN en relief. — Urnes cinéraires enfermées dans des coffres de pierre.

Ovilava (*Wels*). — Vase vitreux avec son couvercle de plomb, orné d'un graffite en deux lignes (Musée de Linz). *Corpus inscript. lat.*, t. III, 6012.

Styrie. — Voir : Pratobevera, *die keltischen und ræm. Antiken in Steiermark* (Gratz, 1856), p. 22.

PANNONIE

Savaria (*Stein am Anger*). — Verre de Paccius Alcimus.

Iasi (*Daruvar*). — Verre réticulé, portant l'inscription *Faventibus*, trouvé près du château, vers 1790. Bossi, *Observations sur le Sacro Catino*, p. 106 (pl. 2). M. Hübner se trompe en disant que le vase a été trouvé en Dacie.

Alisca (*Szekszard*). — Verre soudé, avec une légende grecque (p. 89), trouvé en avril 1845 dans un sarcophage de marbre. Kenner, *Fundchronik*, 1856-58, p. 134. Toute réflexion faite, je crois que cette légende a été mal copiée, et qu'il faut lire simplement : Ποιμένι πία ζήσαις ἀεὶ ἐπ' ἀγαθῷ.

ITALIE DU NORD

Alpes Maritimes

Cimiez, près de Nice. — Fragments de verres colorés (Nesbitt, *Slade collection*, p. X).

IX° Région

Refrancore, près d'Asti. — Coupe d'Ennion, trouvée en 1875.

Pollentia (*Polenza*). — Vases de verre trouvés en 1836, dans les fouilles faites par les princes royaux de Savoie. Bronguiart, *Musée de Sèvres*, p. 343 (pl. 54, 15).

XI° Région

Monza. — La tasse de saphir, citée p. 48, a été décrite par M. Nesbitt, *Slade collection*, p. XXVI.

Pavie. — Verre de C. Salvius Gratus.

Novara (province de). — Verre réticulé, de la coll. Trivulce, trouvé en 1725.

Carezzana, près de Vercelli. — Verre d'Ennion, trouvé avec une monnaie de Claude (p. 65).

X* Région

Bagnolo. — Coupe d'Ennion.

Raldon, près de Vérone. — Vases trouvés dans les fouilles de Muselli (*Antiq. reliquiæ*, pl. 77 et suiv.).

AQVILEIA. — Verres publiés dans les *Antichità d'Aquileja*, p. 275-276. — Trouvaille de 1827. Sacken et Kenner, p. 457-458.

VIII* Région

Borgo San Donnino. — Fragment d'un verre d'Ennion.

VELLEIA. — Voir : de Lama, *Iscrizioni antiche collocate ne' muri della scala Farnese* (Parma, 1818); p. 28.

MVTINA (*Modène*). — Un grand nombre de fragments de verres marbrés (p. 49).

ETRVRIE

PISA. — Verre gravé, représentant des jeux de cirque, trouvé en 1741.

VOLATERRAE (*Volterra*). — Verres polychromes imitant la texture du bois; ampulle marbrée et dorée (tr. en 1873). *Bull. dell' Inst.* 1874, p. 235.

PERVSIA (*Perugia*). — Verres au timbre de *Firmus, Hilarus* et *Hylas*, tr. en 1852.

CLVSIVM (*Chiusi*). — Verres opaques polychromes (p. 42). Perles et boutons en pâtes opaques (Musée étrusque de Florence).

VULCI. — Verres opaques polychromes (p. 42). — Deux petits verres de toilette trouvés dans une ciste de bronze (Museo Gregoriano). *Annali dell' Inst.* 1855, p. 65 (pl. 18).

Toscanella. — Coupes imitant la texture du bois (p. 52). On les trouve souvent par paires.

CAERE (*Cervetri*). — Verres opaques polychromes (p. 42). — Carreau de fenêtre du musée Campana.

PYRGOI, près Santa Marinella. — Petite œnochoé en verre bleu, parsemée d'épines. Abeken, *Mittelitalien*, p. 267.

VEII. — Du temps de Winckelmann, on découvrit, à *Isola Farnese*, sur la route de Viterbe, plusieurs milliers de kilogrammes de verres cassés qui furent vendus aux verreries romaines (*Œuvres*, I, 29, éd. de Stuttgart). — Boule en verre mosaïque, trouvée avant 1817 dans les ruines d'un temple. Voir Minutoli, p. 10. 13. 20.

Monteroni. — Verres opaques polychromes.

OMBRIE

Colazzone, près de *Todi*. — Flacon au timbre de *Firmus, Hilarus* et *Hvlas*.

SPOLETIVM (*Spoleto*). — Urne cinéraire carrée en verre blanc, avec une étoile sur le culot. Musée Fol, t. II, 3522.

LATIVM

ROMA. — Du temps de Strabon déjà, le sable de Rome était renommé pour ses qualités vitrifiables (XVI, p. 645, Didot). On y fabriquait des verres de couleur et des verres blancs translucides (κρυσταλλοφανεῖς); une écuelle ou un petit verre à boire ne valaient qu'une menue monnaie de cuivre.

Nous possédons une marque de verrier, d'*Asinius Philippus*, qui remonte au milieu du VII* siècle de la ville. C'est une imitation des marques de Sidon.

La rue des Verriers se trouvait dans la première région; mais, à l'époque de Domitien, il y avait un bazar pour les verreries communes au cirque de Flaminius (p. 31). Depuis le pontificat de Zephyrinus (202-219), les prêtres chrétiens se servaient de patènes vitreuses, d'après un passage célèbre du *Liber pontificalis*. Au moyen âge encore, les manufactures romaines jouissaient d'une grande célébrité; Héraclius parle à plusieurs reprises du *vitrum romanum*.

Le nombre des verres antiques découverts dans l'enceinte et la banlieue de Rome est tellement considérable que je ne puis prétendre à en donner une liste même approximative. Je me borne à quelques indications :

A la fin du XVI* siècle, on trouve le vase Portland dans un sarcophage du *Monte del Grano*.

Au XVII* siècle, déblaiement d'une maison antique dont le pavé formait une masse compacte de verre (p. 105).

1820. Restes d'un parquet de verre bleu, blanc vert, mis à jour devant le portique du temple Vénus (Minutoli; p. 13; pl. I, 4).

1832. Boîte en verre, doublée de feuilles d'argen tombeau de la porte Salara (p. 93).

1835. Ampulle hermétiquement fermée et remplie d'un liquide incolore; tr. dans la sépulture d'Eurysacès, le boulanger, près de Porta Maggiore. *Rhein. Mus.* N. F., I, 124.

1873. Verre ovale, cerclé de bronze et muni de chaînettes; tr. sur l'emplacement de l'Ecole des Gladiateurs.

1874. Tête de Sarapis en pâte rouge (p. 47). Verres de la collection Minutoli (*Cat.* n° 462. 465-66).

Deux petits verres blancs figurant des oies, trouvés dans un tombeau d'enfant (Musée d'Ansbach). Pfister, p. 40.

A la p. 70, j'ai cité un timbre verrier venant de Rome; d'autres trouveront leur place au chapitre suivant. Quant aux fragments de verre coloré (Semper, *der Stil*, t. II, pl. 16), qui ne sont nulle part plus abondants qu'à Rome, on peut s'en faire une idée en parcourant le musée Campana et les collections de MM. Julien Gréau et W. Fol.

TIBVR (*Tivoli*). — Amphore dont les couleurs imitent la sardoine orientale ; tr. dans les ruines de la villa d'Hadrien.

PRAENESTE (*Palestrina*). — Patère blanche avec traces de dorure. Petite œnochoé en pâtes colorées. *Bull. dell' Inst.* 1855, p. 47.

CAMPANIE

POMPEII. — La nécropole de Pompéies a fourni plus de trois mille verres communs, qui encombrent les vitrines du Musée de Naples et qu'on ferait bien de reléguer dans un magasin ou de vendre au profit des fouilles. Mais, à côté de ces verres — la plupart sont des ampulles à long col — on a trouvé des objets admirables. J'ai cité à la page 85 les pâtes doublées, à la p. 61 le petit navire en pâte verdâtre, et à un autre endroit (p. 76) les vases contenant de l'huile d'olive, de l'orge, des figues et des cerises. Les amphores et les urnes cinéraires de Pompéies sont souvent de grandes dimensions ; parmi ces dernières, il en existe qui sont enfermées dans des étuis de plomb. Les verres avec l'estampille de *Publius Gessius Ampliatus* viennent également de là. Une grande quantité de carreaux de fenêtres ont été tirés de la salle de bain de la Maison de Diomède.

Voir le *Museo borb.* v, 13. vi, 46. Avellino, *Casa de' Capitelli figurati*, pl. 10.

HERCVLANEVM. — Verres à pâtes opaques polychromes (p. 42).

PVTEOLI. — Urne cinéraire, haute de 2 palmes 1/2, dans l'ancienne coll. Hamilton à Naples. Winckelmann, *Werke*, I, 29 (éd. de Stuttgart).

BAIAE. — Vase piriforme de la coll. Minutoli (cat. 463). — Grande collection de fragments recueillis vers 1840 par Ashley G. Ponsonby et exposés, en 1874, au South-Kensington Museum.

CVMAE. — Urne cinéraire avec sa boîte en plomb, trouvée au mois d'octobre 1767. Ancienne collection Hamilton à Naples (Winckelmann, *Werke*, I, 29, éd. de Stuttgart).

Plateau peint, représentant une marine, trouvé en 1819. Il est probable que les deux verres peints du Musée Campana viennent de la même nécropole.

Dans un tombeau, ouvert en 1821, on trouva vingt-cinq petits flacons de verre, rangés sur une espèce de corniche. Plusieurs de ces flacons avaient contenu du vin. De Jorio, *Sepolcri antichi*, pl. lithogr., n° 6.

Amphore bleue, ornée de dentelures jaunes et bleu clair (Musée de Vienne, n° 41). La *Raccolta Cumana* du Musée de Naples possède de magnifiques verres opaques multicolores.

Flacon en forme de clochette, décoré d'un ruban d'or (p. 47). — Coll. Charvet, pl. XIII, 77.

Verres provenant des fouilles du marquis Campana (imitations de pierres précieuses) et du comte de Syracuse (Deville, p. 18 ; pl. IX).

Trois colombes en pâte blanche et deux oies en pâte bleue (Coll. Temple, au British Museum).

NOLA. — Lentille vitreuse, montée en or (1834). Minutoli, p. 4.

APULIE

CANVSIVM (*Canosa*). — Deux grands plateaux à mouchetures polychromes, rehaussées de quadrilatères d'or (p. 51). — Deux coupes blanches, ornées de dorures à l'intérieur (British Museum).

RVBI (*Ruvo*). — Un grand nombre de verres colorés, provenant de cette ville, ont été portés au Musée de Naples. Le plus remarquable d'entre eux est un plateau (brisé) avec un semis de points blancs, cerclés de bleu, et avec des mouchetures d'or, de bleu et de rouge se détachant sur un fond jaune.

Verres opaques multicolores (p. 42).

GNATIA (*Fasano*). — Verres opaques multicolores (p. 42).

SICILE

Les renseignements dont je dispose au sujet des verres antiques de la Sicile sont si insignifiants qu'à peine j'ose en parler. On y a trouvé quelques verres opaques en pâtes polychromes et une coupe côtelée, imitant le sardonyx (Musée d'Avignon).

SOLONTE. — Fragment d'un verre d'Ennion.

SARDAIGNE

CORNVS. — D'après le Bulletin de l'Institut arch. de Rome (1863, p. 212), trois cents vases de verre ont été trouvés à Cornus et à Tharros. J'ai cité deux verres à boire, en pâte incolore, qui portent des légendes grecques ; l'une : Καταχαιρε (palme) καὶ εὐφραίνου, l'autre : Εὐκλωθὼν λάβε τὴν νίκην.

THARROS. — Collier punique en pâtes de verre multicolores (p. 20).

Vase de la coll. Slade, n° 232.

ILES DE LA MER IONIENNE

CORCYRA (*Corfou*). — Verres blancs et colorés de l'ancienne coll. Woodhouse. Vischer, *Epigraph. und arch. Beiträge*, p. 2.

CEPHALLENIA. — Alabastron en pâtes opaques multicolores, donné au Louvre, en 1872, par M. Emile Robin.

PÉLOPONNÈSE

CORINTHYS. — Depuis quelques années, les nécropoles de Corinthe et des environs fournissent beaucoup de verres en pâtes opaques (Coll. Charvet, n°° 1. 3. 4. 7. 8. 11).

MYCENAE. — Pâtes vitreuses très anciennes, trouvées dans les fouilles de M. Schliemann.

SPARTA. — Inscription de Nikoklès, ὑελινοποιός.

ATTIQUE

Deux amphorisques en pâtes polychromes ont été publiés par Thiersch (*Vasa murrina der Alten*, p. 508); les tombeaux de l'Attique sont particulièrement riches en verres de cette famille (coll. Charvet, n°° 3. 5. 6. 9). — Flacon à bas-reliefs. Coll. Charvet, pl. XXVIII.

ATHENAE. — Les volutes ioniques des colonnes du temple d'Athéné Polias étaient incrustées d'un émail bleu.

Bagues en pâte vitreuse, inventoriées par les trésoriers de l'Hecatompedos (p. 104).

PIRAEVS. — Beaucoup de verres de cette provenance sont entrés au Musée royal de Munich.

Spata. — Un grand nombre d'ornements, surtout de quadrilatères de style asiatique, en pâte vitreuse grise, parfois recouverts de feuilles d'or, ont été trouvés en 1877. En même temps, on recueillit quelques moules en pierre qui avaient servi à la fabrication de ces bijoux. Ἀθήναιον, t. VI, 167.

MACÉDOINE

THESSALONICA. — Au commencement du X° siècle, (Cameniata, an 904; voir Tafel, p. 223), on vendait des verres à la grande foire de Thessalonique, mais rien ne prouve que ces verres aient été fabriqués en Macédoine; ils venaient très probablement de Phénicie et d'Alexandrie.

CONSTANTINOPOLIS. — Verreries juives, fonctionnant au VI° siècle (p. 24). — Les moules des sceaux byzantins (βουλλωτήρια) étaient quelquefois en verre.

CHERSONNÈSE TAVRIQVE

PANTICAPAEVM. (*Kertsch*). — Coupe d'Ennion au Musée de l'Ermitage. — Verre orné de quatre divinités en bas-relief (p. 67). — Beaucoup de verres communs, enlevés au Musée de Kertsch pendant la guerre de Crimée, se trouvent au Louvre et au British Museum (Harrison, *Photographs*, pl. 896).

ILES GRECQUES

MELOS (*Milo*). — Verre à boire du Musée britannique, à la légende : λάβε τὴν νίκην. — Quatre verres opaques polychromes, au Musée de Compiègne (n°° 1889-92). — Verres trouvés en 1833, entre autres un flacon quadrangulaire avec des cercles concentriques sous le pied (Brongniart et Riocreux, *Description du Musée céramique de Sèvres*, p. 343). — Cuiller en pâte blanche opaque (British Museum).

CRETA. — A *Rhodovani*, l'ancienne Elyros, on a trouvé une pyxis avec son couvercle et un canthare de forme très élégante, qui sont aujourd'hui au Louvre. Plusieurs de ces pyxides, à parois épaisses et en pâte verdâtre mal affinée, ont été vendues à Paris par les marchands d'antiquités établis à Athènes.

RHODES. — Les fouilles de *Kameiros* (1859-68), conduites par Salzmann et Biliotti, ont mis au jour une série très nombreuse et très variée de verres opaques multicolores. La plupart de ces vases sont de l'ancien style; ils remplissent toute une vitrine du British Museum (Newton, *Guide to the second vase room*, p. 38). Une grande œnochoé du beau style est entrée dans la collection de M. Parent; d'autres ont été vendues aux enchères publiques.

CHYPRE. — La nécropole de l'ancienne Idalium (*Dali*), explorée par M. de Cesnola, a fourni plusieurs milliers de verres de l'époque gréco-romaine. On les trouvait dans des tombeaux maçonnés et divisés en compartiments; quelques stèles à légendes grecques viennent de la même partie du cimetière (Sandwith, *Archæologia brit.* 45, 1, 127). Ce serait faire double emploi que d'énumérer ici, ne fût-ce que les verres principaux de Dali. J'en ai cité à chaque page de mon livre. L'inventaire de M. Dœll (*die Sammlung Cesnola*, p. 71-72) en compte plus de 1800 qui ont passé successivement en vente publique, soit à Paris, soit à Londres, et que j'ai tous examinés de près. Mais on en a recueilli beaucoup d'autres qui font l'ornement du British Museum, du Louvre (Acquisition Colonna-Ceccaldi), des collections du comte Serge Stroganoff, de M. Charvet (pl. VIII-IX. XIII-XIV. XXVI-XXVII) et de M. Péretié à Beyrout. Quant à la publication récente de M. de Cesnola (*Cyprus*, Londres, 1878), elle ne donne aucune idée de l'importance de cette découverte extraordinaire, dont on aurait pu tirer un parti bien plus avantageux pour la science.

Kythraea. — Coupe d'Ennion.

Marium. — Verre portant l'estampille de Mégès.

ASIE MINEURE

Cyzique. — Verres opaques polychromes. Flacons en pâte blanche ou colorée, surtout en pâte bleue. Collection de M. Calvert, vendue à Londres le 2 août 1877).

Abydos. — Verres à boire de la coll. Calvert.

Thymbra *de Troade*. — Verres opaques multicolores de la coll. Calvert.

Cnide. — En 1858, M. Newton a trouvé, dans la chambre souterraine d'un temple, plusieurs centaines de flacons à long col et en verre verdâtre (*Travels and discoveries in the Levant*, t. II, 182).

Attalia (*Adalia de Pamphylie*). — Le *Corpus inscript. lat.*, t. III, 6543 (p. 1060), cite une petite patère, représentant le buste drapé d'un homme imberbe entouré de la légende : EV... TA. VIVE. VIVAS. PIE. ZESES ; dans le champ, trois styles et un étui. Ce doit être un verre chrétien doré.

SYRIE

Émèse. — Verrerie juive fonctionnant au vi⁰ siècle (p. 24).

PHÉNICIE

Les pages que j'ai consacrées à l'art phénicien (p. 18-23) sont imprimées depuis quatre ans ; si j'avais à les écrire de nouveau, je serais probablement plus affirmatif encore. Après avoir examiné un nombre considérable de verres trouvés dans les nécropoles phéniciennes, j'ai acquis la conviction que les flacons à long col, en pâte verdâtre et à parois épaisses, sont les seuls verres que l'on doive attribuer aux anciennes fabriques de Sidon et de Tyr, à celles qui ont fonctionné avant le siècle d'Alexandre. Cette pâte, verte et peu translucide, est leur marque distinctive. Il existe aussi quelques amulettes en verre de couleur, bleu et jaune d'ambre, dont les pâtes sont pareilles à celles des verres grecs de Sidon, mais qui portent des figures et des légendes phéniciennes. Elles semblent donc antérieures à la conquête.

Antaradvs (*Tortose*). — 45 vases, 16 amulettes et 14 osselets de cette provenance ont été décrits au catalogue Péretié (Vente de 1854). Parmi les vases, il faut citer deux amphorisques en verre opaque multicolore ; trois flacons prismatiques en pâte opaque blanche, décorés de fruits (p. 23.63) ; une ampulle verdâtre à veines blanches en spirale ; une coupe et un flacon semés de tubercules ; une fiole violette, formée de deux masques.

M. Renan (*Mission de Phénicie*, pl. 23) n'y a trouvé que des verres insignifiants.

Byblos (*Gébeil*). — Verres communs, publiés par M. Renan (pl. 23).

Sidon (*Sayda*). — J'ai discuté (p. 2. 18-19) tous les textes classiques qui se rapportent aux manufactures de Sidon. Quatre verriers grecs, *Ariston*, *Artas*, *Eirénaios* et *Nikon*, se disent sidoniens sur leurs marques de fabrique, et il est probable que d'autres, comme Ennion et Mégès, l'étaient également. Les fouilles de M. Renan (*Mission*, p. 431. 484) sont demeurées sans résultat appréciable.

Tyrvs (*Sour*). — Restes d'anciens fourneaux avec une prodigieuse quantité de scories et de pâtes vitreuses colorées. — Le Musée britannique possède une collection de pâtes recueillies à Tyr.

Ascalon. — Figurine de Cybèle assise (amulette grec), offerte au Louvre par M. de Saulcy en 1870.

PALESTINE

Jérusalem. — Ampulles communes, trouvées, en 1863, par M. de Saulcy dans le tombeau des Rois.

Caesarea (*Kaisarieh*). — La coupe hexagone de la cathédrale de Gênes, rapportée par les croisés, a été décrite par le chevalier Bossi (*Observations sur le Sacro Catino*. Turin, 1807). Voir aussi : Nesbitt, *Slade collection*, p. XXVI.

ARABIE PÉTRÉE

Sarabut-el-Khadem, presqu'île de Sinaï. — Fragments de verres opaques, de la XIXᵉ dynastie des Pharaons, trouvés dans les ruines du temple d'Hathor.

ASSYRIE

Ninive (*Khorsabad*). — Fragments de pâte bleue vitrifiée (Musée du Louvre, nᵒˢ 209-210). — Figurines, quadrilatères, anneaux, grains de collier, perles plates en pâtes jaune, bleue, verte, brune, blanche, grise et rouge.

Kouyoundjik. — Quelques vases et deux tubes de verre de l'époque gréco-romaine (Layard, *Discoveries*, p. 593.597).

Nimroud. — Le vase de Sargon (p. 16), du viiiᵉ siècle avant notre ère. — Grandes coupes hémisphériques en verre foncé et à parois épaisses. — Fiole en forme de clochette. — Flacon côtelé, à col renfoncé. — Petit verre noir, muni de son couvercle, la panse décorée de boutons en relief (Harrison, *Photographs*, pl. 593). — Voir Layard, *Discoveries*, p. 197.
Fragment de flacon figurant une datte sèche ; pâte jaune d'ambre (Franks, *Kensington Museum*, p. 386).

BABYLONIE

Babylone. — Ampulle côtelée, en pâte vert d'olive et à parois épaisses (Layard, p. 5o3). — Fioles en verre blanc et coloré.

INDE

Fragments de verres grecs, dans l'*Ethnographical Room* du Musée britannique.

ÉGYPTE

La question des verres pharaoniques a été traitée dans l'Introduction (p. 9-14. 31. 33). J'y ai dit que les pièces datées les plus anciennes sont l'amulette au prénom de Nuantef IV (XI° dynastie; coll. Slade) et le flacon de Thoutmès III. Vers la fin de la République romaine, le verre d'Égypte commence à se répandre en Italie. Le premier envoi dont nous ayons connaissance remonte à l'an 54 avant notre ère. Sous le principat d'Auguste, il en arrive un second (*Georges Cèdrène*, t. I, 3o2 ; éd. de Bonn). Hadrien parle, dans une de ses lettres, de *calices allassontes* qu'un prêtre égyptien lui avait offerts (p. 46); Gallien cite des *calices aegyptios operisque diversi* (Treb. Pollion, *Vie de Claude*, ch. 17); le tyran Firmus, après s'être emparé de la vallée du Nil, orne de plaques vitreuses les murs de son palais; Aurélien exige de l'Égypte un tribut annuel de verreries.

Alexandria.—Passage de Strabon relatif aux fabriques d'Alexandrie (p. 44). — *Calices crystallinos Alexandrinos* (Jules Capitolin, *vie de Vérus*, ch. 5, 10). — *Alii vitrum conflant, aliis charta conficitur, alii linifiones* (Fl. Vopiscus, *Vie de Saturnin*, t.II, p. 209, éd. Peter). — Pâtes multicolores au British Museum (Egyptian Room). — Fond de vase avec la légende πίε καὶ εὐτύχι en lettres d'or (Minutoli, pl. II, 23).

Memphis. — Vases opaques multicolores (p. 42). — Bouteilles à panse conique ou sphérique, en pâte verdâtre translucide, recueillies dans des tombes de la XXVI° dynastie (British Museum).

Thebae. — Verres opaques multicolores (p. 42). — Bassin en verre blanc avec le panier qui le renfermait (p. 13).

CYRÉNAÏQUE

Bérénice (*Bengazi*). — Lentille en verre blanc, rapportée par Vattier de Bourville (Musée de Sèvres).

ZEUGITANE

Carthage, *colonie romaine.* — Urnes cinéraires remplies de morceaux d'asbeste (*Catalogue Hertz*, p. 102). — Un verrier lyonnais, *Iulius Alexander*, était originaire de Carthage.

BYZACÈNE

Fragments de verre trouvés dans les ruines phéniciennes par M. Daux (*Recherches sur l'origine et l'emplacement des Emporia phéniciens*, p. 286).

NUMIDIE

Coudiat - ati, province de Constantine. — Verre avec la légende λάβε τὴν νείκην (p. 66).

Thvbvrsicvm (*Khamissa*).—Verre bleu à peintures polychromes (oiseaux becquetant dans un cep de vigne).

MAURITANIE

Icosivm (*Alger*). — Verre peint (combat de gladiateurs), trouvé en 1852.

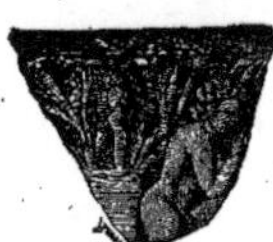

XVIII

LISTE DES NOMS DE VERRIERS

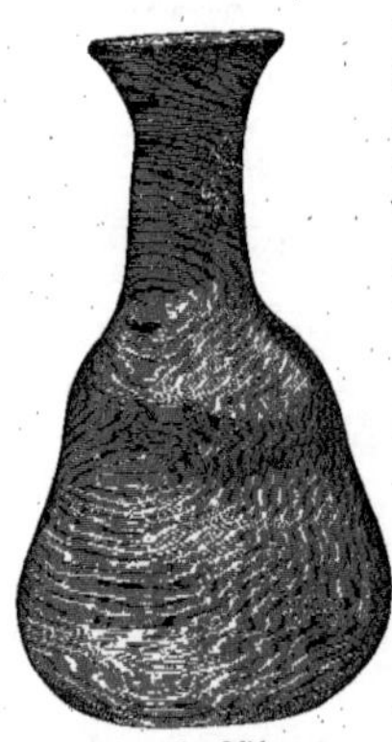

Une nomenclature des verriers antiques, puisée dans les auteurs, les inscriptions et relevée sur les objets mêmes que nous venons d'étudier, est le complément obligé d'une Histoire de la Verrerie. Néanmoins, si je n'avais à consulter que mon sentiment personnel, je ne publierais pas cette liste. Tant que le Recueil des inscriptions latines, entrepris par l'Académie de Berlin, ne sera pas terminé, on est|à peu près certain de ne rien faire de bon. D'autre part, une simple copie de noms propres ne suffit guère pour donner une idée de ces marques de fabrique, de leur âge, de leur aspect et de leur connexité. Les noms sont souvent accompagnés de figures, ils sont disposés en cercle ou combinés avec un décor que le crayon seul peut rendre exactement. Quant à la forme des lettres, elle exige une reproduction plus fidèle encore, si elle veut prétendre à servir d'indice chronologique. Je me suis rendu compte de toutes ces difficultés, et si, après bien des hésitations, je me résigne à ne point attendre l'achèvement du *Corpus Inscriptionum* et à me passer du crayon d'un artiste, c'est que je pense qu'à défaut d'un travail irréprochable, on peut faire un travail utile.

Les timbres verriers forment plusieurs groupes, que j'ai eu soin de ne pas confondre. Il y a d'abord les noms grecs; ceux-là se détachent tout d'une pièce et constituent une série bien tranchée. Mais les noms romains se prêtent moins à une classification par ordre alphabétique. Je les ai divisés en trois familles. Les marques qui nous font connaître le *gentilicium* du verrier, figurent en tête de la liste, et avec raison, car ce sont les plus anciennes. Elles vont de la fin de la République jusqu'au règne des Antonins. Suivent les surnoms, dont aucun ne semble antérieur au deuxième siècle de notre ère. Il en est de même de la dernière série, qui comprend les lettres isolées, surtout les quatre sigles apposés sur le fond des flacons carrés.

En dressant cette liste, je me suis naturellement préoccupé de la rendre aussi complète que possible. Et cependant c'est là, dans le désir d'être complet, que j'ai trouvé l'écueil principal. Les estampilles des verriers ne sont pas faciles à lire; souvent elles sont incertaines, baveuses, mal soufflées dans le moule. Celles que j'ai vues de mes propres yeux, ou dont les copies m'ont été communiquées par des hommes de science, ne laissent plus grand'chose à désirer sous le rapport de l'exactitude; mais d'autres, qu'il a fallu reproduire d'après les livres imprimés, donnent prise à la critique, à tel point que je n'ai pas jugé à propos de les recueillir toutes. Pour des motifs différents, j'ai laissé de côté les sigles qui ne se composent que d'une ou de deux lettres. Non que je doute que les plus petites inscriptions n'aient leur prix et leur utilité, mais il s'agissait d'orner le cadre plutôt que de le remplir.

---

1   Ἀλέξανδρος

Fragment en pâte verte, avec la légende rétrograde : ΛΛΕΞΑΝΔΡΟΥ. — Musée de Londres. Ma copie.

---

2   Ἀρίστων *de Sidon*

Poucier bleu, adhérant à son anse :

ꓤΙꓭTO   ΑꓤΙꙄT
DONΙ   ꙄΙDOИ

Trouvé à Rome. Ma copie.

---

3   Ἀρτᾶς *de Sidon*

Pouciers à légende bilingue :

ΑΡΤΑϹ   ARTAS
ϹΕΙΔω   SIDON

Je connais une trentaine d'exemplaires, plus ou moins complets, la plupart en pâte blanche ou bleue, trois seulement en verre jaune d'ambre. Ceux de la coll. Slade (n° 199) et du Musée de Berlin sont encore adhérents à l'anse d'un canthare brisé. Deville (p. 6) prétend qu'à côté (il veut dire : à *l'avers*) de ce nom on voyait parfois une tête imberbe laurée (d'Auguste?); rien de plus faux.

Les inscriptions ont été publiées souvent : pour la première fois par Tomasinus, *de Tesseris hospitalibus* (Amst. 1670), p. 116. Paciaudi (*Lettres à Caylus*, p. 100) est à peu près le seul qui les ait mal lues, Schürmans est le seul qui ne les ait pas comprises, et M. Wilmanns (*Exempla inscript. lat.* II, p. 247) donne un texte qui n'existe nulle part; il doit l'avoir cité de mémoire.

---

4   Εἰρηναῖος *de Sidon*

Poucier en pâte jaune d'ambre :

ΕΙΡΗΝΑΙΟϹ
ΕΠΟΙΗϹΕΝ

A l'avers, la tête d'Auguste à g., en relief. — Musée britannique. Ma copie.

5   ΕΙΡΗΝΑΙΟϹ
ΕΠΟΙΗϹΕΝ
ϹΙΔωΝΙΟϹ

a. Poucier en pâte verdâtre, acheté à Syracuse par M. Julius Friedländer (Musée de Berlin); à l'avers, la tête laurée d'Auguste. J'en ai un fac-simile excellent et deux estampages que je dois à la bonté de M. R. Weil, attaché à la direction des Musées royaux. *Bull. Napol.*, IV, 23. V, 119. *Corpus inscript. graec.* 8484.

b. Collection du baron Recupero à Catane. A l'avers, un buste imberbe lauré (d'Auguste) à g. et en relief. *Bull. dell' Inst.* 1866, p. 26.

c. Exemplaire fruste, en pâte bleue, au Cabinet de France. A l'avers, la tête laurée d'Auguste à gauche. On a pris cette tête pour celle de Caligula, mais la confusion n'est pas possible. C'est l'empreinte d'une pierre gravée ovale.

6   Ἐννίων

A la p. 65, j'ai cité tous les verres de cet artiste.

Jusqu'à présent on en connaît huit exemplaires, de formes variées :

a. Le verre de Bagnolo, en pâte jaune d'ambre (Musée de Catajo). Ἐννίων ἐποίησεν. ἢ Μνησῇ (*sic*) ὁ ἀγοράζνω (*sic*).

b. Le fragment de Borgo-San-Donnino (Musée de Parme). Ἐννίων ἐποίησεν.

c. L'amphorisque de Panticapée (Musée de l'Ermitage). Ἐννίων ἐποίει.

d. Le scyphus bleu de Carezzana (Musée de Turin). Ἐννίων ἐποίει.

e. Le fragment de Solonte (en Sicile). Μνησῇ (*sic*) ὁ ἀγοράζων.

f. Le scyphus de Refrancore, en pâte vert de mer. Ἐννίων ἐποίησεν. ἢ Μνησῇ (*sic*) ὁ ἀγοράζων.

g. La coupe de Kythraea de Chypre. Ἐννίων ἐποίε[ι]. ἢ Μνησῇ (*sic*) ὁ ἀγοράζων. *Rev. arch.*, N. S., t. 29, 99.

h. Le verre de la collection Charvet (pl. XXVI), également trouvé en Chypre. Ἐννίων ἐποίησεν.

S'il faut ajouter foi à des renseignements particuliers que j'ai reçus de Larnaka, on y aurait découvert une coupe à la légende :

AINION
ΕΠΟΙΗCΕΝ
ἢ ΜΝΗCΘΙ Ο ΑΓΟΡΑCΑC

et un amphorisque bleu à panse hexagonale, ornée de fruits, avec l'inscription :

AINIωN
ΕΠωΙΙCΕΝ
ἢ ΜΝΗCΘΙ Ο ΑΓΟΡΑΖωΝ

Mais je suis le premier à en douter ; ces légendes semblent avoir été copiées de mémoire.

7   Εὐγένης ?

Ampulle en forme de tête d'enfant, trouvée vers 1873 à Dali de Chypre et achetée plus tard pour le Musée britannique. Au-dessus de la tête, sur la base du goulot :

ΕΥΓΕΝ

Sur la collerette : ΜΕΛΑΝΘΕΥΤΥΧΙ (*sic*). Je donne les légendes d'après un dessin qui m'a été envoyé de Larnaka ; cependant je ne suis pas très-convaincu qu'il s'agisse d'un nom de verrier.

8   Ζῆθος

Sur le culot d'un verre à panse rectangulaire et à anse plate :

ΣΗΘΟϹ

en relief, au-dessus d'un éléphant à g. (à dr. d'après M. Flouest). — Musée de Nîmes.

Aurès, *Marques de fabrique*, p. 84 ; pl. 21, 214. Flouest, *Revue des Sociétés savantes*, 1875, t. I, 125.

9   Μέγης

Barillet trouvé en 1873, à Marium de Chypre :

ΜΕΓΗϹ   ἢ   ΜΝΗϹΘΗ
ΕΠΟΗϹΕΝ   Ο ΑΓΟΡΑϹΑϹ

Lettre de M. de Cesnola à M. Birch (5 janvier 1874), qui l'a publiée dans l'*Athenaeum*. — *Revue arch.*, N. S., t. XXIX, 99.

10   Μέντωρ ?

Lucien (*Lexiphanes*, ch. 7) appelle une cuiller ciselée par Mentor : τρυῆλης μεντορουργῆς, et son scholiaste y ajoute l'explication suivante : ἀπὸ Μέντορός τινες ὑαλόφου (*sic*), τούτῳ καταχρησαμένου τῇ εἴδει τῶν ποτηρίων. La correction ὑαλογλύφου, proposée par Raoul-Rochette (*Lettre à M. Schorn*, p. 192), est impossible, mais ὑαλεφοῦ vaudrait peut-être mieux que ὑαλοφοῦ.

11   Νικοκλῆς à *Sparte*

Νικοκλῆς ἐκ Τυνδάρους ὑ[ε]λινοποιός ; *Nicoclès, fils (ou descendant) de Tyndareus, fabricant de verroterie.* Inscription de Sparte. Welcker dans le *Bullettino dell' Instituto* 1844, p. 146.

12   Νίκων de *Sidon*

ΝΕΙ ἢ ϹΕΙ
ΚωΝ ἀωΝ

Pouciers en pâte vitreuse. J'ai corrigé la forme des lettres, car toutes les copies portent Ε et Σ.

a. Vu par M. Friedlænder chez un marchand d'antiquités de Naples. Mommsen, *Inscript. Regni Neap.* 6305, 14.

b. Autre exemplaire au Musée de Munich, avec ϹΕΙΔω. — Hefner, *das Römische Bayern* (1852), p. 296.

13   *Marcus A..... C.....*

Timbre en forme de losange découpé. M A C *rétrograde*; la lettre A dans un cercle. Cabinet de France. Deville, pl. 57, *d*.

14   *Quintus A..... F.....*

Fond d'un flacon carré (Cabinet de France). Les lettres A F sont placées au milieu de la lettre Q. Je pense que ce sont les initiales d'un nom propre; voyez cependant le n° 32. — Deville, pl. 6.

15   *Publius Accius Alcimus*

Sous un flacon carré, trouvé à Stein am Anger (Hongrie) :

<pre>
          PACCI
    ALCIM   ALCIM
          PACCI
</pre>

Mommsen, *Corpus inscript. latin.*, III, 6014².

16   *Lucius Aemilius Blastus*

<pre>
      L · AEMILI

      BLASTI
</pre>

Les deux rameaux (βλαστοί) sont les armes parlantes du verrier.

a. Trouvé à Rome. Orelli 473. Mommsen, *Inscript. helvet.* 343, 12. *Corpus inscript. lat.* V, 1, p. 93², n° 1082². — Deville, pl. 100, *f*.

b. Trouvé à Vérone. *Mus. Dismeianum*, t. II, 87.

17   *Lucius An(nius)? B.......*

L A N B en monogramme. Fond de flacon en pâte verdâtre (Cabinet de France). Ma copie. Chabouillet, n° 3442. Les reproductions de Deville, p. 101 et pl. 59, *h*, sont inexactes.

18   *Gaius Appius Apinossus*   et *Aur(elius) Gel.......*

Fond de vase, trouvé à Luxeuil (Musée de Besançon). Légende circulaire en deux lignes, inscrites dans trois cercles :

Cercle extérieur :   G (lierre) SPPISPINᴼSSI (lierre)
Cercle intérieur :   AVR (lierre) GEL (lierre) F (lierre)

Mém. des Antiquaires de France, t. XXVI, 42. — Estampage communiqué par M. Héron de Villefosse. Copie de M. Otto Hirschfeld.

19   *Lucius Arlenus Iapis*

L·SᴙLENI·ISPIDIS

Légende circulaire, entre deux cercles concentriques, sur le pied d'un vase carré, trouvé en 1835 à Apt (Vaucluse). Musée d'Avignon, n° 17. — Estampage communiqué par M. Héron de Villefosse. Le catalogue manuscrit du Musée d'Avignon porte : IAPIDIS LARIENI; d'après M. Otto Hirschfeld, la ponctuation ne serait pas certaine. Ἰᾶπις est un nom bien connu.

20   *Asinius Philippus*

<pre>
    ASINI   ⚹ ASIN
    PILIPI   PILIP
</pre>

Poucier en pâte blanche, acheté à Rome en 1864. Les légendes, imitées des pouciers sidoniens, semblent remonter au milieu du vii° siècle de Rome, à cause de l'absence de l'aspiration et d'un second P. Ritschl, *Priscæ latinitatis epigr. Suppl.* V, p. XV (pl. V). — *Bull. dell' Inst.* 1864, p. 83.

21   *Publius Atrius Moni(mus?)*

PATRIMONI

a. Lég. circulaire sur un fond de vase trouvé à Cologne. Note manuscrite de l'abbé Campion de Tersan. — Grivaud de la Vincelle, *Arts et Métiers*, pl. L, 17.

b. Sous le pied d'une ampulle à long col (Musée de Rouen). — Deville, pl. 62. — Copie de M. Otto Hirschfeld et estampage envoyé par M. Billiard.

c. Lég. circulaire en creux sous une petite ampulle trouvée en 1877 à Saint-Lubin-lez-Joncherets (Eure-et-Loir). Ma copie. Coll. de M. le vicomte Elzéar de Quelen.

d. Sur le fond d'une ampulle trouvée à Labatie-Mont-Saléon (*Mons Seleucus*) et offerte par M. J. Roman au Musée de Gap, on lit : PATR·MANIB en cercle autour d'une main ouverte. La seconde partie de l'inscription ne semble pas avoir été bien déchiffrée. Croquis communiqué par M. Roman.

22   PATRIMQNI *(sic)*

Lég. circulaire en creux sous une petite fiole trou-

vée à Arles en 1854 (Musée d'Arles). *Congrès arch.
de* 1855, p. 404. Copie de M. Otto Hirschfeld et
estampage envoyé par M. Huard, conservateur du
Musée.

23   PATRI·MONIW\·

En cercle et en creux sous une ampulle à long col
trouvée, en 1875, à Trinquetaille (Musée d'Arles).
Les lettres sont plus grandes que celles du timbre
précédent ; au centre, un Amour à dr. tenant une
couronne. — Copie de M. Otto Hirschfeld et estampage envoyé par M. Huard. Je crois qu'après le
gentilicium il y a un petit rameau. La légende étant
au génitif *(Publi Atri)*, il n'est pas permis de prendre
les deux dernières lettres pour M V renversés (*Monimus*) ; V M pourrait être le commencement d'un
ethnique.

---

24   *(Calpu)rnia ? Magna*

ᴿN Í A E M A C N▩▩   *légende circulaire*

P   ▩   *au centre*

Moitié d'un fond de vase, trouvée vers 1872 dans
un champ de sépulture à la Bernerie (Loire-Infér.).
Croquis communiqué par M. Benjamin Fillon.

La lettre fruste, au commencement, est une R
plutôt qu'un A. M. Otto Hirschfeld me propose de
lire *Calpurniae*, bien que d'autres gentilicia aient la
même désinence.

---

25   *Quintus Cosanus ?*

Q·COBΛNI?

entre deux cercles concentriques, sur le fond d'un
flacon carré. Au centre, une rosace ; à chaque angle,
une tête de clou. Trouvé en juillet 1862 dans la
forêt de Compiègne (Musée de Saint-Germain). —
Communiqué par M. Héron de Villefosse.

---

26   *Daccius*

DΛCCIVS·F

Lég. demi-circulaire sous un barillet, trouvé en
1845 à Neuville-le-Pollet (faubourg de Dieppe). —
Musée de Rouen. — Copie de M. Otto Hirschfeld.
Cochet, *Norm. sout.* p. 82. 188. Deville, p. 51 ;
pl. 59.

---

27   *Ep(pius) ? Vilicus*

·E Γ (lierre) V I ᴸC I

Lég. demi-circulaire sous un barillet, trouvé à
Clairmarais près de Reims. Copie de M. Otto
Hirschfeld, d'après lequel la seconde lettre serait
mal venue et ne pourrait être qu'un P ou une F.

Morel, *Bull. des Antiq. de France*, 1875, p. 113 :
C L E B I B V L L I C I. — Croquis communiqué
par M. Héron de Villefosse : ▦▦Ł▥I▥ (lierre)
DILIGEᴸ

---

28   *Sextus G....... A........*

S   G
   Minerve
   armée
   d'une
   haste
        A

Fond de bouteille, trouvé à Apt en 1840 (Cat.
manuscrit du Musée d'Avignon, n° 72). — D'après
la copie de M. Héron de Villefosse, la barre horizontale de l'A ne serait pas visible.

---

29   *Sextus G...... B......,*

S G B

Trouvé à Cany (Musée de Rouen). *Bull. monumental*, t. XXI, 503.

---

30   *.... Galerius Paternus*

ᴵGAL·PATᴸᴵ

Lég. circulaire en creux sur un fragment d'ampulle, acheté en Angleterre. Ma copie. — L'indication
de la tribu ne se trouve jamais sur cette sorte d'inscriptions.

---

31   *Publius Gessius Ampliatus*

P·GESSI AMPLIATI·

Lég. circulaire au milieu de trois cercles concentriques, en relief sous deux flacons à panses carrées,
trouvés à Pompéies. Musée du Louvre ; acquisition
Durand. M. de Witte *(Catalogue Durand*, n° 354 ;
Deville p. 21) et son compatriote Schürmans (n° 4320)
n'ont rien compris à cette légende, une des plus
faciles à lire. Je l'ai déchiffrée en 1863 (voir mon inventaire manuscrit du Musée Charles X, n° 1547-48,
dans les bureaux de l'administration du Louvre), et,
indépendamment de moi, M. Héron de Villefosse l'a
copiée de la même façon.

Un troisième exemplaire, également trouvé à
Pompéies, fait partie de la collection Hagemans
(*Un cabinet d'amateur*, p. 471).

---

32 *Marcus, Cnaeus* et *Aulus Ingu....*

M·CN·A·INGV·A·V   *légende circulaire en creux*

A F   *au centre*

Points triangulaires. Ampulle en verre blanc. J'en connais quatre exemplaires :

a. Trouvé à Rome. Ma copie. La leçon est absolument certaine.

b. Musée Fol, t. II, 483 : A·INGV·AVMCN.

c. Trouvé à Nîmes. *Rev. des Soc. savantes* 1875, t. I, 127. Aurès, *Marques de fabrique*, p. 84; pl. 20, 213 : CN·A·LVGV·A·V·M.

d. Trouvé à l'Îlot-les-Vases-de-Nalliers (collection de M. O. de Rochebrune à Fontenay-le-Comté). Benjamin Fillon, dans l'*Indicateur de la Vendée*, 29 mars 1872.

Je ne sais comment il faut compléter le gentilicium des trois frères. A·V pourrait signifier *artificum vitriariorum*.

---

33 *Iulius Alexander*

Un *Iulius Alexsander*, natione Afer, civis Carthaginesis, *opifex artis vitriae*, figure dans une inscription latine de Lyon. Orelli 4299. Boissieu, p. 427.

---

34 *Marcus Iulius M......*

I M

M

Lég. (rétrograde) sur le fond d'un flacon carré. Deville, pl. 100.

---

35 *Lucius Iulius? M......*

L·IVLIV

M I V

Sur le fond d'une carafe (Musée d'Avignon, n° 68). Le catalogue manuscrit du Musée porte : ....I·LVLIV···, la copie de M. de Villefosse : LLVLIVMIV; mais le nom devrait être au génitif.

---

36 *Gaius Leuponius Borvonicus*

G·LEVPONI·BORVONICI·

Pied de vase en pâte verdâtre, trouvé dans les fouilles de Port-sur-Saône. Légende circulaire en relief; ma copie. *Mémoires de la Commission d'Archéologie de Vesoul*, t. II, 210.— Frœhner, *Mélanges d'épigraphie*, p. 14.

---

37 *.. Lucretius Festivus*

..I·CRETI·FESTIVI·

Lég. circulaire en creux sur un fragment (rebord de goulot) du Musée Campana. Ma copie. Deville, pl. 19, avait lu : *reti* (=redi) *festiva dies*.

---

38 *Sextus P...... S......*

S·P·S

Sur un vase de verre, trouvé à Newbury (Berkshire). *Ephemeris epigr.*, t. IV, 210.

---

39 *Caius Peducaeus Thyra.....*

C·PEDVC·THYRA·

En cercle et en creux, autour d'une rosace. Culot de vase en verre blanc, trouvé à Rome. Ma copie.

---

40 *Quintus Pro......... Ter....*

Q·PRO·········TER·

Légende circulaire en relief sur le fond (brisé) d'un barillet, trouvé à Bétricourt. Estampage envoyé par M. Terninck, qui l'a citée dans son *Essai sur l'Industrie et les Arts dans l'Artois* (Paris, 1879), p. 70. Le T n'est pas certain.

---

41 *Caius Salvius Gratus*

C SALVI

deux palmes

GRATI

Fond d'un vase trouvé à Pavie en 1771. Mommsen, *Corpus inscript. latin.*, t. V, 2, 8118[2].

---

42 *Sextus Terentius Abascantus?*

Sur un fragment de culot, en pâte verdâtre, au Cabinet de France (inexactement reproduit par Deville, pl. 59), on lit un monogramme très-compliqué, formé des lettres T E R A L I N B et surmonté d'un second monogramme : S C. Un exemplaire en pâte blanche se trouve au Musée de Berlin; j'en dois le dessin et l'estampage à l'obligeance de M. R. Weil.

Rien n'est plus difficile que de déchiffrer les monogrammes latins. Ici, le prénom pourrait être *Auli*, *Luci*, *Sexti* ou *Titi*; quant au gentilicium, M. Otto Hirschfeld, qui avait déjà rectifié la copie de Deville, me propose *Terenti* ou *Aterni*. Le surnom est une conjecture à moi ; mais je ne me dissimule pas que d'autres combinaisons sont possibles.

---

43   *Decimus Valerius N......*

D V N

En relief, sur le pied d'un amphorisque carré. Les lettres sont entourées d'une bordure, et à chaque angle il y a une tête de clou. Trouvé en mai 1862 à la Garenne du Roi (forêt de Compiègne). — Musée de Saint-Germain. Copie de M. Héron de Villefosse.

---

44   *Aulus Volumnius Ianuarius*

A VOLVMNI IANVARI

Lég. circulaire ; au centre, une Victoire, à dr., sur une proue de vaisseau, tenant une couronne à la main droite. Fond d'un flacon trouvé à Rome dans les fouilles de l'Emporium. *Bull. dell' Inst.*, 1872, p. 141 (où on a lu : VOLVMNIA IANVARIA).

Le Musée britannique possède deux fragments de la même légende : 1) A VOLVmni iaNVARI. Victoire au centre. Fond d'un verre blanc. Copie de M. Franks. 2) VOLVI. Ma copie.

Dans le *Museo Bartoldiano*, p. 158, n° 46, Panofka cite les lettres VOLVM IANVAR, imprimées sur le fond d'un vase rempli d'onguent.

---

45   *Lucius? .... Titulcianus*

L III S S C III I V S T I V L C I N (feuille de lierre)

Légende circulaire et rétrograde sur le fond d'un grand vase carré, muni d'une seule anse et trouvé à Canville-les-deux-Églises. Deville, p. 71 (pl. 85), lisait : CLA......IVSTITII ; l'abbé Cochet (*Catalogue du Musée d'Antiquités*, 1868, p. 65) : OLIS....LVSTITVL.

M. Billiard, conservateur adjoint du Musée de Rouen, ayant eu l'extrême bonté de m'envoyer un frottis et un surmoulé de cette curieuse inscription, nous nous sommes mis, M. Hirschfeld et moi, à la déchiffrer, et la lecture que je propose est le fruit de nos efforts communs. Quatre lettres, malheureusement, sont effacées au point qu'il est impossible de les reconnaître ; l'L du prénom n'est pas certaine, et après le second S, il pourrait y avoir un O. M. Hirschfeld a vu que le second C fait partie du *cognomen* et qu'il doit être question de la ville de *Titulcia*

d'Espagne. En examinant cette supposition heureuse, je n'eus pas de peine à retrouver sur l'estampage le mot *Titulcian(us)* et la feuille de lierre qui termine la légende. *Borvonicus* (n° 36) est également un surnom sous forme d'ethnique.

---

46   *Amarantus*

A M R A N V S F

En relief sous deux mascarons de Méduse, en pâtes verte et bleue, trouvés, l'un dans la forêt de Brotonne en 1843 (Deville, pl. 59, p. 51), l'autre à Autun (*Mémoires de la Société éduenne*, 1844, p. 133), et conservés tous les deux au Musée de Rouen. On avait lu *Amaranus* et *Lambanus ;* ma leçon a été confirmée par les copies de M. Otto Hirschfeld.

---

47   *Euhodia*

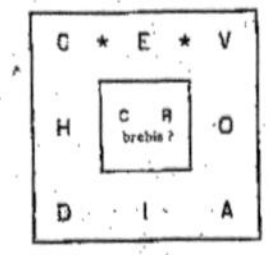

En relief sur le culot d'un flacon carré, trouvé à Arles, un peu avant 1693 (Estrangin, *Études sur Arles*, p. 149. Planches du P. Dumont, à la suite de Noble-Lalauzière, pl. XXVIII, 16-17). M. Héron de Villefosse vient de trouver, dans les manuscrits de Bonnemant, à la Bibliothèque d'Arles, une plaquette intitulée : *P. G. M(arcel), In tabellam marmoream Arelatensem inter cineres et sacrificalia nuper erutam divinationes ;* 1693. Il a eu la bonté d'y copier pour moi, à la page 3, le passage suivant : « Extat « egregium apud geometram Arelatensem, nomine « Gerardum, non ita pridem ex alveo Rhodani « erepta, cum autumnali siccitate recessisset ab « amne fluminis, ora quæ supra Trinquetaliam « excurrit in Furcas, ampulla scilicet vitrea sesqui- « pedalis, cujus fundulus tetragonus hisce caracte- « ribus inscriptus (*suit la copie de la légende* « *extérieure*) ». — Le *Journal des Savants* de 1694, t. XXII, 153, en fait également mention (*Note de M. Otto Hirschfeld*).

Du temps de Montfaucon, le verre se trouvait à Avignon, dans la collection du marquis de Caumont. *Antiquité expliquée*, t. V, pl. 98 (au centre : « une bête peu reconnaissable ». Ce devait être un lion plutôt qu'une brebis). — Deville, pl. 102.

33

48

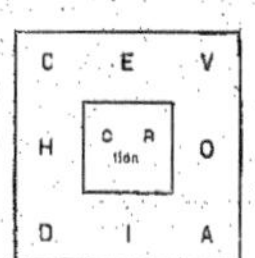

a. — Trouvé à Cologne. Collection Charvet, pl. XXXI, 123.

b. — Trouvé à Saint-Clément (canton d'Aubenton) en 1825, avec des monnaies de Philippe. Fleury, *Antiquités du département de l'Aisne*, t. I, 216 (fig. 115). Il parle d'un lion « portant sur son dos un oiseau ou un poisson »; ce n'est qu'une bavure. La lettre E se trouve entre deux feuilles de lierre, et l'I entre deux palmes.

49

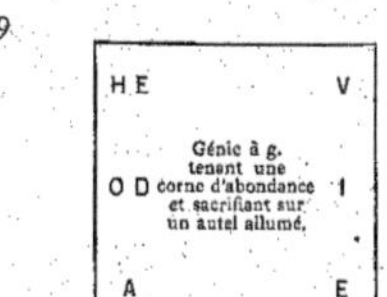

Trouvé entre Düren et Giebelsrath. *Bonner Jahrb.*, IX, 154 (pl. II, 2-3). Felix Hettner, *Catalogue du Musée de Bonn*, n° 181. — Le dessin de Deville (pl. 100) est de pure fantaisie; il a été composé d'après une citation de M. Detlefsen.

---

50   *Felix*

FELIX FECIT

Sur le fond d'un vase trouvé à Faversham (Kent) et faisant partie de la collection de M. Evans. *Corpus inscript. lat.* t. VII, 1275 a.

51   *Firmus*

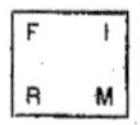

a. — Petit flacon rectangulaire, orné de deux palmes; légende en relief. Muschius, *Antiquitatis reliquiae*, pl. 87, 3.

b. — Musée impérial de Vienne. *Corpus inscript lat.* III, 6014, 4. Le flacon est également orné de

palmes. Croquis et surmoulé envoyés par M. Otto Hirschfeld.

52

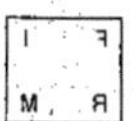

a. — Musée de Lyon. Comarmond, n° 169 : MYFI. Deville, p. 52 : IMYF (voyez cependant le flacon orné de quatre palmes, pl. 97). J'avais deviné que ce devait être la légende rétrograde *Firm*(i), et ma supposition s'est trouvée fondée. Calque envoyé par M. Henri Beaune, procureur général à la Cour d'appel de Lyon. — Copie de M. Otto Hirschfeld.

b. — Culot, en partie brisé, au Cabinet de France. On le dit trouvé à Athènes, parce qu'il avait été donné au Cabinet par M. Beulé; mais cette conjecture me paraît sujette à caution. Jusqu'à présent aucun timbre latin n'a été trouvé en Grèce.

c. — Musée de l'Université de Ferrare. *Revue Arch.*, N. S., t. VIII, 220.

d. — Flacon carré à deux anses, tr. dans un étang. L. Roubet, *Epigraphie historiale du canton de la Guerche* (Nevers, 1873), p. 206 : DIRVS.

---

53 *Firmus, Hilarus, Hylas ou Ylas*

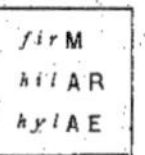

Fragment de la collection Slade. Ma copie.

54

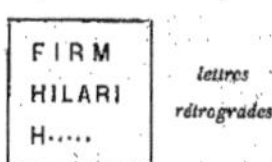

a. — Exemplaire fruste du Musée britannique. Ma copie.

b. — Fond d'un vase hexagonal au Musée Passeri, à Pesaro. Copie imparfaite de M. Detlefsen, *Revue Arch.*, N. S., t. VIII, 220.

55

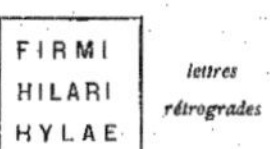

Trouvé à Weyden, près de Cologne, en 1843. *Bonner Jahrb.*, III, 148.

56

FIRM
HILAR
*TYLAE

Trouvée en 1852 près de Pérouse, avec une autre à lettres rétrogrades. Conestabile, *Bull. dell' Inst.* 1853, p. 62. *Bull. arch.*, N. S., t. V, 380.

57

FIRM
HILARI
ETYLAE
 lettres rétrogrades

a. — Fabretti, p. 531.

b. — Flacon portant une palme sur chaque face près du goulot. Musée Campana, n° 169. Ma copie. Deville, pl. 97 (il traduit : *Firmus à la riante, à l'aimable Etyla*).

c. — Fragment du Musée Campana, n° 47. Il n'en subsiste que le mot ETYLAE, collé par un truqueur italien sur l'une des faces d'un flacon. Copie de M. Héron de Villefosse. Deville, pl. 98, *d*.

d. — Trouvé à Clairmarais (Musée de Reims). Loriquet, *Marque pharmaceutique inscrite sur une fiole de verre* (Reims, 1863), l. 3 : ATYLAR. *Congrès archéol.*, 28, 210. *Revue arch.*, N. S., t. 5, 247. *Philologus*, 19, 338.

e. — Trouvé à Pérouse (avec le n° 56). Conestabile, *Bull. dell' Inst.* 1863, p. 65. *Revue archéol.* N. S., t. V, 380.

f. — Trouvé à Colazzone, près de Todi (Musée de Pérouse). Vermiglioli, *Iscrizioni Perugine*, t. II, 616. 618. Detlefsen, *Rev. arch.*, N. S., t. VIII, 219.

g. — En relief sur le fond d'un flacon rectangulaire, orné d'une palme sur l'une de ses faces. Fragment donné au Musée de Sèvres par M. Benjamin Fillon. J'en dois le calque à l'obligeance de M. Milet, Chef des Fours à la Manufacture de Sèvres. *Cat. de l'Exposition universelle* de 1867, n° 1278.

Frontinus

La fabrique Frontinienne ne semble avoir produit que des barillets avec ou sans anses. En citant les légendes, je suivrai l'ordre des abréviations successives.

58   FRONTINIANAFQVA

Trouvé à Amiens (Musée d'Amiens, n° 789). Légende circulaire; les trois dernières lettres sont frustes. Copie de M. Borély, conservateur du Musée de Picardie.

Mém. des Ant. de Picardie, t. IX, 427.

59 FRONTINIANA (lierre) S. (lierre) C. (lierre)

Lég. circulaire, de sorte que le C et l'F se rejoignent. — Trouvé à Neuville-le-Pollet (mais le catalogue du Musée de Rouen, par l'abbé Cochet, l'attribue à Eslettes). Copie de M. Otto Hirschfeld et estampage envoyé par M. Billiard.

Cochet, *Normandie souterraine*, p. 82. 186. — Deville, pl. 59.

60   FRONINO

Lég. demi-circulaire.

a. — Boulogne-sur-Mer (Musée de Rouen). Deville, pl. 58.

b. — Cologne. Kamp, *Anticaglien*, n° 145 : FRONINO.

61   FRONTI SEXTIN

C'est une des légendes que je regrette le plus de n'avoir pu vérifier moi-même. — Voyez le n° 67.

a. — Amiens. Cochet, *Normandie sout.*, p. 186.

b. — Dieppe. Liste de Deville : FRONT SEXTIN.

62   FRONTIO ou plutôt FRONIO

a. — Boulogne ? (Musée de Rouen). Catalogue Cochet : FRONIO.

b. — Amiens. Liste de Deville : FRONTIO. J'en doute beaucoup; l'abbé Cochet et Deville citaient souvent de mémoire.

63   FRONTI

a. — Amiens (Musée d'Amiens, n° 785); trouvé au Blamont. Copie de M. Borély. *Antiq. de Picardie*, t. IX, 427.

b. — Dieppe. Cochet, *Norm. sout.*, p. 186.

64   FRONI

Dieppe. Cochet, *Norm. sout.*, p. 82. 186 : FRONI.

65   FRONI *rétrograde*

En demi-cercle sous un barillet du Musée de Trèves. Copie de M. Félix Hettner : FRONI.

66 FRON (lierre) ASIATC|i *rétrograde*

Lég. circulaire. Fragment trouvé à Lisieux en 1862 (Musée de Rouen). Copie de M. Otto Hirschfeld et estampage envoyé par M. Billiard, qui confirme par lettre la présence d'un petit *i* dans la courbe du C.

Bull. monumental, 4ᵉ série, t. II, 172 : FRONT ASIATIC.

67　　　　FRONT SEX|*tin*

Fragment trouvé à Lillebonne. — Rever, *Mém. sur les ruines de Lillebonne*, p. 64. — Liste de Deville. — Comparez mon n° 61.

68　　　　FRONT·S·C·F

a. — Eslettes, près de Rouen; trouvé en 1847 (Musée de Rouen). Copie de M. Otto Hirschfeld. — Cochet, *Norm. sout.*, p. 44.

b. — Fécamp. Cochet, *l. c.*, pl. 4, 4.

c. — Le Bois des Loges, près d'Étretat. Cochet, *l. c.*, p. 186 (Musée de Rouen).

d. — Lillebonne. (Musée de Rouen). Cochet, *l. c.*, p. 130. 186, pl. 6.

69　　　　F·P·FRONT

a. — Fécamp. Cochet, *Norm. sout.*, pl. 4, 5.

b. — Le Bois des Loges (Musée de Rouen). Copie de M. Otto Hirschfeld. Cochet, *l. c.*, p. 186. Deville lisait : E·P·FRONT.

c. — Lillebonne. Cochet, *l. c.*, p. 186.

70　　　　FRONT

Amiens; tr. au Blamont (Musée, n° 800). Copie de M. Borély. *Antiq. de Picardie*, t. IX, 427.

71　　　　FRON·PROTI

Fond de barillet (Musée Thaurin à Rouen). *Revue des Sociétés savantes*, 1870, t. I, 153. — Je n'en crois rien.

72　　　　FRON

a. — Dieppe. Cochet, *Norm. sout.*, p. 82. 186.

b. — Brèquerèques (Musée de Boulogne-sur-Mer, n° 2581). Copie de M. Otto Hirschfeld.

c. — Wittem. *Publications de la Soc. arch. de Limbourg*, t. I, 34. 104.

d. — Sous un barillet du Musée de Trèves. Copie de M. Felix Hettner.

73　　　　FROTINIA' N A

a. — Lég. circulaire en relief. Trouvé à Brèquerèques (Musée de Boulogne-sur-Mer, n° 2576). Copie de M. Otto Hirschfeld. Cochet, *Norm. sout.*, p. 186 : FRONTINIANA.

b. — Tournai. Fragment trouvé vers 1821. Schayes, *la Belgique et les Pays-Bas avant et pendant la domination romaine*, t. 2, 364 : Frontin. m. m.

74　　　　FROTI

a - c. — Amiens, trois exemplaires (Musée, n° 811 : trouvé au Blamont; 788 : tr. au faubourg de Beauvais, près la route du Pont-de-Metz; 927). Copies de MM. Otto Hirschfeld et Ch. Borély.

d. — Barillet trouvé à Sablonnière (Aisne), en 1875. Fréd. Moreau, *Collection Caranda* (Saint-Quentin, 1877), pl. i : FRATI. — Fleury, *Antiquités du département de l'Aisne*, t. II, 46 : FRATI ou ERATI.

75　　　　FRοTI

Dieppe (Musée de Rouen). Copie de M. Otto Hirschfeld. Cochet, *Norm. sout.*, p. 82. 186.

76　　　　FROTO

Dieppe (Musée de Rouen). Catalogue Cochet, p. 65.

77　　　　FROT

Amiens. *Antiq. de Picardie*, t. IX, 186.

78　　　　FRO

Amiens, Beauvais, Cany, Château-Gaillard (près d'Étretat; tr. en 1842), Dieppe, Eslettes (1847), Étaples (Musée de Saint-Germain), Le Mesnil-sous-Lillebonne, Lillebonne (2 exemplaires) et Vieille-Lyre (Eure).

Cochet, *Norm. sout.*, p. 82. 83. 130. 186 (pl. 6). *Cat. du Musée de Rouen*, p. 65. — Mathon, *Mém. de la Soc. académique de l'Oise*, t. 8, 710.

79　　　　F·R·O

a. — Cany (Musée de Rouen). Copie de M. Otto Hirschfeld. Cochet, *Norm. sout.*, p. 68.

b. — Eturqueraie (près de Routot, Eure). — Cochet, *l. c.*, p. 184.

80　　　　*Germanus ?*

Sous un flacon carré de la coll. de M. l'abbé Desnoyers, Vicaire général à Orléans, on voit un cercle orné de quatre arceaux, et dans chaque segment une lettre rétrograde en relief : GERM. Copie de M. Charvet.

81 *Hylas*

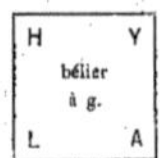

a. — Fragment au Musée du Mont Palatin, à Rome. Ma copie.

b. — Musée de Pérouse. *Revue arch.*, N. S., t. V, 381. VIII, 220.

c. — *Musée Fol*, t. II, 2648.

82 *Nero*

NERO en lég. circulaire sous un barillet à deux anses, trouvé à Cologne. *Arch. Zeitung* 1876, p. 203. Coll. Charvet, pl. XXXI, 124. — Autre exemplaire (barillet à une seule anse), trouvé à Reims. Coll. du baron de Baye, au château de Baye (Marne). Croquis communiqué par M. Héron de Villefosse.

83 *Optus?*

OPTI sur le fond d'un vase trouvé à Bregenz. Mommsen, *Corpus inscript. lat.*, t. III, 6014e.

84 *Prometheus Frontini (servus)*

PROMEΘEVF.RoTI

a. — Lég. demi-circulaire sur le fond d'un barillet, trouvé à la citadelle d'Amiens. P. Petavius, *Antiq. supell. portiuncula* (Paris, 1610), pl. XV.

b. — Amiens, quartier Saint-Louis (Musée, n° 792); fragment en verre verdâtre. Copies de MM. Otto Hirschfeld et Ch. Borély. — *Antiq. de Picardie*, t. IX, 427. *Cat. du Musée de Picardie*, p. 96.

c. — Fragment du Musée de Rouen : |ROMEΘEVF|. Copie de M. Otto Hirschfeld et frottis envoyé par M. Billiard. La partie supérieure du P est encore visible.

d. — Une observation de M. Hirschfeld à propos du timbre COMIOR FRON (*Antiq. de Picardie*, t. IX, 427), qui ne se trouve pas au Musée d'Amiens, m'a aidé à expliquer le fragment du Vieil-Évreux. Bonnin (*Antiquités gallo-romaines des Eburoviques*, pl. 49, 3) y avait lu : COMEG...., Deville (pl. 59) : ...COMEO... Il faut certainement lire : *prOMEΘeu froti*, et M. Borély pense que COMIORFRON est dans le même cas.

85 *Silo*

à SILO, entouré d'un cercle, sur le fond d'un flacon carré. Deville, pl. 28, le place à l'envers.

86 *Syntrophus?*

SV·TROP·

En cercle, avec une palme au centre. Fond d'un verre à boire (fragment) au Musée britannique. Ma copie.

87 CALCACCAL·GACVS (?)

Lég. circulaire en relief, sur le pied d'un flacon trouvé à Saint-Médard-des-Prés (Vendée). Les lettres semblent baveuses et de lecture difficile. Filion, *Art de Terre*, p. 195.

88 CALIIRFE (?)

Trouvé à Cuyk (Hollande). — N'ayant pu me procurer le volume d'Hermans, *Noord-Brabands Oudheden* (p. 134), c'est le seul timbre que je suis obligé d'emprunter aux *Sigles figulins* de Schürmans (n° 987). Le nom est mal copié, et la forme cursive de l'E étant étrangère à l'épigraphie verrière, je ne crois pas même qu'il s'agisse d'une inscription sur verre.

89 ECVA

a. — Cologne. Lég. demi-circulaire. Kamp, n° 143.

b. — Fond d'un vase à panse annelée (fragment) au British Museum. Ma copie.

90 EQVA EᏏOИ

En demi-cercle sur un vase de Cologne. Kamp, n° 144.

91 *Etiticae?*

Terninck, *Essai sur l'Industrie et les Arts dans l'Artois*, p. 59.

C'est probablement un fragment; je n'ose compléter : *atim*ETI·TI·CAE*s*.

92 FOR

En relief sur le fond d'un vase trouvé, en 1868, à Autun. Fontenay, p. 95 (pl. 37).

93   I B O N I

Verre trouvé en 1869 à Bexhill (Kent). — *Ephemeris epigr.* t. IV, 210.
Ce doit être un fragment, *Libonis?*

94   И A E

Flacon quadrangulaire, trouvé près de l'église de Saint-Cunibert à Cologne. Kamp, n° 139.

95

Sur une plaque de verre? Italie septentrionale. — Mommsen, *Corpus inscript. lat.*, t. V, 2, n° 8118, 7.

96   O M N

En relief sur un vase trouvé à Salzbourg. Mommsen, *Corpus inscript. lat.*, t. III, 6014².

97   S I L V¡

Lég. circulaire en creux. Musée d'Avignon. — Copie de M. Héron de Villefosse.

98   S V B

Sous le pied d'un petit verre carré, trouvé à Lillebonne. Deville, pl. 85.

99   Λ O
    I A

Sur le culot d'une ampulle hexagonale brisée. Certainement mal lue. *Musée Fol*, t. II, 3527.

100

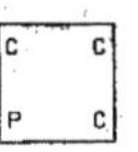

a. — Fond d'un flacon rectangulaire à anse plate, trouvé à Castel. Emele, pl. 5, 3.
b. — Cologne. Kamp, n° 140.
c. — Avec un cercle au centre. Musée de Trèves. Copie de M. Felix Hettner.

101

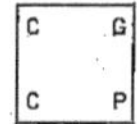

a. — Flacon trouvé à Nimègue en 1645. — Smetius, *Antiquit. Neomag.* p. 117.
b. — Trouvé à Millingen, près de Nimègue. — Daly, *Revue générale d'architecture*, 1847, t. VII, 366.
c. — Musée de Leide. — Janssen, *Cat.*, p. 238, n° 69.

102

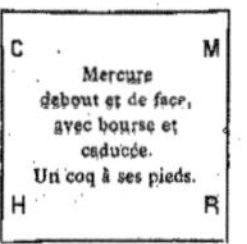

a. — Collection Bellori. De la Chausse, *Cabinet romain*, V, 10, 1. — Beger, *Thes. Brandeburgensis*, t. 3, 464. — Montfaucon, t. V, pl. 98 et 99.
b. — British Museum. Ma copie.
c. — Musée Campana, n° 81. Deville, pl. 100.

103

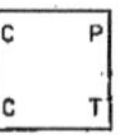

Rheenen, près d'Utrecht (Musée de Leide). — Janssen, *Musei Lugduno-Batavi inscript.*, p. 157.

104

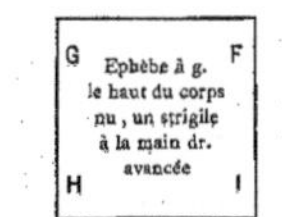

a. — Panofka, *Museo Bartoldiano*, p. 158, 47 : EGHI.
b. — Xanten. Houben, pl. 39, 2 (mal lue). — Nesbitt, *Slade Collection*, p. 32.
c-d. — Musée Campana ; deux exemplaires, dont l'un (n° 27) intact. Copie de M. Héron de Villefosse et la mienne.
e-f. — Trouvés dans un sarcophage à Gelsdorf, en 1863. — *Bonner Jahrb.* 33-34, p. 228. Felix Hettner, *Catalogue du Musée de Bonn*, n° 183.

g. — Musée de Pérouse (au centre : une figure debout, ayant à sa droite, à ce qu'il paraît, une figure plus petite qu'elle tient par le bras), Conestabile, *Revue archéol.*, N. S., t. V, 382.

h-i. — Musées de Parme et de l'Université de Ferrare. *Revue arch.*, N. S., VIII, 223.

k. — Trouvé à Omal, près Waremme, en Belgique (Musée de Liége). *Revue arch.*, N. S., 1867, t. I, 438.

l-o. — Quatre exemplaires au British Museum, Ma copie.

p-q. — Deville, pl. 99, *a* et *c*.

r-s. — Cologne; deux exemplaires. Kamp, n° 142.

t. — Musée d'Avignon (au centre : Mercure, un manteau sur l'épaule gauche, le caducée à la main droite). Copie de M. Héron de Villefosse.

u. — Musée Fol (au centre : Le bon Pasteur !), t. II, 2647.

105

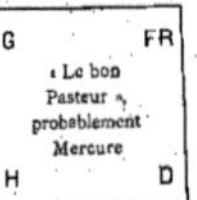

Musée Fol, t. II, 2646. Les lettres sont peut-être mal lues.

106

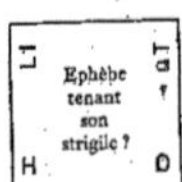

Deville, pl. 100. Mauvaise copie ; les petites lettres de droite ne sont probablement que des bavures.

107

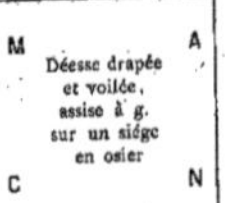

a. — Fabretti, p. 531 (in fundo vasculi, in quodam sarcophago a me reperti). — Montfaucon, t. V, pl. 100.

b. — Panofka, *Mus. Bartoldiano*, p. 157, 27 (fragment).

c. — Musée de Pérouse. *Rev. archéol.*, N. S., t. VIII, 222.

d. — Deville, pl. 100.

e. — Musée britannique. Ma copie.

108

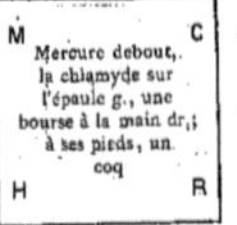

a. — Musée Passeri à Pesaro. Detlefsen, *Rev. arch.*, N. S., t. VIII, 324 : MGHR.

b. — Cologne; sous un flacon hexagonal. Kamp, n° 141.

c. — Padoue. Mommsen, *Corpus inscript. latin.* t. V, 2, n° 8118, 4.

109

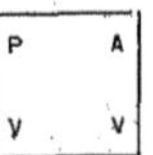

Cittanova (Istrie). — *Corpus inscript. latin.*, t. V, 2, n° 8118, 5. Les lettres O et P semblent réunies au moyen d'un trait horizontal.

110

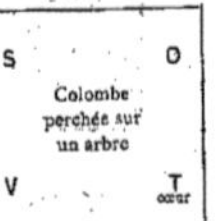

Verre verdâtre, trouvé à Nimègue. *Bonner Jahrb.*, VII, 65.

111

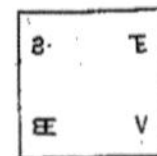

Deux fonds de verre, l'un carré, l'autre hexagonal. Musée Fol, t. II, 2649-50. Copie dont l'exactitude me semble douteuse.

112

Trouvé à Nimègue, en 1645. — Smetius, *Antiq. Neomagenses*, p. 117.

113

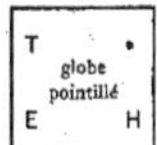

Trouvé à Bonn. — *Bonner Jahrb.* IX, 154 (pl. II, 4). Felix Hettner, *Catalog*, n° 184. La seconde lettre est un E ou un F renversé. — Deville, pl. 100 : TOLH.

114

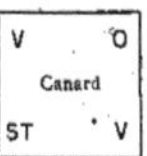

Chez Barone à Naples. — Panofka, *Arch. Zeitung*, 1847, p. 190 : V·O·ST·V sur une seule ligne, de sorte que je ne suis pas certain d'avoir mis chaque lettre à sa place.

115

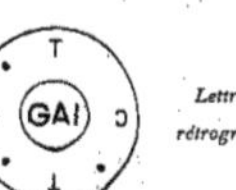

Sous le pied d'un grand flacon carré (Cabinet de France). Deville, pl. 62.

116

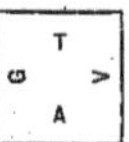

Flacon carré, à une seule anse; trouvé au Wichelshof. Dorow, *Denkmale altgermanischer und roem. Zeit*, t. I, 25 (pl. XI, 4). Felix Hettner, *Cat. du Musée de Bonn*, n° 185.

TIMBRES FAUX

OU INDUMENT ATTRIBUÉS AUX VERRIERS

1. ..... δωρος Ῥέδιο[ς] ἐποίησεν. Deville, pl. I (p. 7. 100) d'après Caylus, *Recueil*, t. 1, pl. 56. C'est le fragment d'un petit piédestal en basalte noir.

2. Δημοσθένου. Deville, p. 42, d'après Caylus, t. II, pl. 84. Pâte de verre fausse.

3. *Atimus DCXV* (Salzbourg). Schürmans, n° 586. Voir Mommsen, *Corpus inscript. lat.*, t. III, p. 31*.

4. *Aucissa*. Schürmans, 629. — Sur une fibule en bronze. Mommsen, *Inscript. Neapol.*, 6305, 4.

5. *Cabira*. Schürmans, 925. — Sur un peigne de bronze. Mommsen, *Inscript. Neapol.*, 6505, 8, dit en toutes lettres : *in pectine aereo*.

6. *CCCXXII* (Salzbourg). Schürmans, 1202.

7. *L. Sabidius Helico fec. Sabidius Hermes* (Rome). Schürmans, 4824, d'après Fabretti, p. 531, où naturellement on ne trouve rien de tel. Il s'agit de deux tuyaux de plomb que Fabretti a publiés à la p. 544.

8. *Mat* (Rottenburg). Schürmans, 3407.

9. *Men* (Weyden). Schürmans, 3517. — C'est un fragment de légende gravée et qui se rapporte au sujet.

10. *Of Opmia* (Limoges). Schürmans, 4016. — Ce doit être l'inscription d'un vase de terre, en dépit de l'assertion de la *Rev. arch.*, t. 8, 434 (vase de verre bleu).

11. *R.I.L* (Rottenburg). Schürmans, 4683.

12. *S. Carvilius.* Schürmans, 1113. — Légende d'un cachet de bronze. Mommsen, *Inscript. Neap.* 6305, 6.

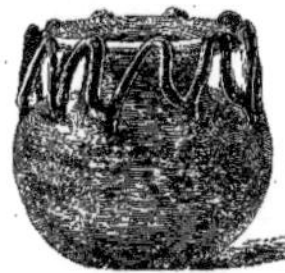

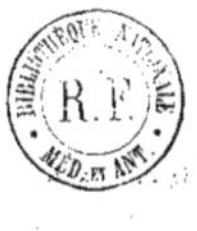

SOMMAIRE

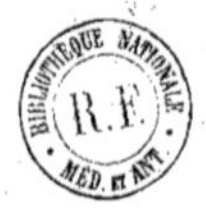

TABLE DES PLANCHES ET VIGNETTES

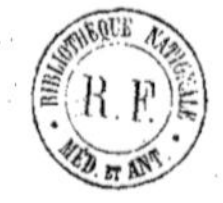
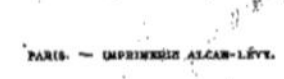

PARIS. — IMPRIMERIE ALCAN-LÉVY.

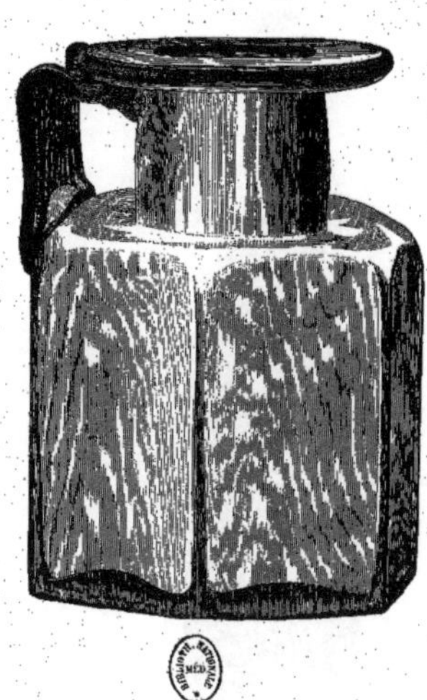

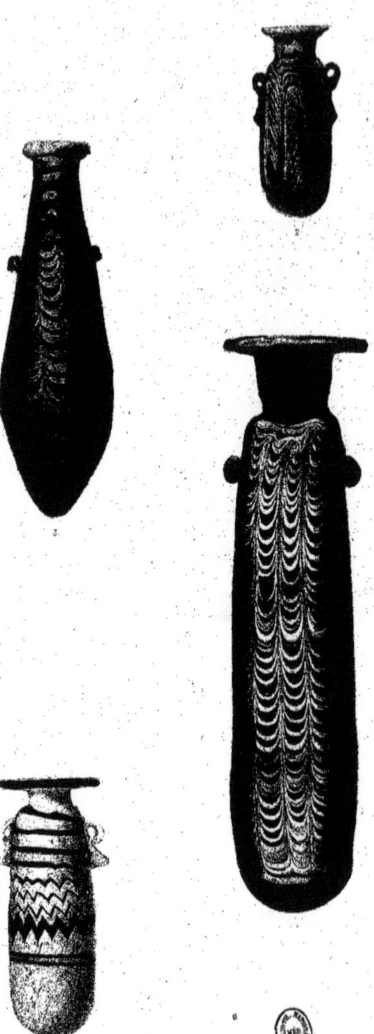

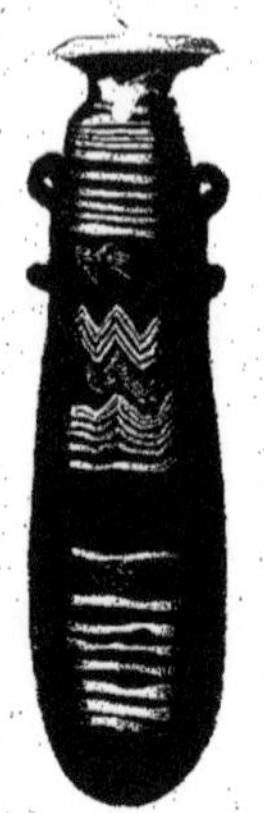

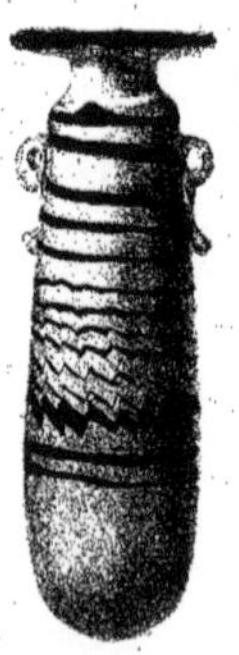

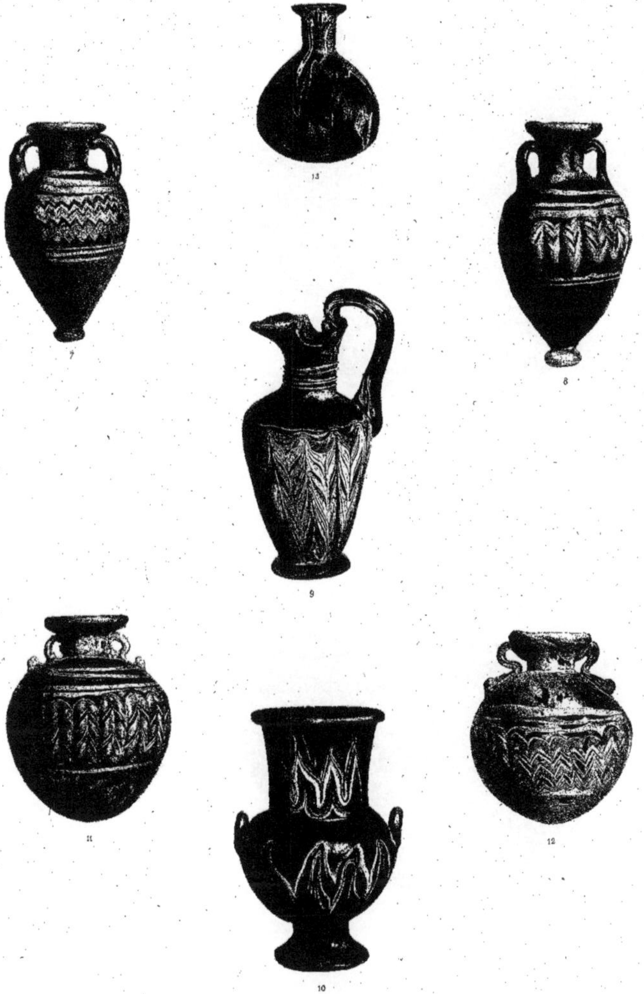

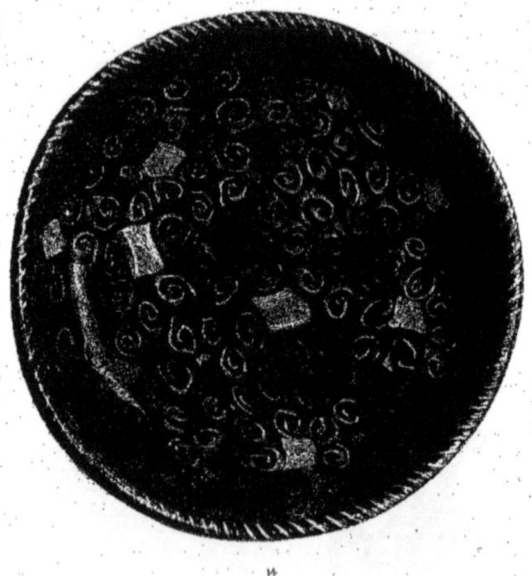

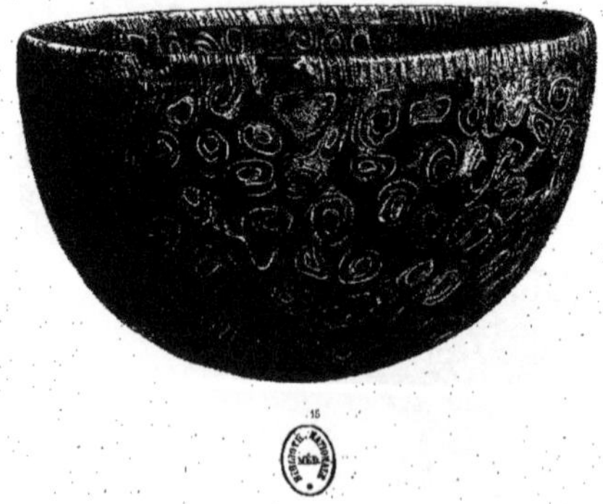

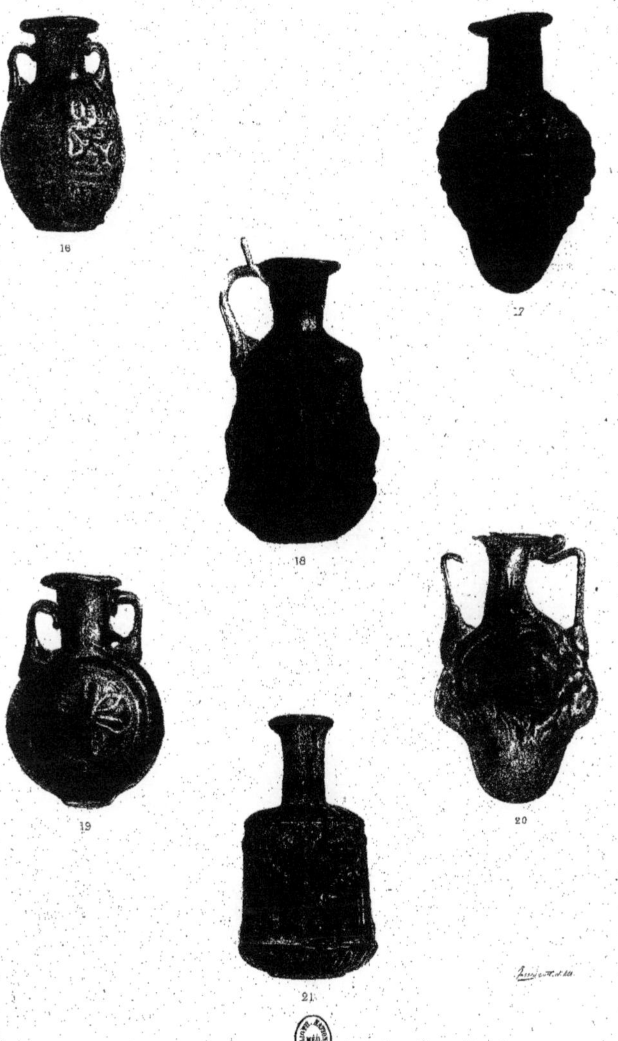

Imp. Llangard-Mougé, Paris.

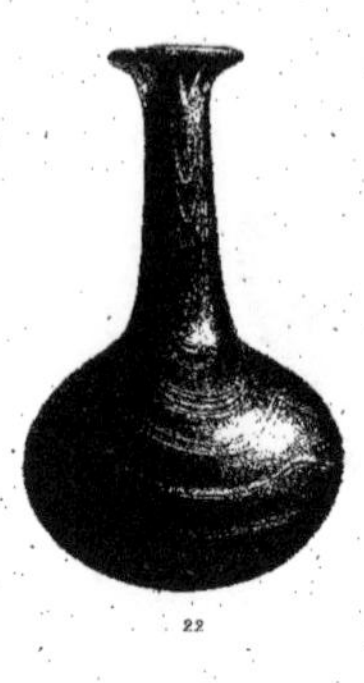

22

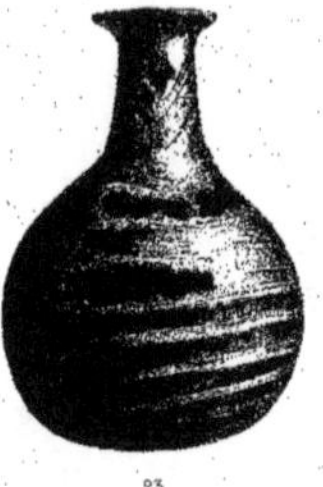

23

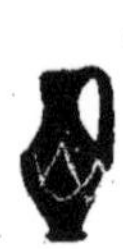

25

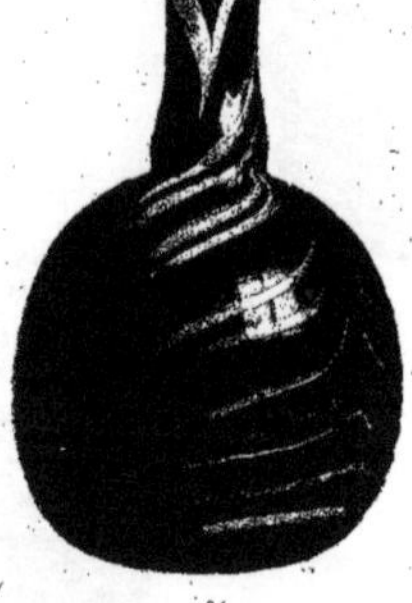

24

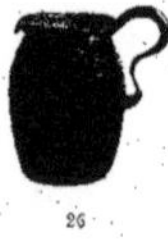

26

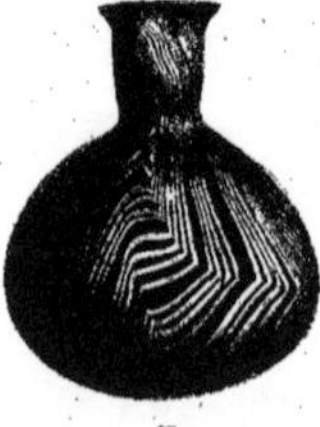

27

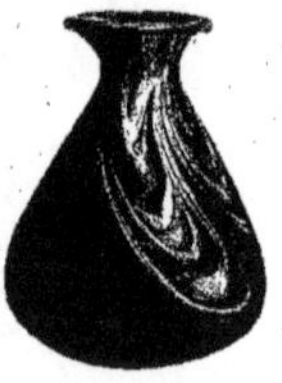

28

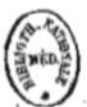

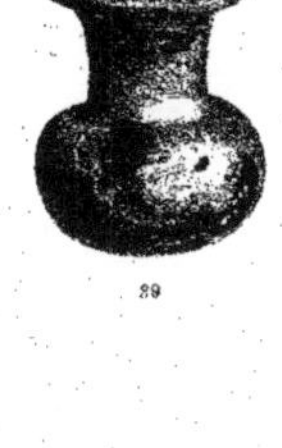

29

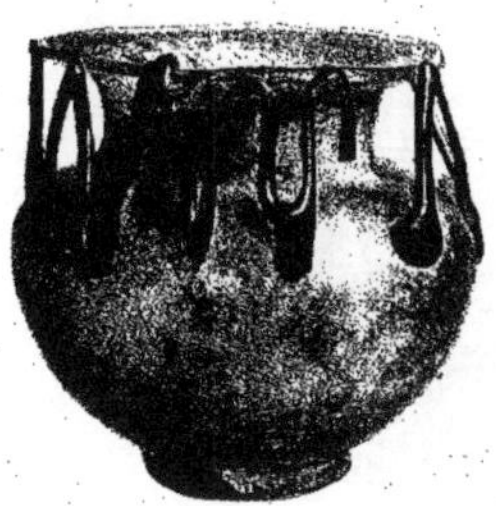

30

31

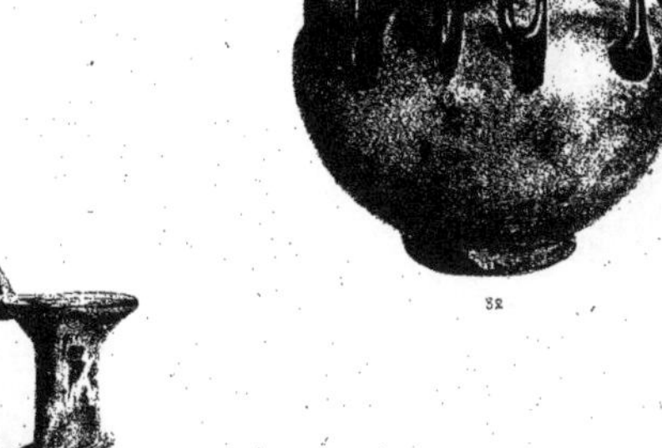

32

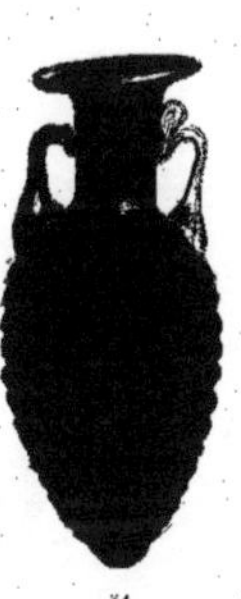

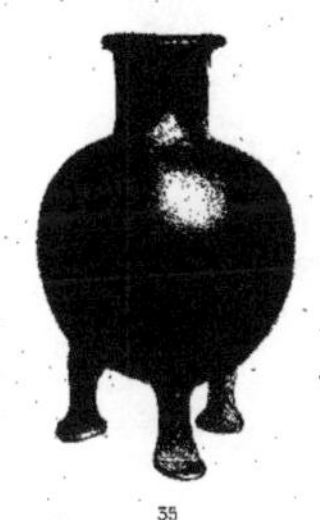

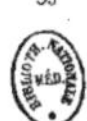

33

35

34

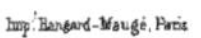

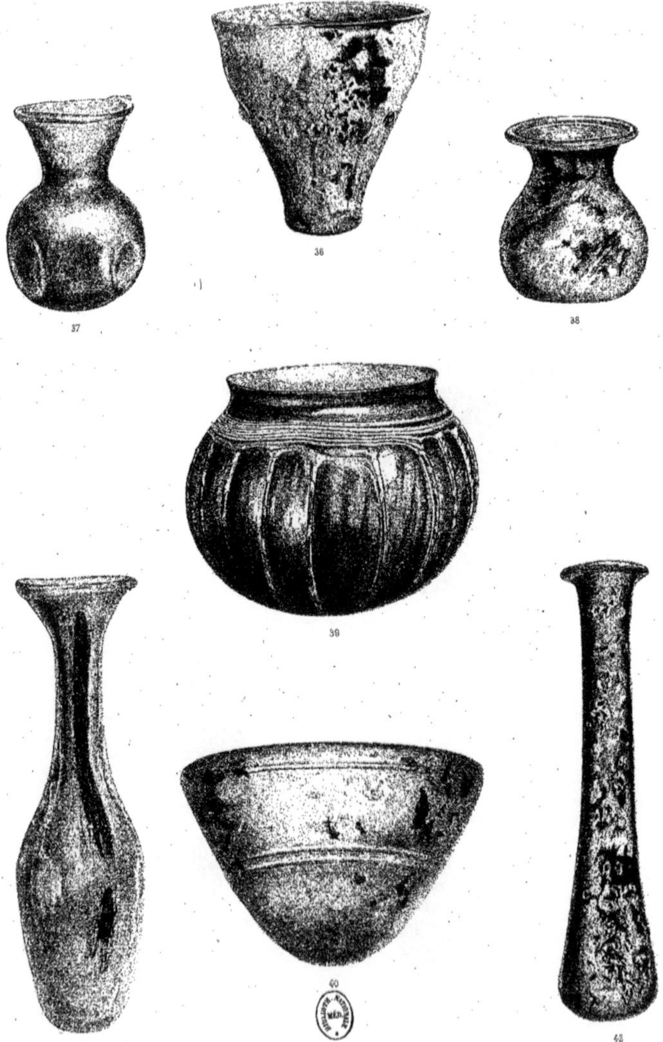

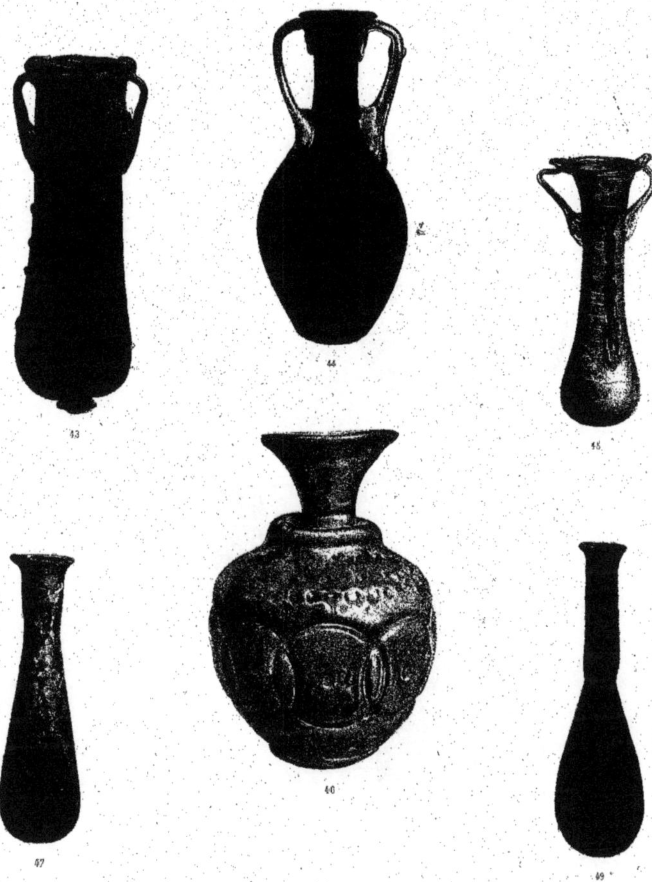

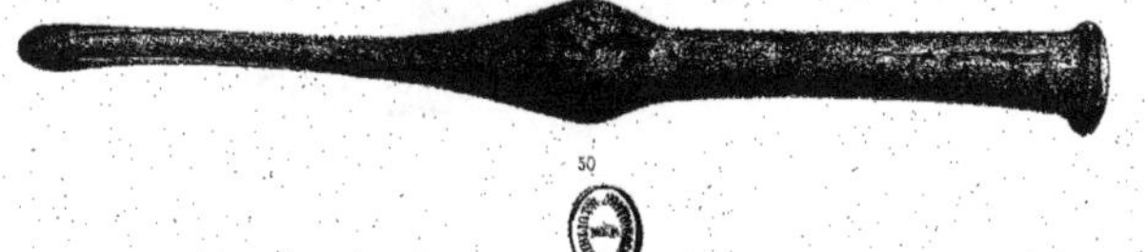

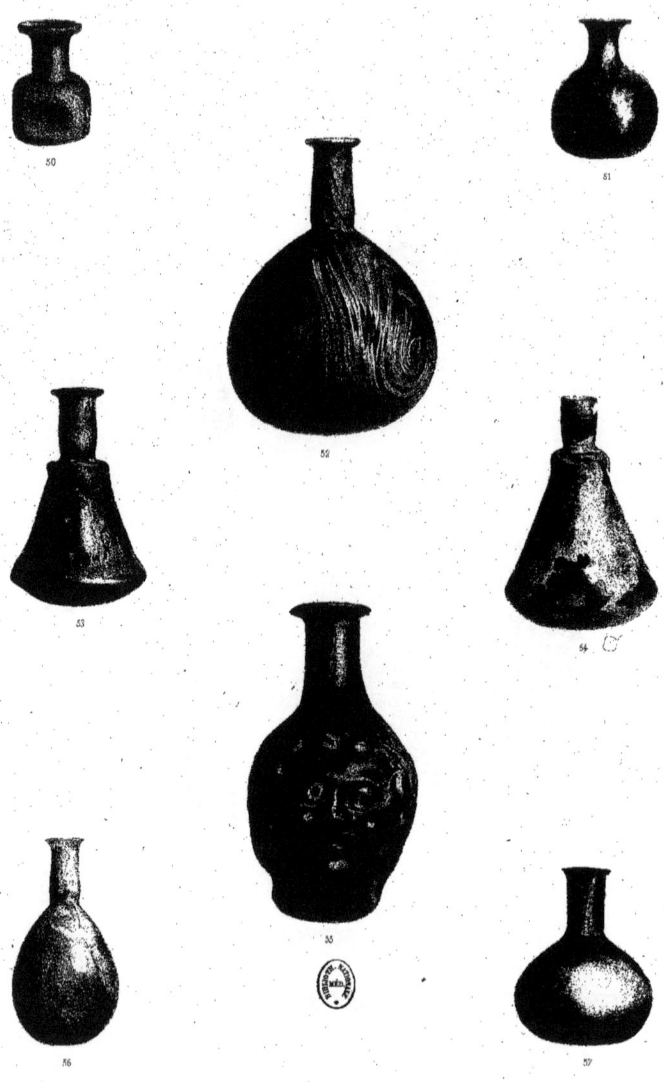

30
31
52
53
54
55
56
57

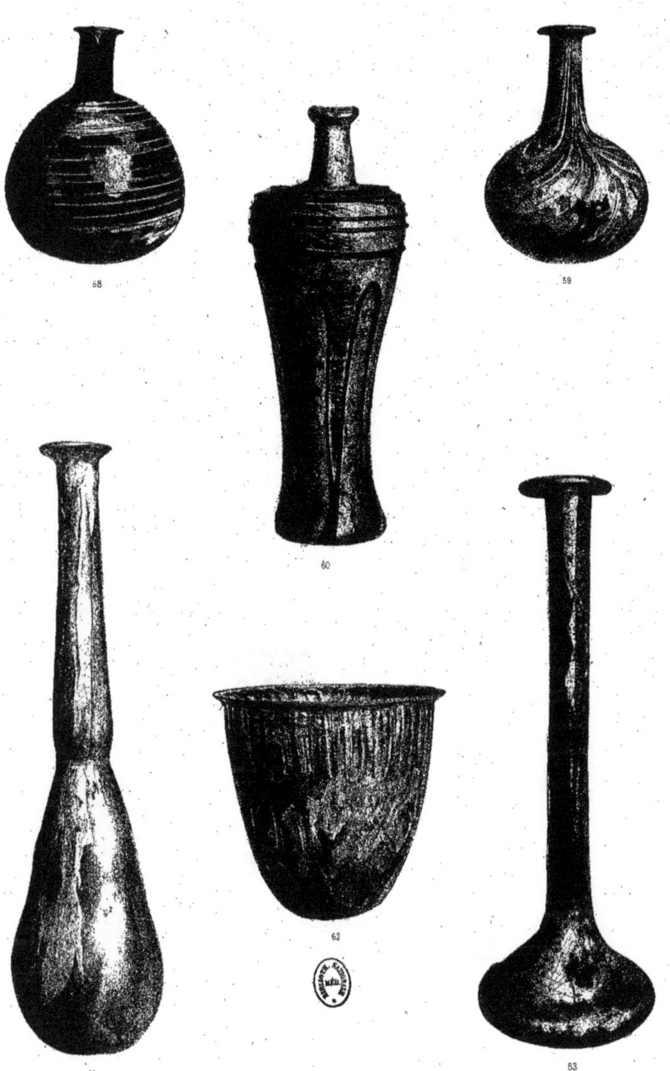

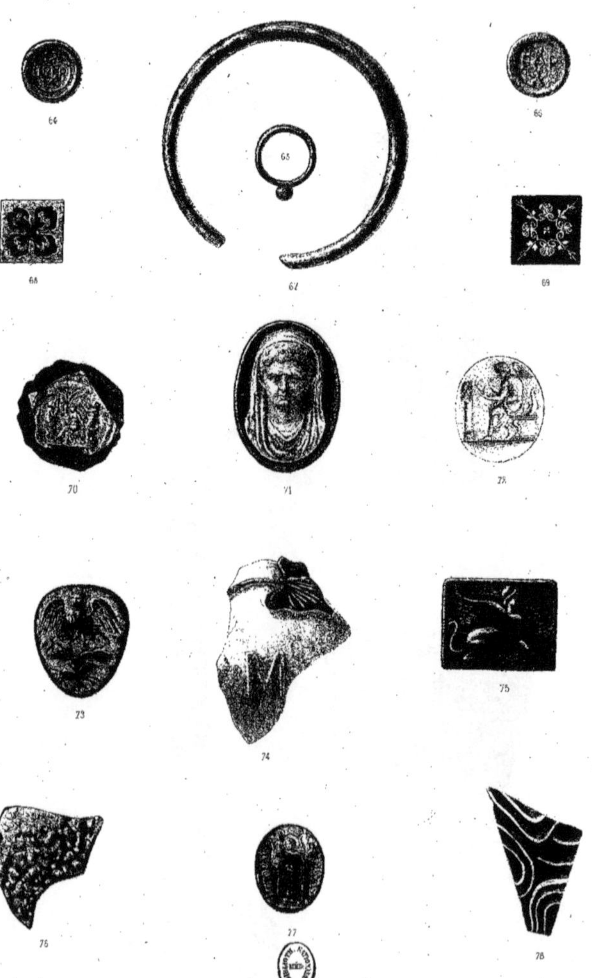

Imp. Lemercier & Cie, Paris

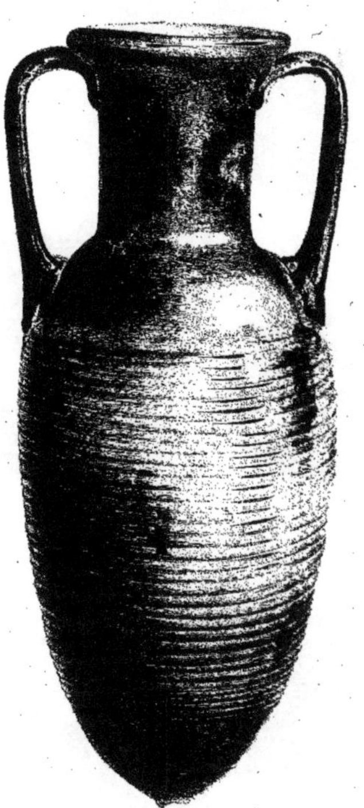

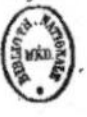

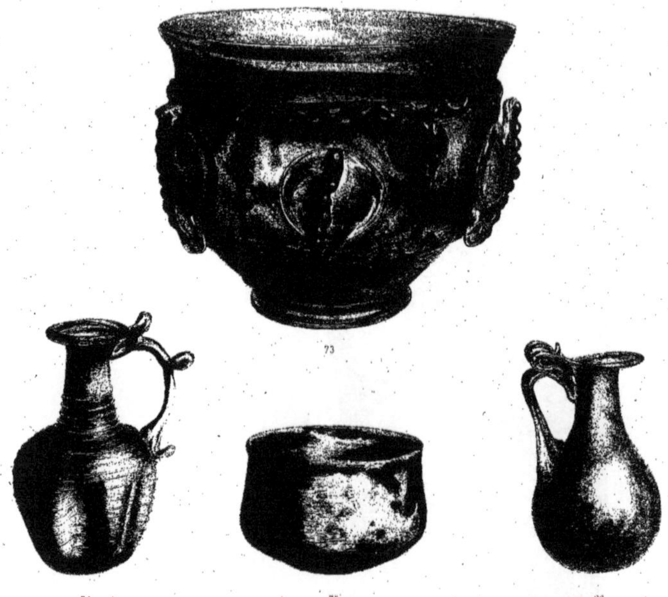

73

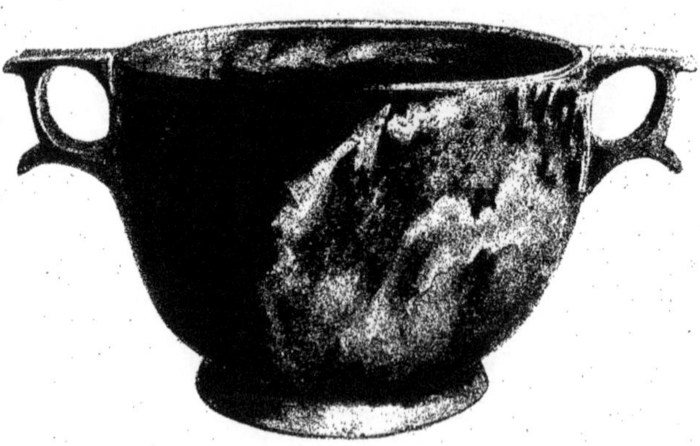

74

75

76

77

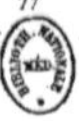

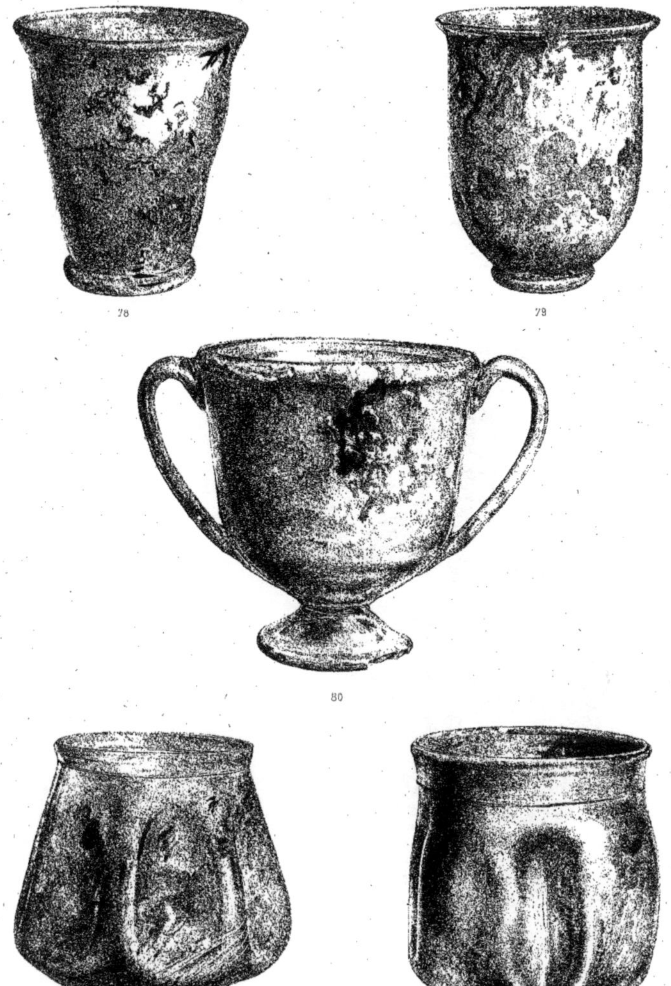

78

79

80

81

82

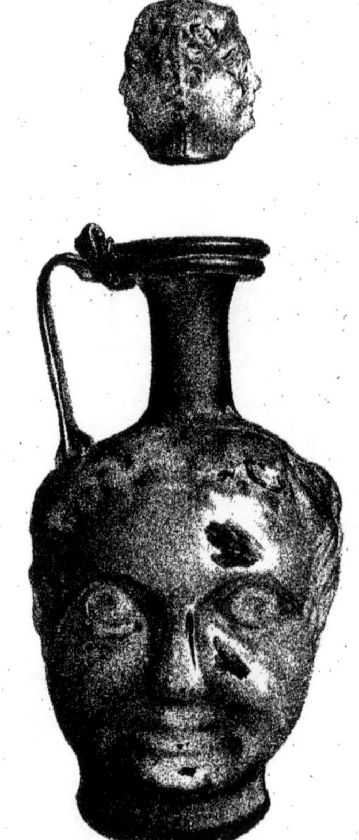

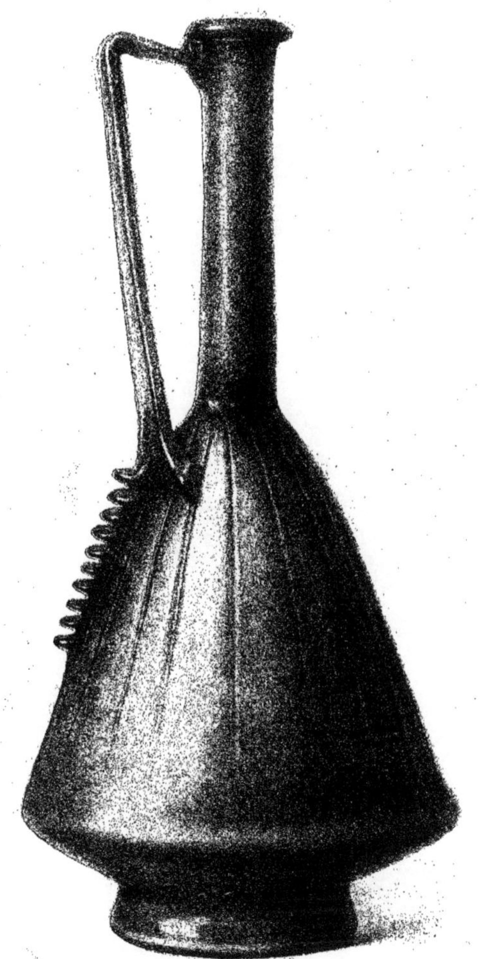

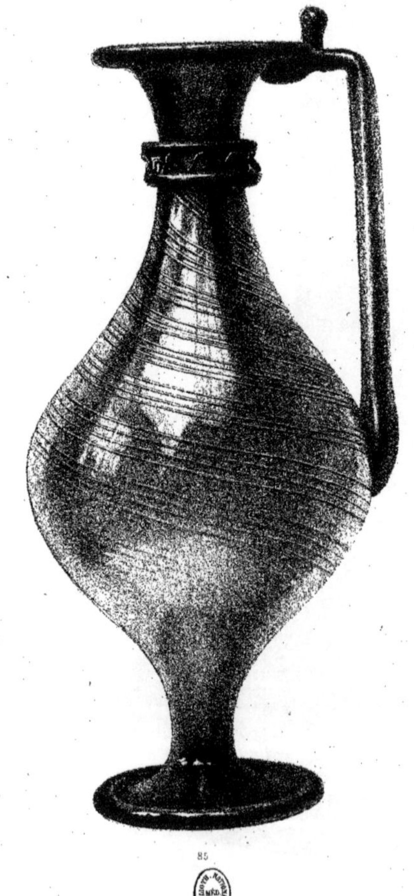

85

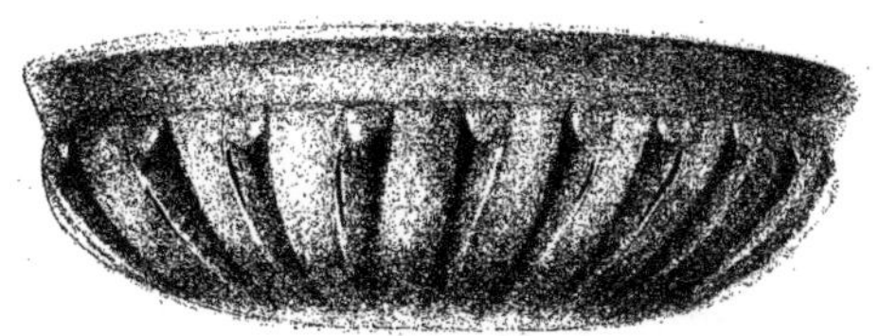

86

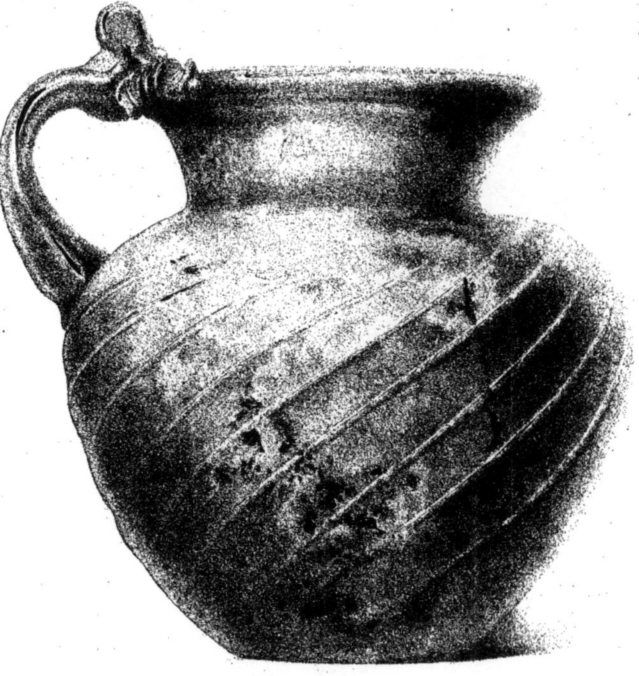

87

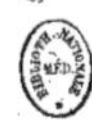

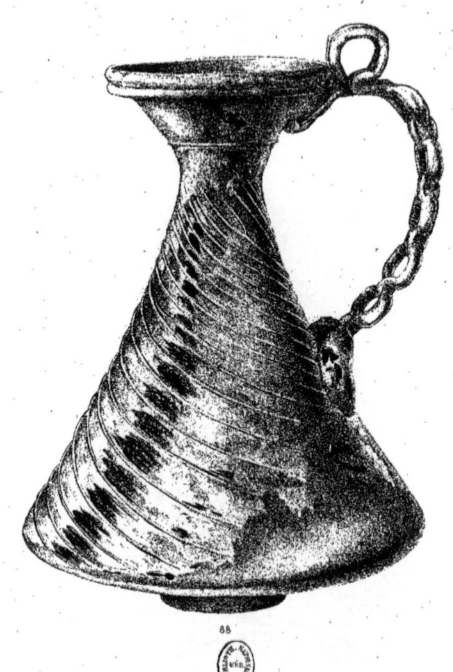

Imp. Hangard-Maugé, Paris

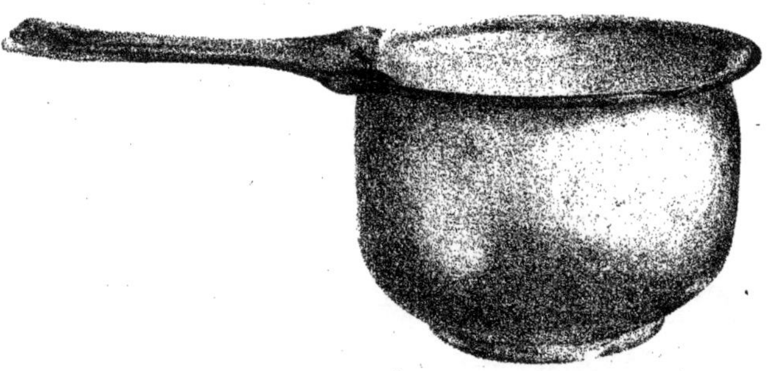

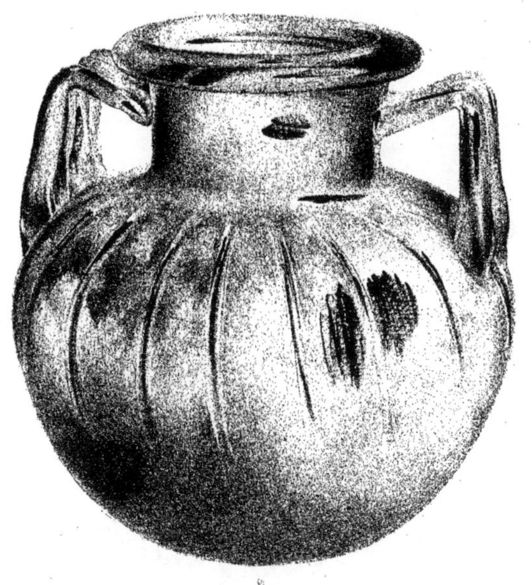

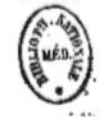

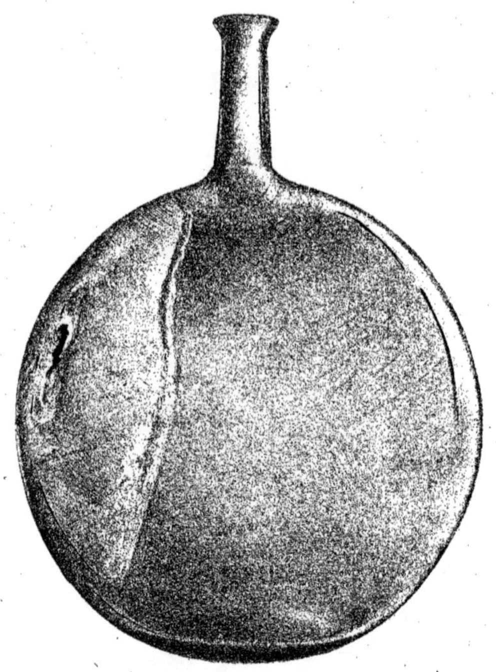

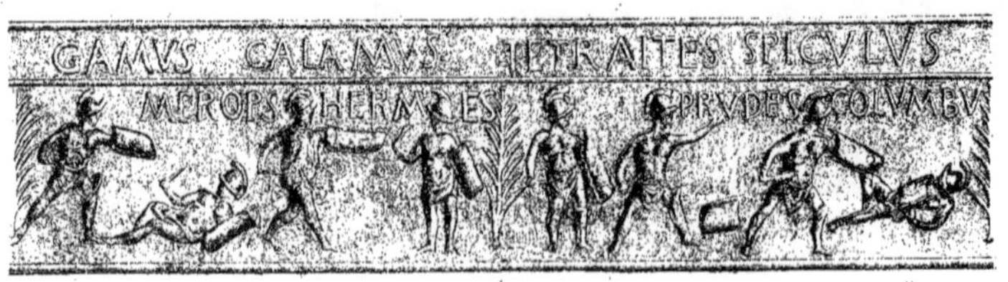

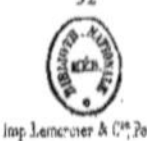

92

Imp. Lemercier & Cᵉ, Paris

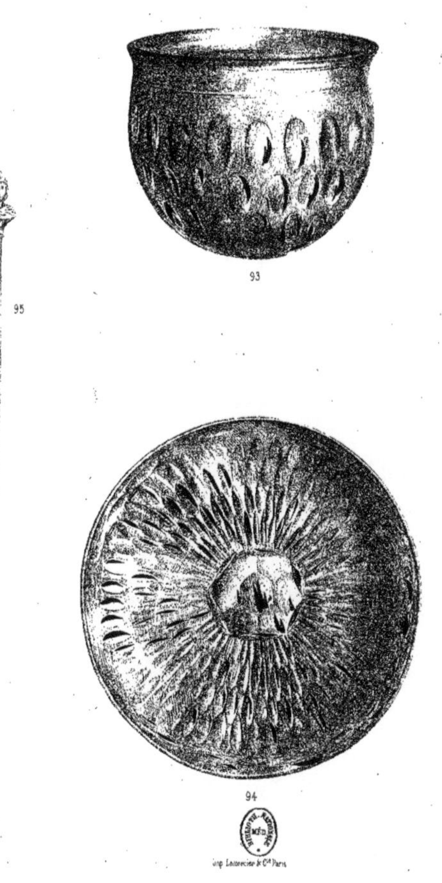

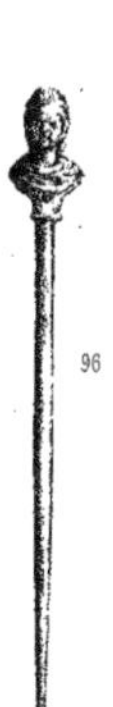

93
95
96
94

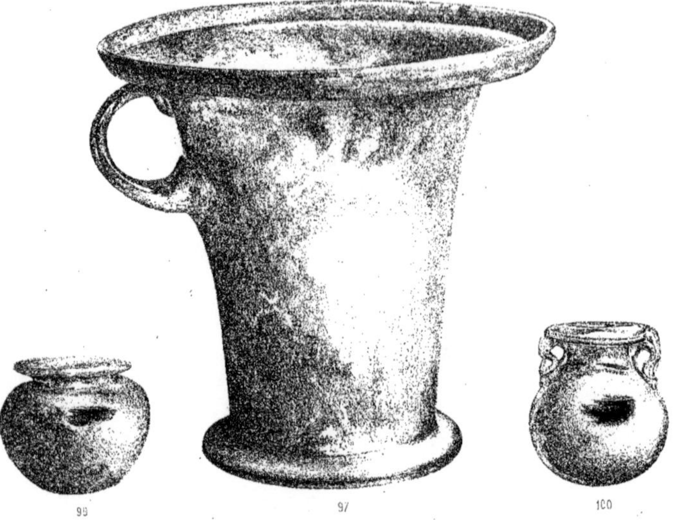

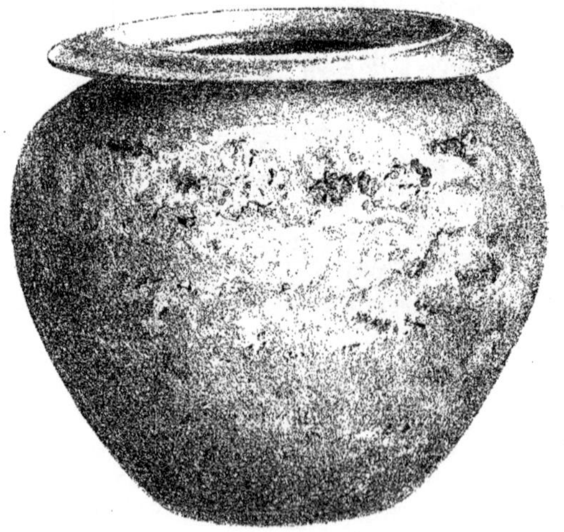

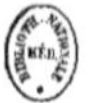

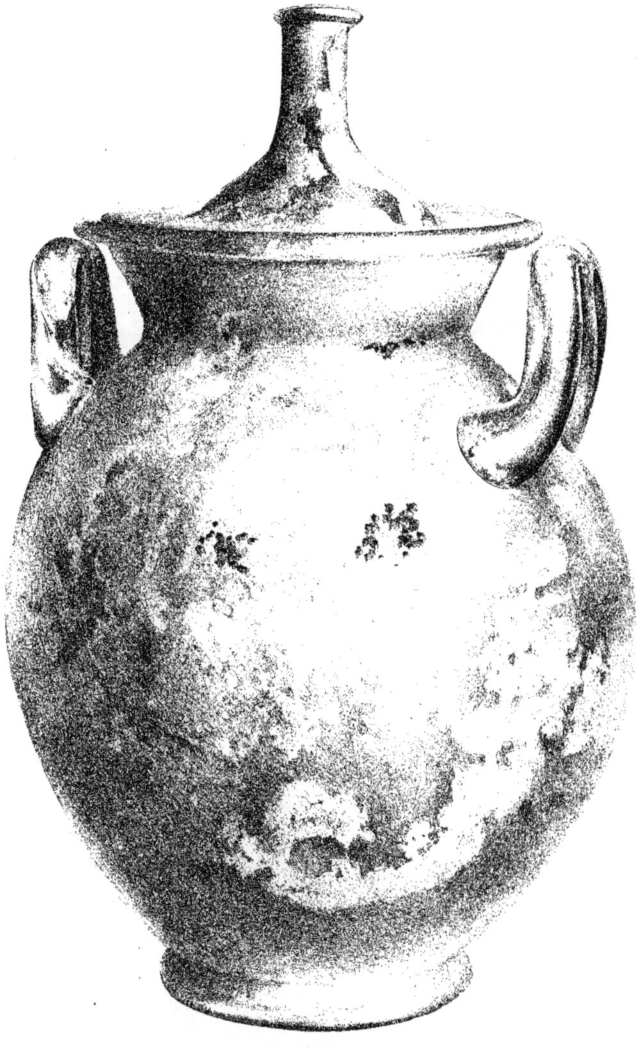

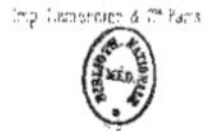

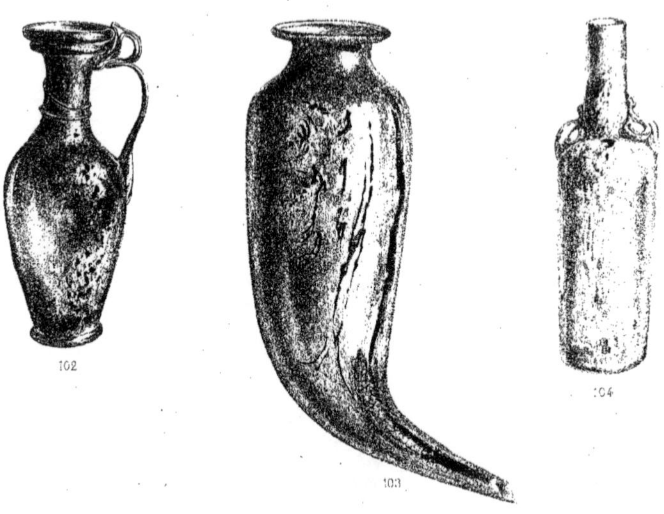

102
103
104

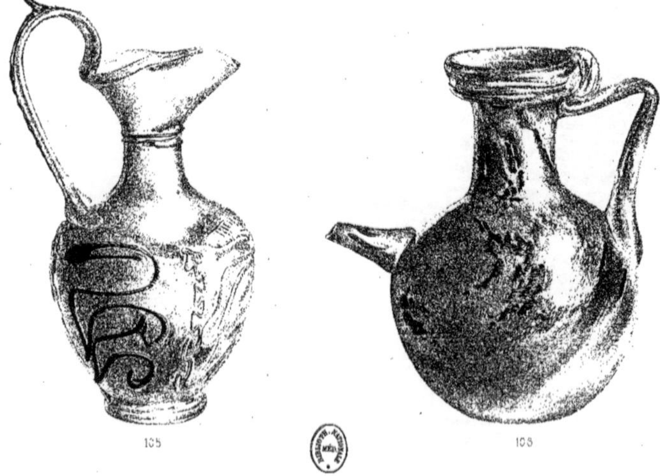

105
106

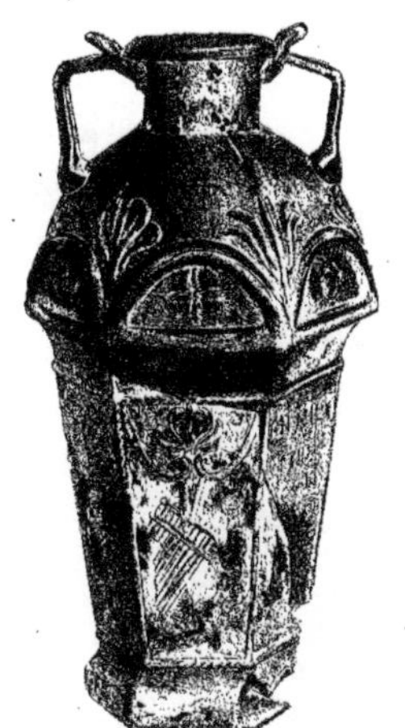

107

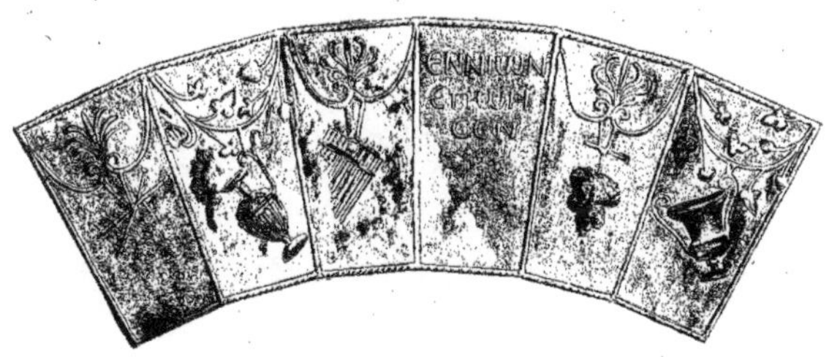

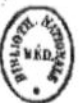

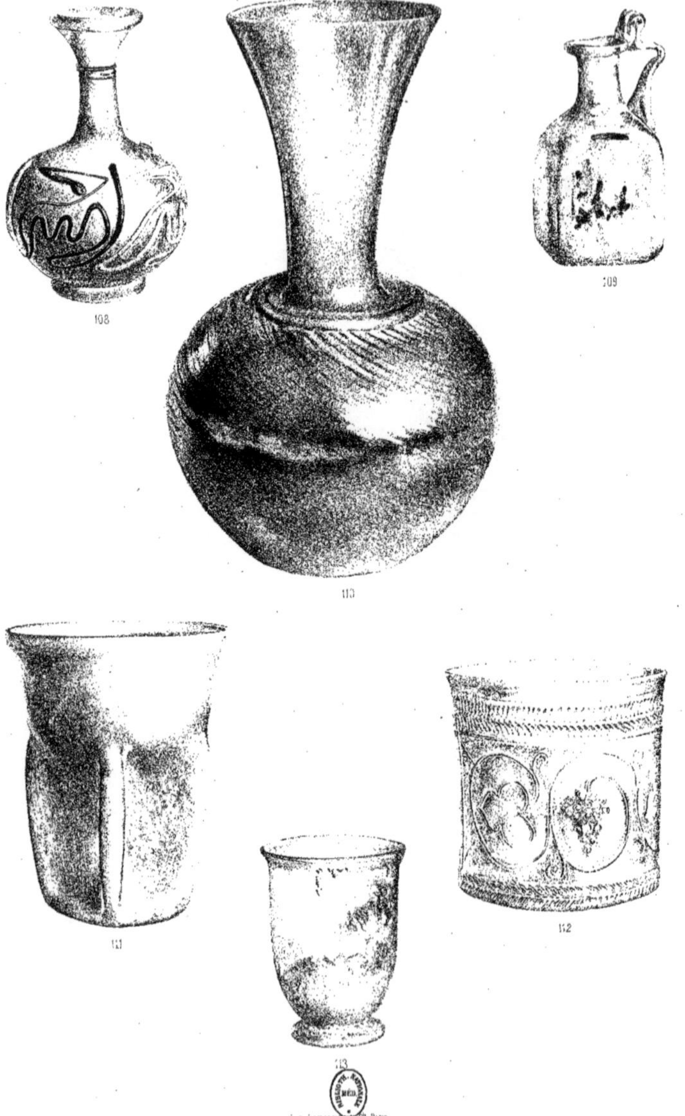
108
109
110
111
112
113

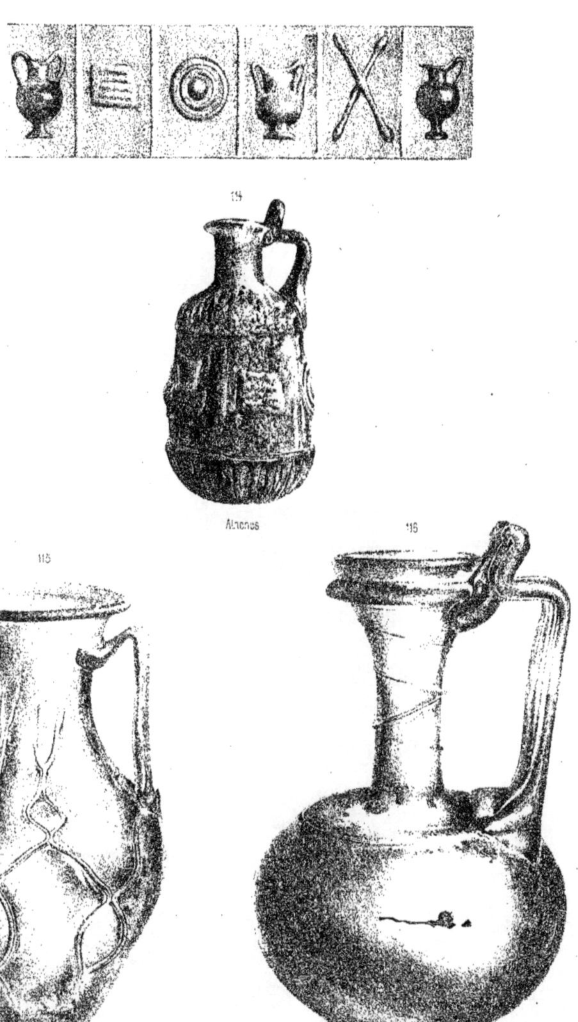

114
Athènes
115
116
Lyon
Cologne

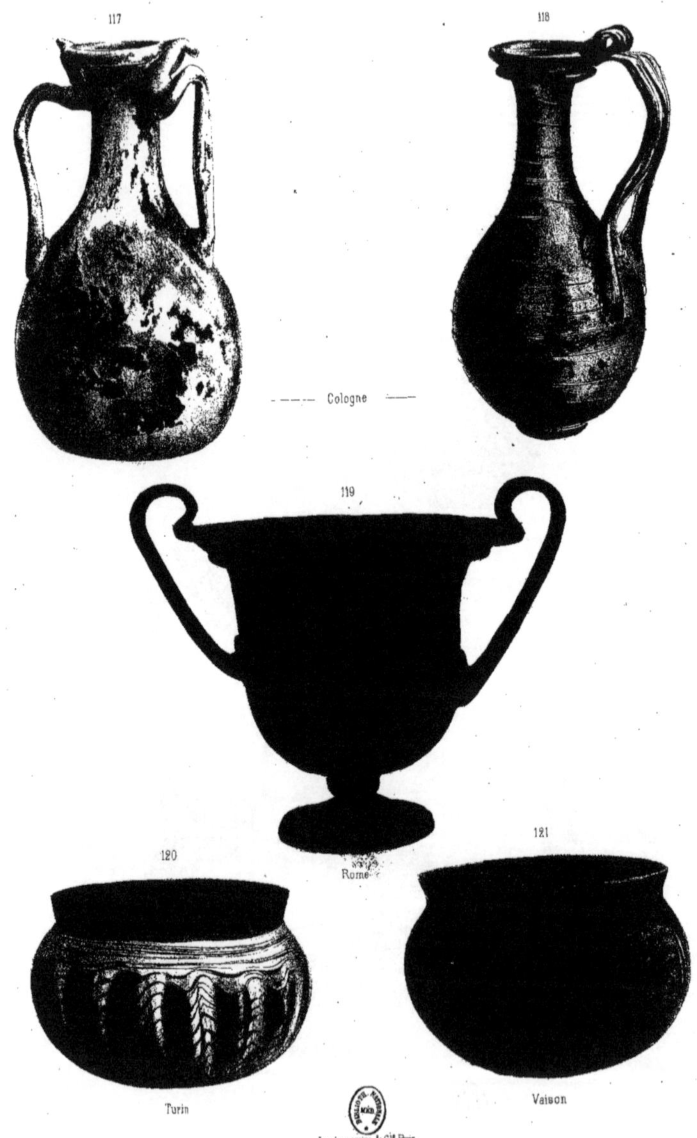

117
118
Cologne
119
120
121
Rome
Turin
Vaison

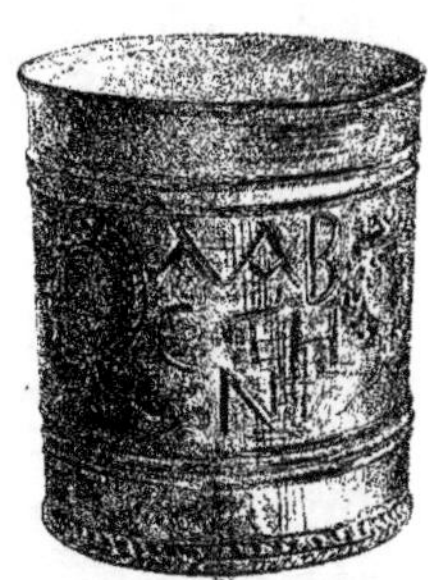

122

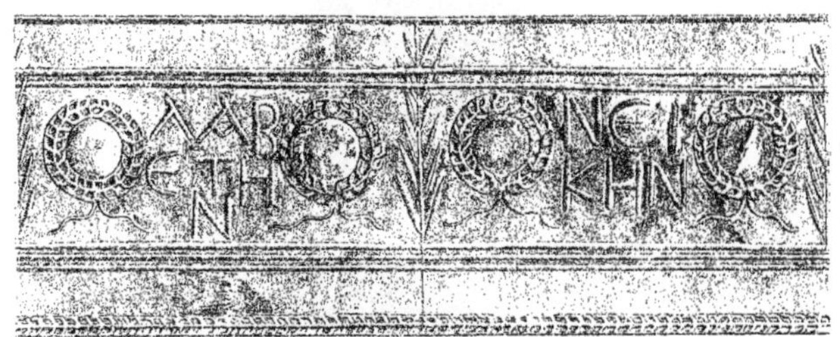

Constantine

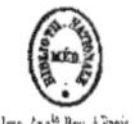

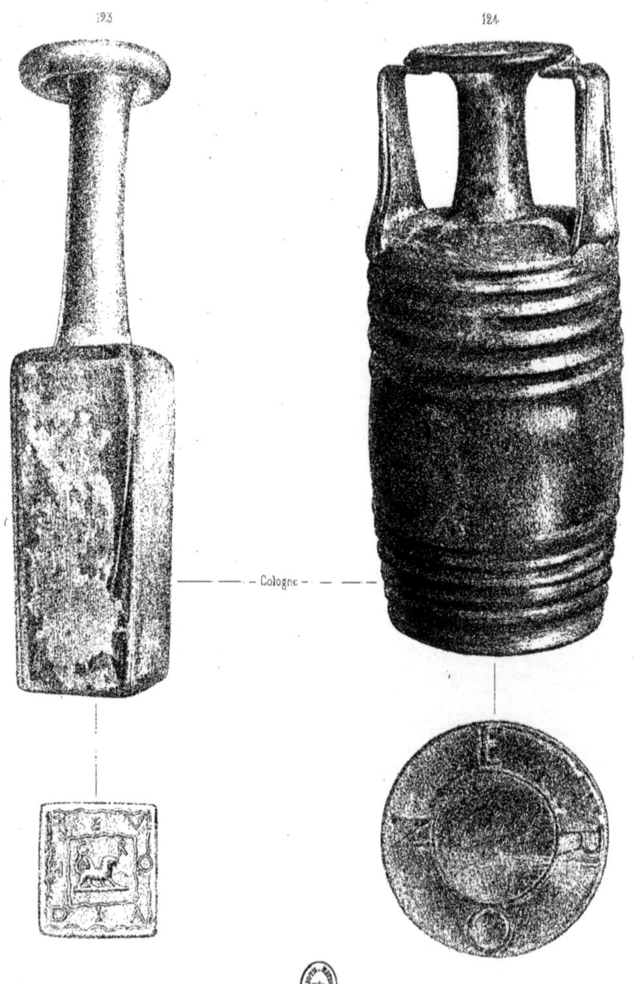
123
124
Cologne

125

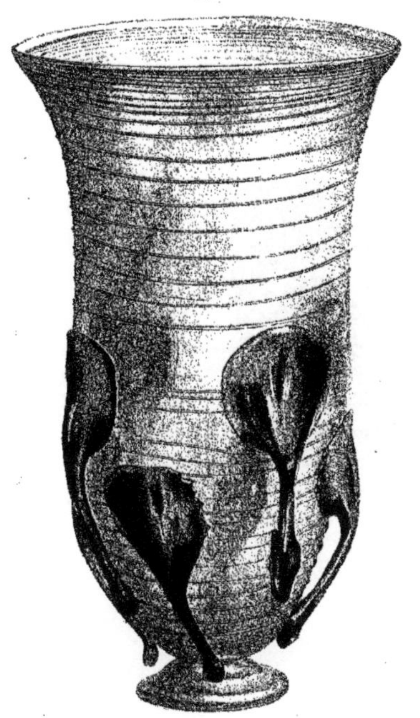

Bellenberg Vœhringen.

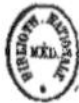

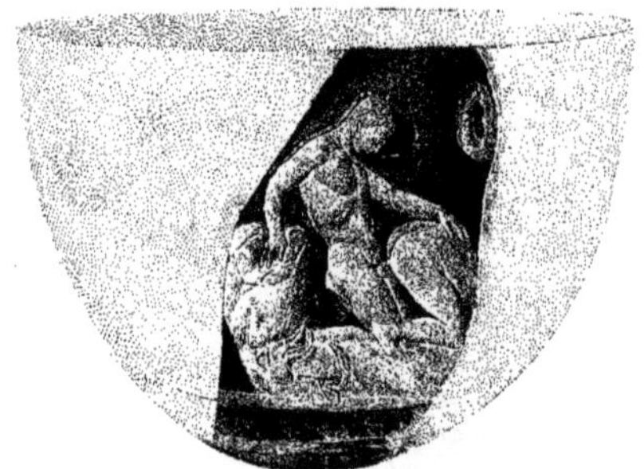

126

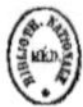

Imp. Aug.ᵗᵉ Bry, à Paris.

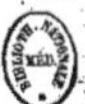

Phototypie.

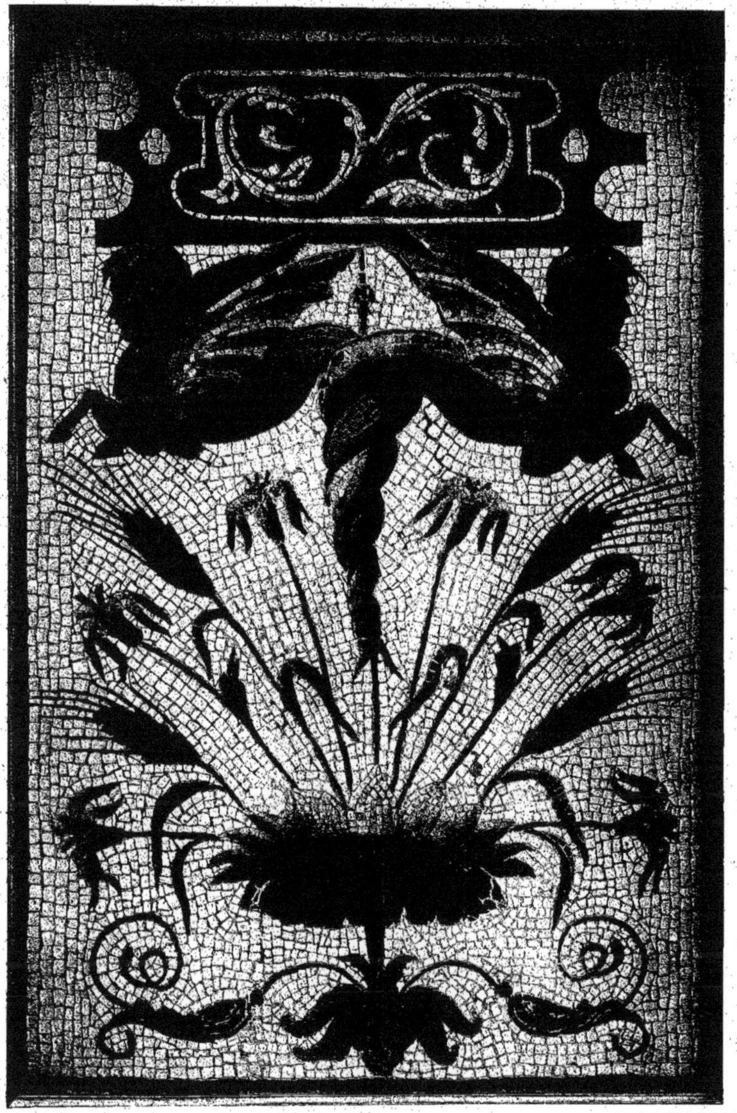

18, quai Voltaire, Paris.

MOSAÏQUE EN VERRE

9 782019 913397